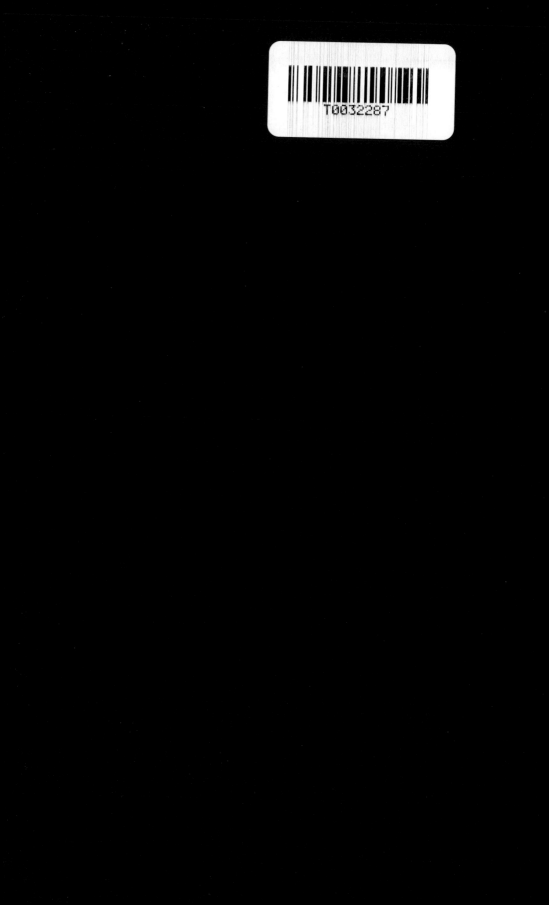

# DÓNDE ESTÁ ANNE FRANK

# DÓNDE ESTÁ ANNE FRANK

ARI FOLMAN                    LENA GUBERMAN

Papel certificado por el Forest Stewardship Council®

Penguin
Random House
Grupo Editorial

Título original: *Where is Anne Frank*

Primera edición: septiembre de 2021

© 2021, Anne Frank Fonds, Basilea, por el *Diario* de Anne Frank
© 2021, Ari Folman, Jaffa, por el texto
© 2021, Lena Guberman, Tel Aviv, por el diseño
© Yoni Goodman (supervisor artístico), Asya Eizenstein (storyboard y coloración), Shuli Tager
y Udi Assulin (ilustraciones y coloración), Dan Tamiri y Erika Moser (producción)
© 2021, Penguin Random House Grupo Editorial, S. A. U.
Travessera de Gràcia, 47-49. 08021 Barcelona
Este libro, que cuenta por primera vez la historia de Kitty, está basado en la edición
del *Diario* de Mirjam Pressler: © 2001, Anne Frank Fonds, Basilea,
© Diego Puls, por la traducción; y en el guion de *Where is Anne Frank*, de Ari Folman
© 2021, Neus Nueno Cobas, por la traducción del resto de los textos
Producido por Yves Kugelmann
Editado por Jessica Cohen
Imagen de la cubierta: © Lena Guberman

*Printed in Spain* – Impreso en España

ISBN: 978-84-663-5360-1
Depósito legal: B-9.025-2021

Compuesto en M. I. Maquetación, S. L.

Impreso en EGEDSA
Sabadell (Barcelona)

P 3 5 3 6 0 1

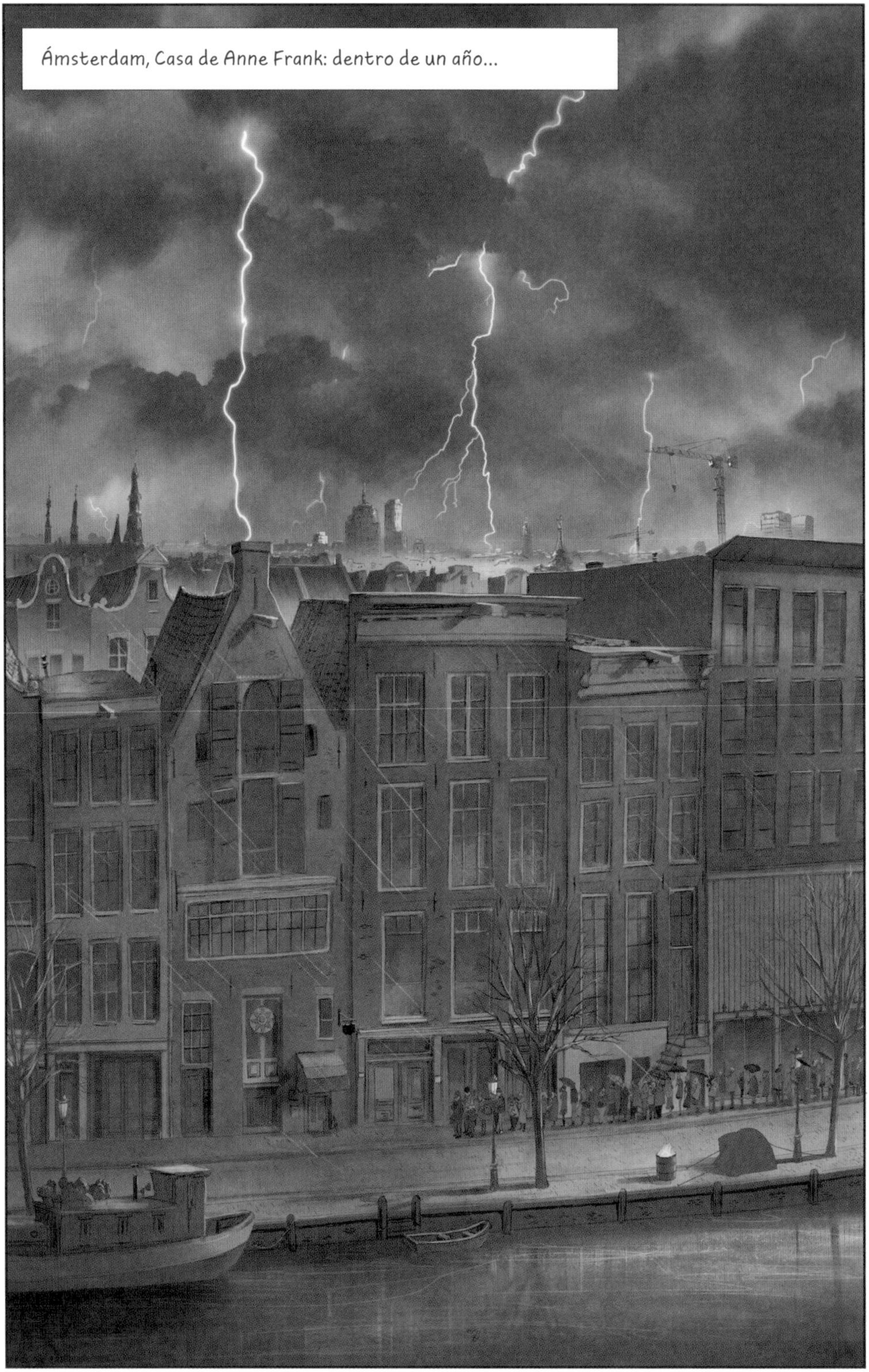
Ámsterdam, Casa de Anne Frank: dentro de un año...

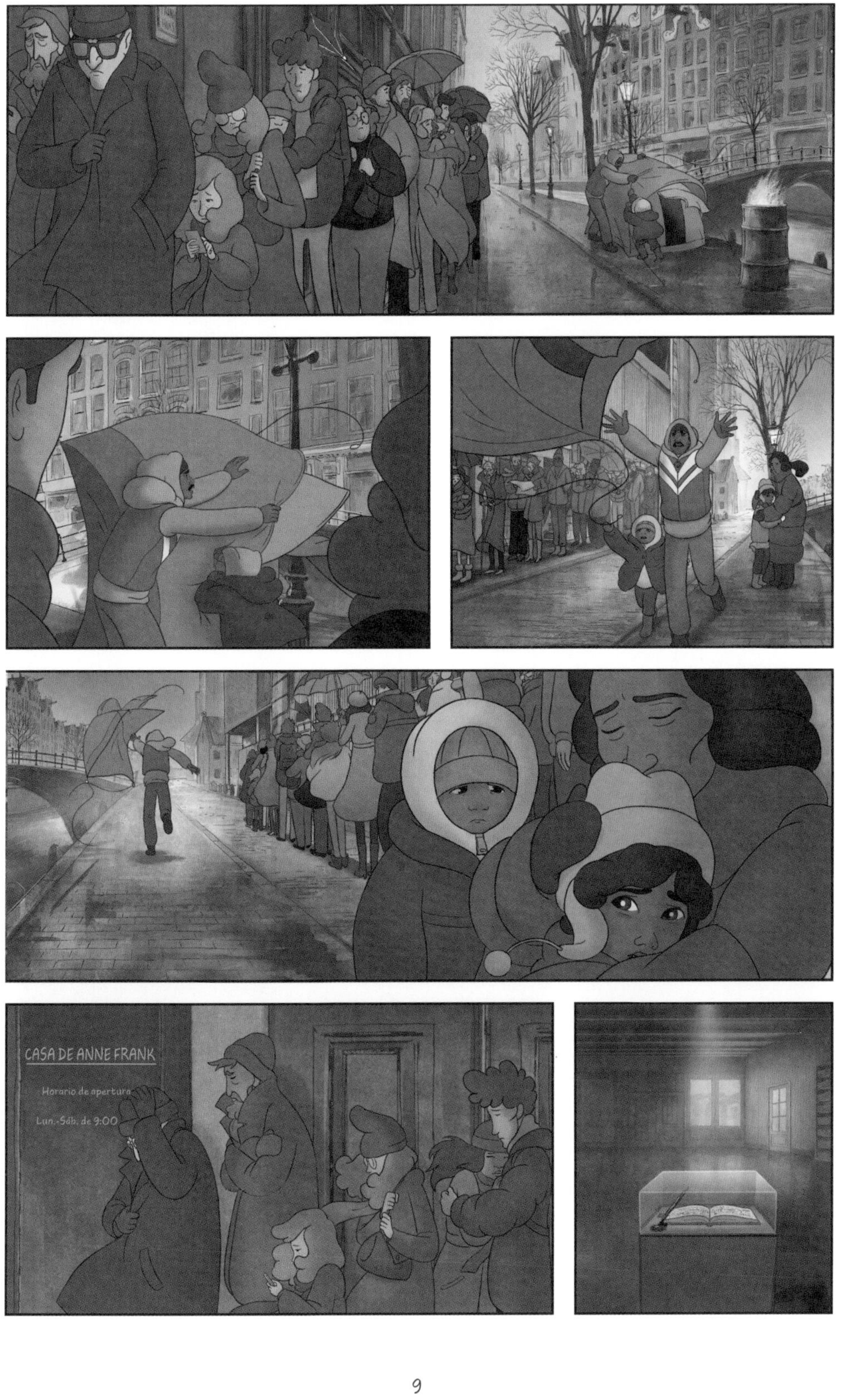
CASA DE ANNE FRANK
Horario de apertura
Lun.-Sáb. de 9:00

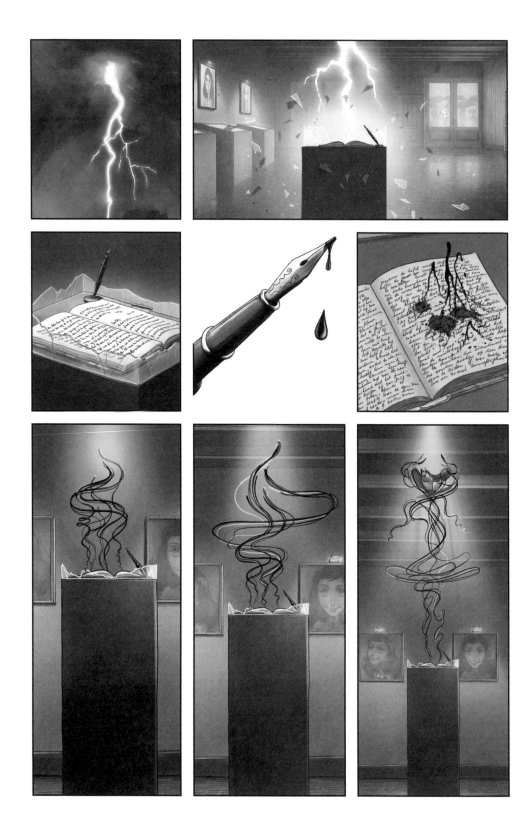

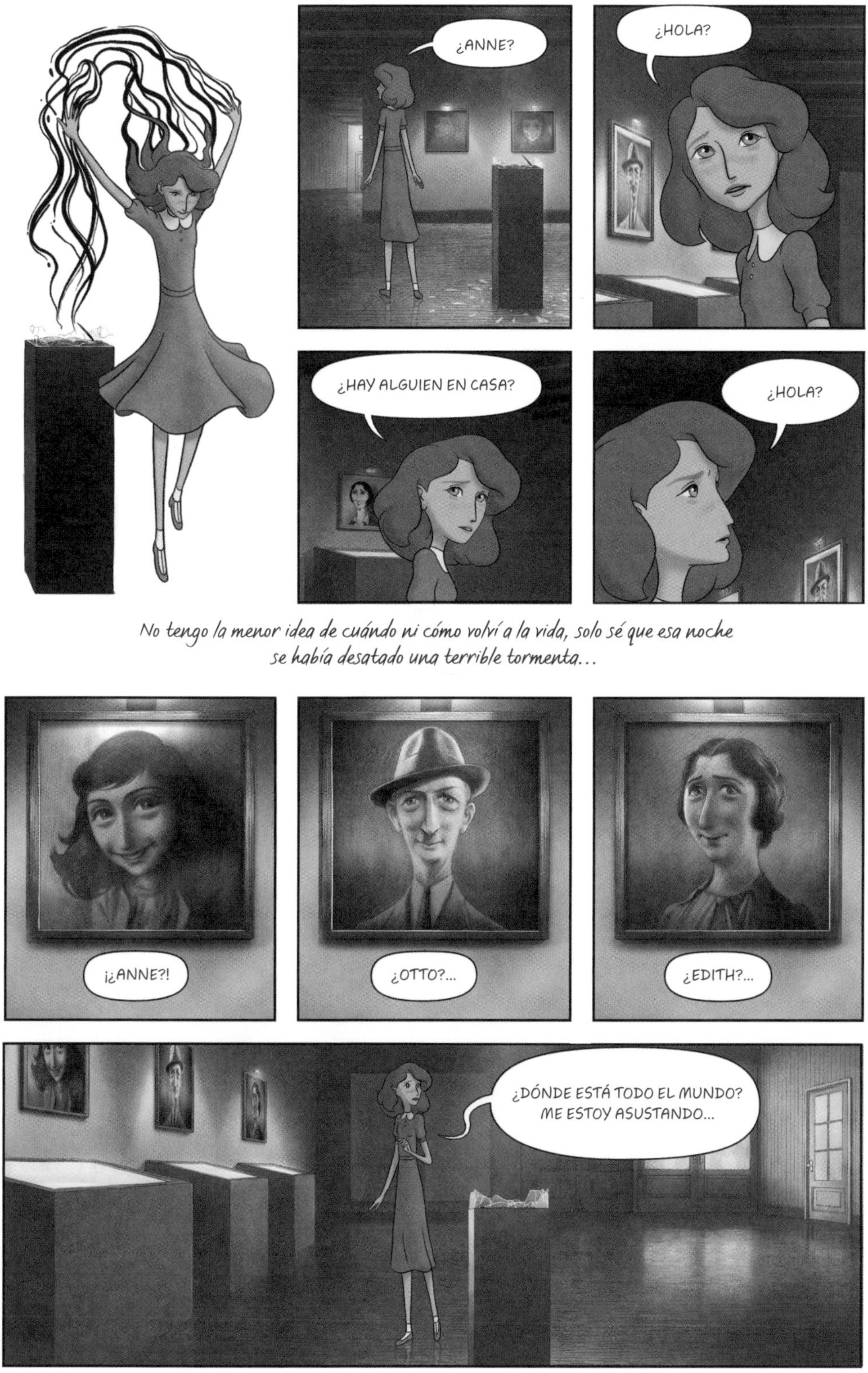
¿ANNE?
¿HOLA?
¿HAY ALGUIEN EN CASA?
¿HOLA?
No tengo la menor idea de cuándo ni cómo volví a la vida, solo sé que esa noche se había desatado una terrible tormenta...
¡¿ANNE?!
¿OTTO?...
¿EDITH?...
¿DÓNDE ESTÁ TODO EL MUNDO? ME ESTOY ASUSTANDO...

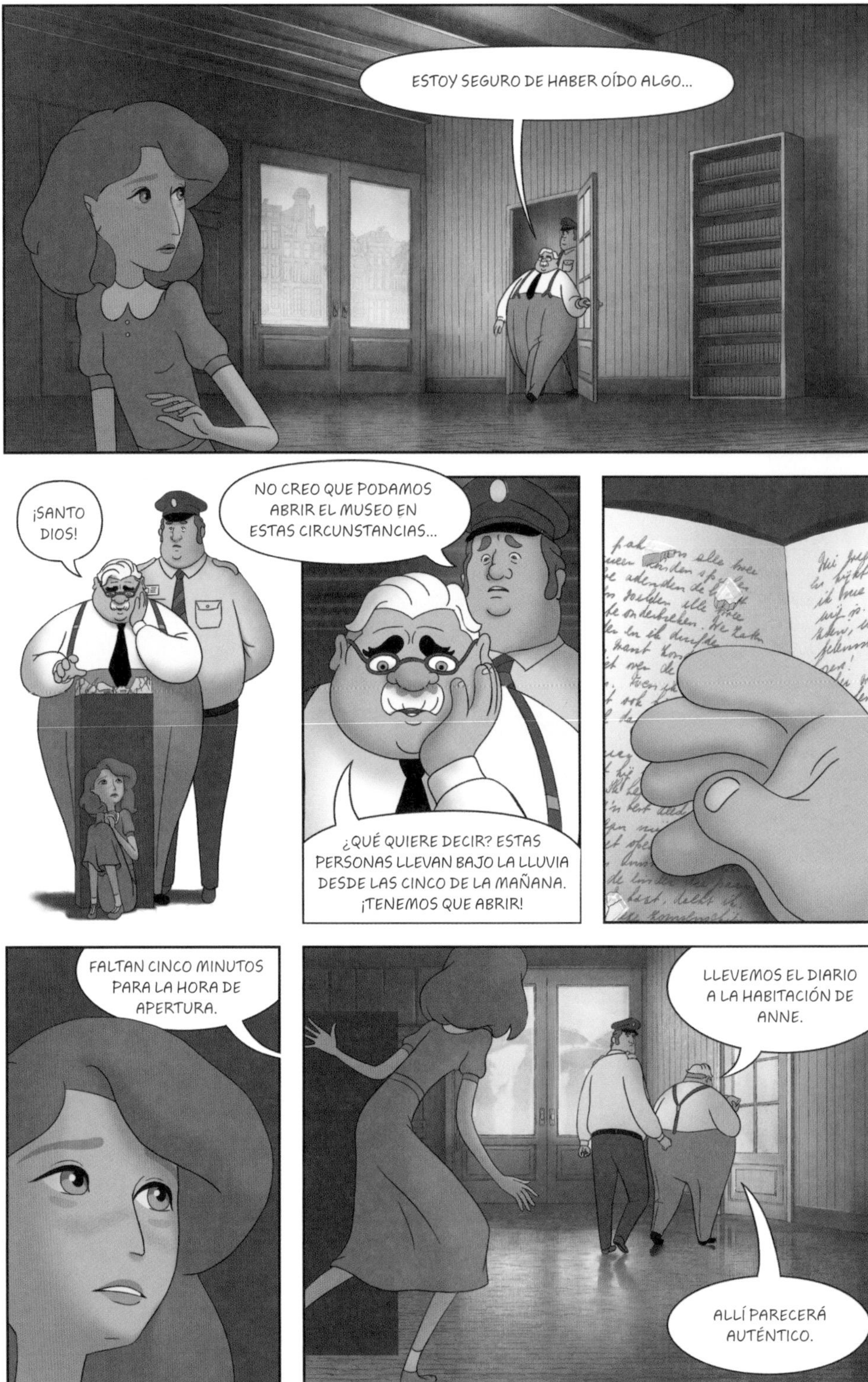
ESTOY SEGURO DE HABER OÍDO ALGO...
¡SANTO DIOS!
NO CREO QUE PODAMOS ABRIR EL MUSEO EN ESTAS CIRCUNSTANCIAS...
¿QUÉ QUIERE DECIR? ESTAS PERSONAS LLEVAN BAJO LA LLUVIA DESDE LAS CINCO DE LA MAÑANA. ¡TENEMOS QUE ABRIR!
FALTAN CINCO MINUTOS PARA LA HORA DE APERTURA.
LLEVEMOS EL DIARIO A LA HABITACIÓN DE ANNE.
ALLÍ PARECERÁ AUTÉNTICO.

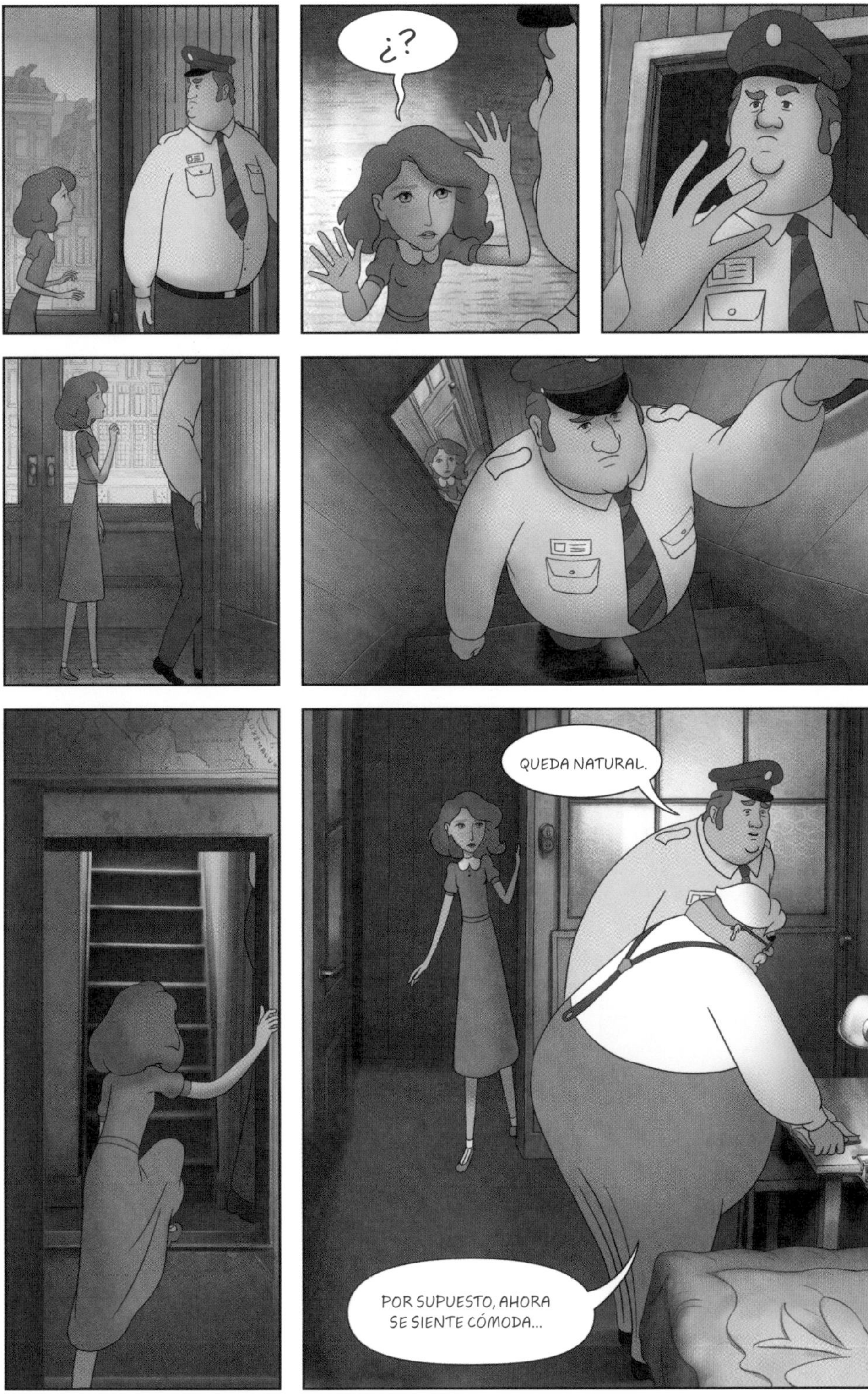
¿?
QUEDA NATURAL.
POR SUPUESTO, AHORA SE SIENTE CÓMODA...

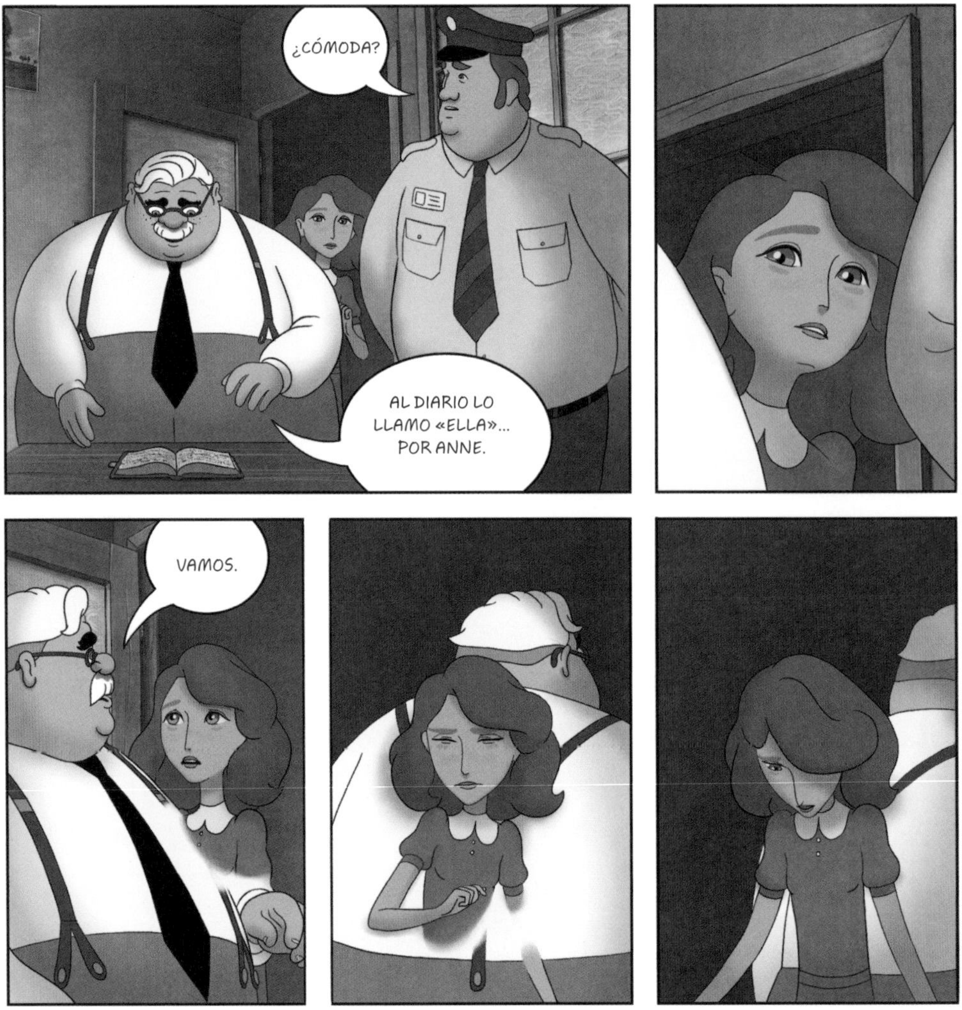
¿CÓMODA?
AL DIARIO LO LLAMO «ELLA»... POR ANNE.
VAMOS.

*Quedaba claro que era invisible, pero tuve que meterme en el diario para obtener más respuestas.*

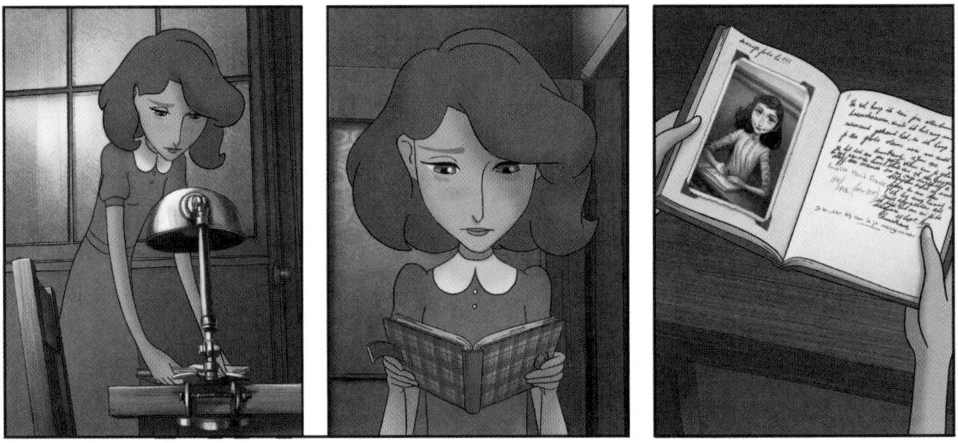

## 12 de junio de 1942

Espero poder confiártelo todo como aún no lo he podido hacer con nadie, y espero que seas para mí un gran apoyo.

## Primera semana: domingo 14 de junio – viernes 19 de junio

Lo mejor será que empiece desde el momento en que te recibí, o sea, cuando te vi en la mesa de los regalos de cumpleaños. El viernes 12 de junio, a las seis de la mañana ya me había despertado, lo que se entiende, ya que era mi cumpleaños. Pero a las seis todavía no me dejan levantarme, de modo que tuve que contener mi curiosidad hasta las siete menos cuarto. Entonces ya no pude más: me levanté y me fui al comedor, donde Moortje, el gato, me recibió haciéndome carantoñas. Poco después de las siete fui a saludar a papá y mamá, y luego al salón, a desenvolver los regalos.

la primera vez que te vi

## Sábado... 20 de junio de 1942

Para alguien como yo es una sensación muy extraña escribir un diario. No solo porque nunca he escrito, sino porque me da la impresión de que más tarde ni a mí ni a ninguna otra persona le interesarán las confidencias de una colegiala de trece años. Pero eso en realidad da igual, tengo ganas de escribir y mucho más de desahogarme y sacarme de una vez unas cuantas espinas.

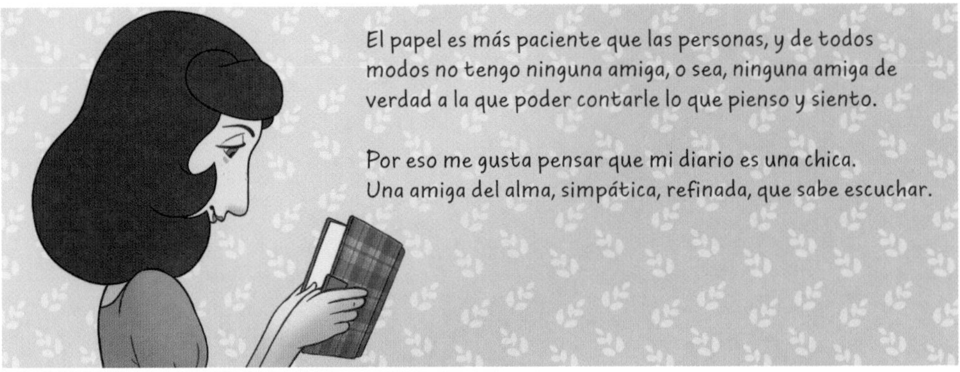
El papel es más paciente que las personas, y de todos modos no tengo ninguna amiga, o sea, ninguna amiga de verdad a la que poder contarle lo que pienso y siento.
Por eso me gusta pensar que mi diario es una chica.
Una amiga del alma, simpática, refinada, que sabe escuchar.

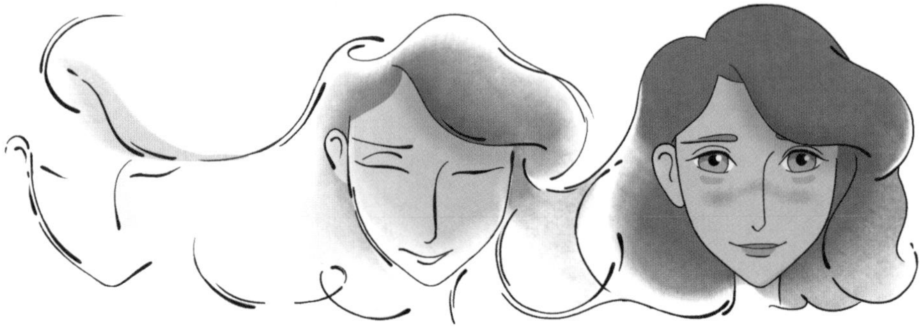

Estoy pensando que tendrá... el rostro radiante de Hanneli Goslar... y sus profundos ojos azules.

El pelo de Veronica Lake... la figura esbelta de Jacque... y los labios de Ava Gardner.

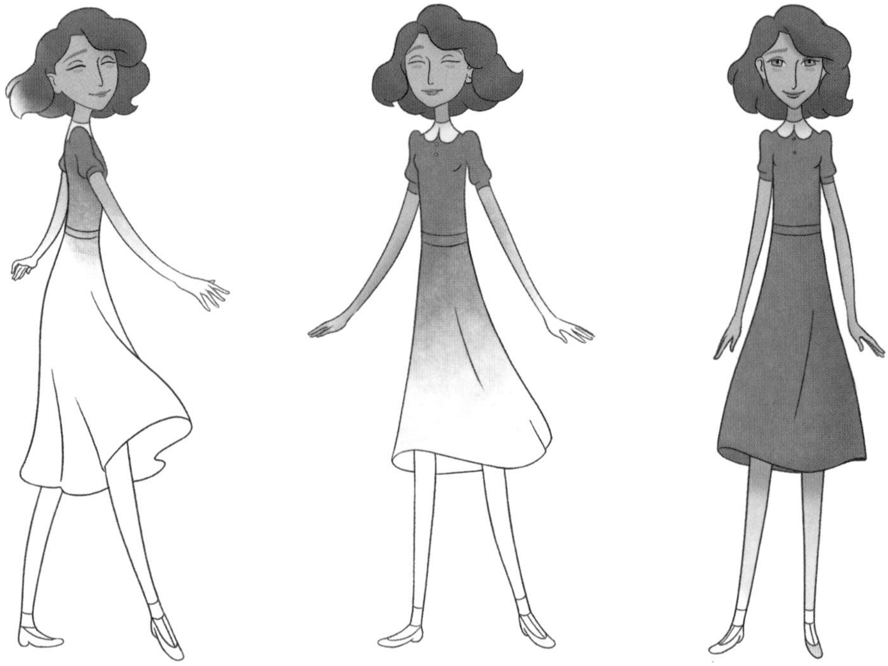

Pero también tendrá mi chispa.

Mi sonrisa...

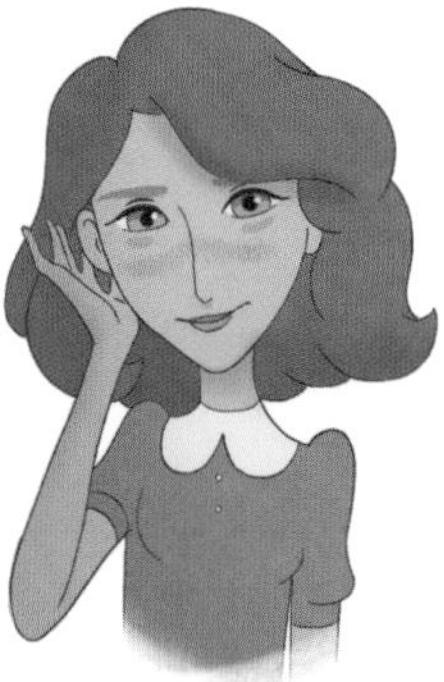

mi sensatez...

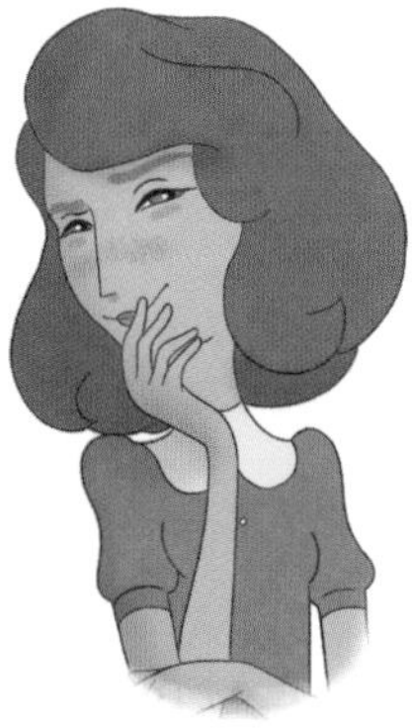

y mi sentido del humor...

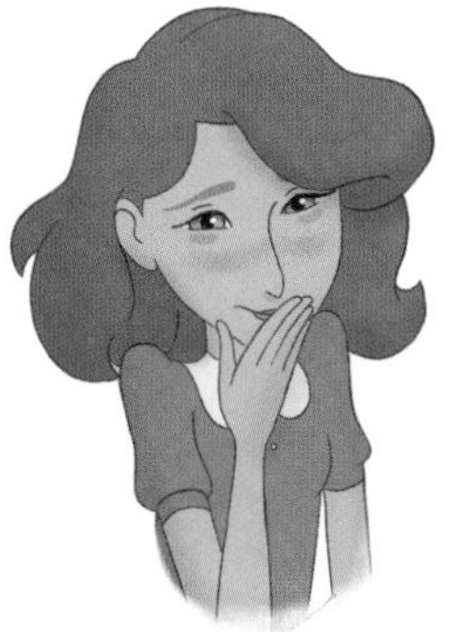

Escribiré mi diario para esta chica misteriosa, y se llamará KITTY.

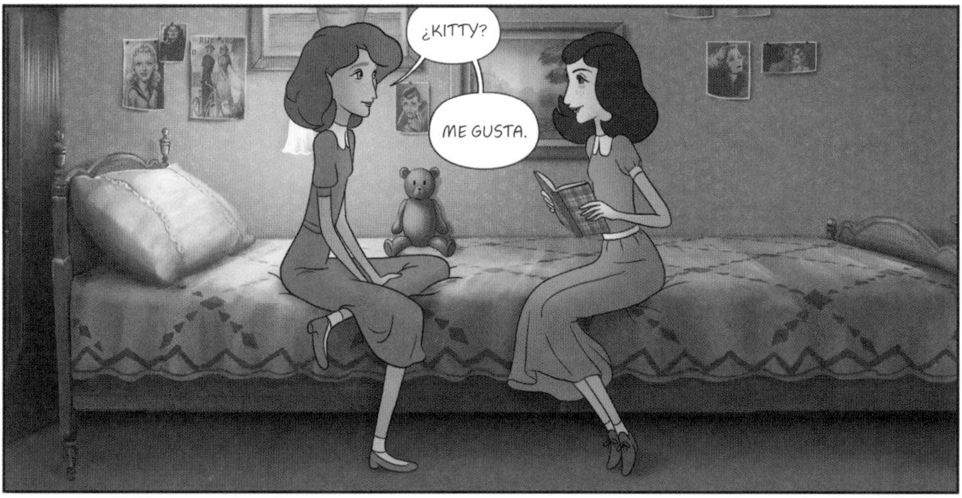
¿KITTY?
ME GUSTA.

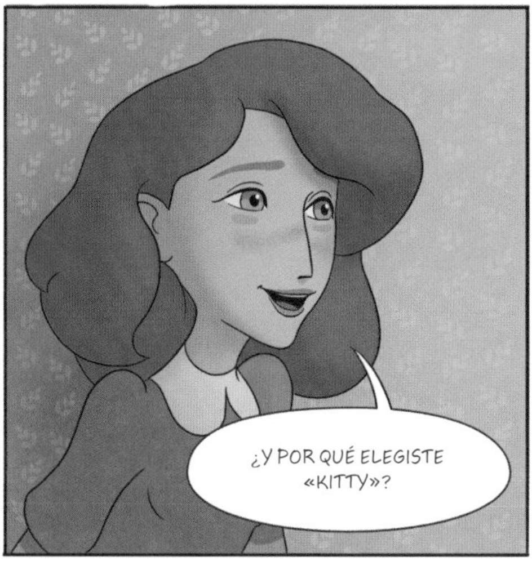
¿Y POR QUÉ ELEGISTE «KITTY»?

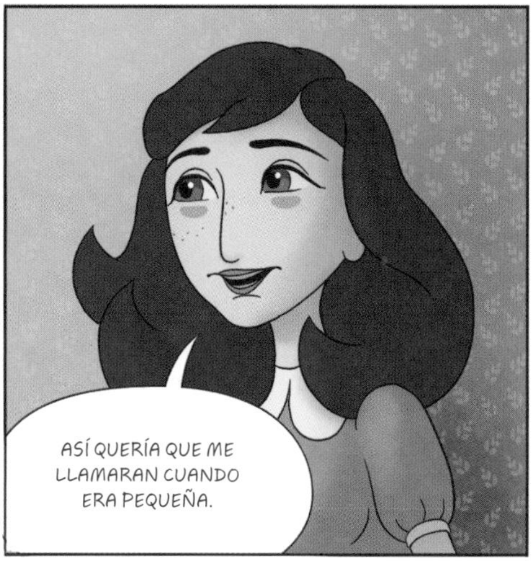
ASÍ QUERÍA QUE ME LLAMARAN CUANDO ERA PEQUEÑA.

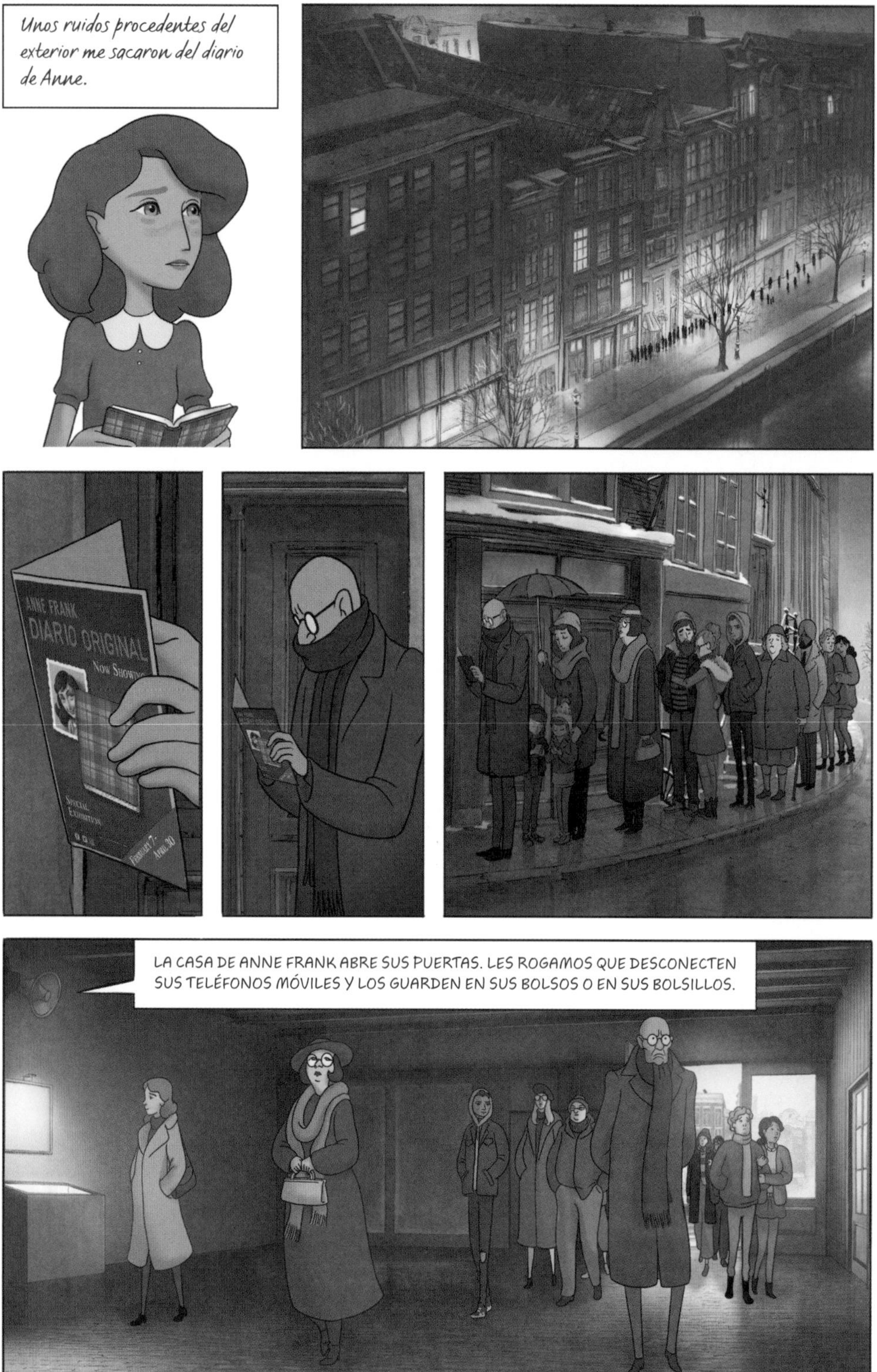
Unos ruidos procedentes del exterior me sacaron del diario de Anne.
ANNE FRANK
DIARIO ORIGINAL
LA CASA DE ANNE FRANK ABRE SUS PUERTAS. LES ROGAMOS QUE DESCONECTEN SUS TELÉFONOS MÓVILES Y LOS GUARDEN EN SUS BOLSOS O EN SUS BOLSILLOS.

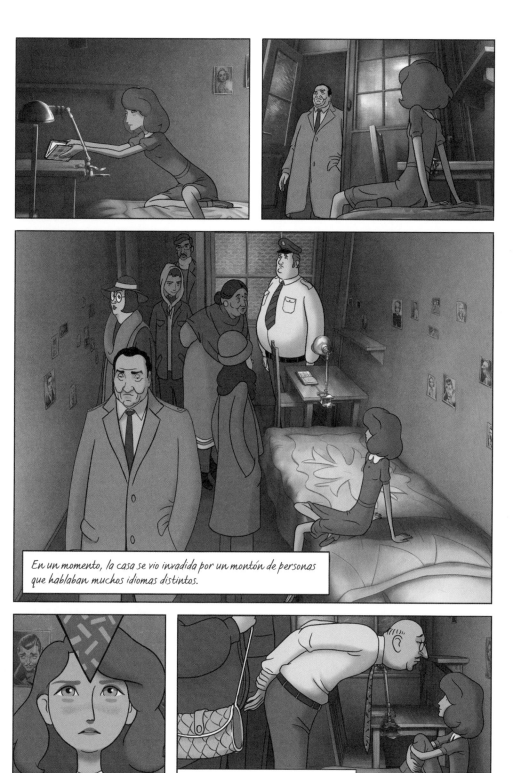

En un momento, la casa se vio invadida por un montón de personas que hablaban muchos idiomas distintos.

¡Menos mal que no me han visto!

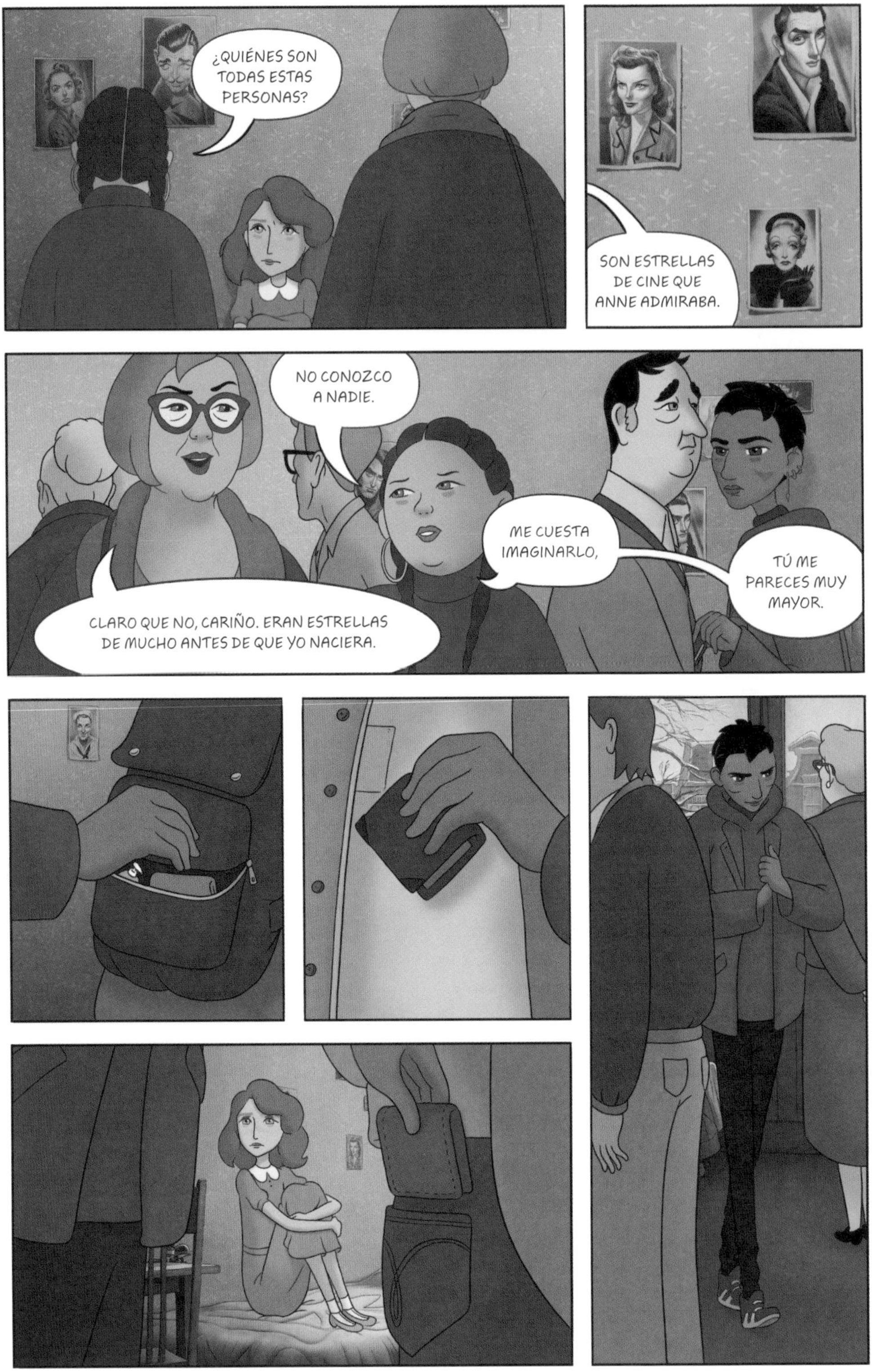
¿QUIÉNES SON TODAS ESTAS PERSONAS?
SON ESTRELLAS DE CINE QUE ANNE ADMIRABA.
NO CONOZCO A NADIE.
CLARO QUE NO, CARIÑO. ERAN ESTRELLAS DE MUCHO ANTES DE QUE YO NACIERA.
ME CUESTA IMAGINARLO,
TÚ ME PARECES MUY MAYOR.

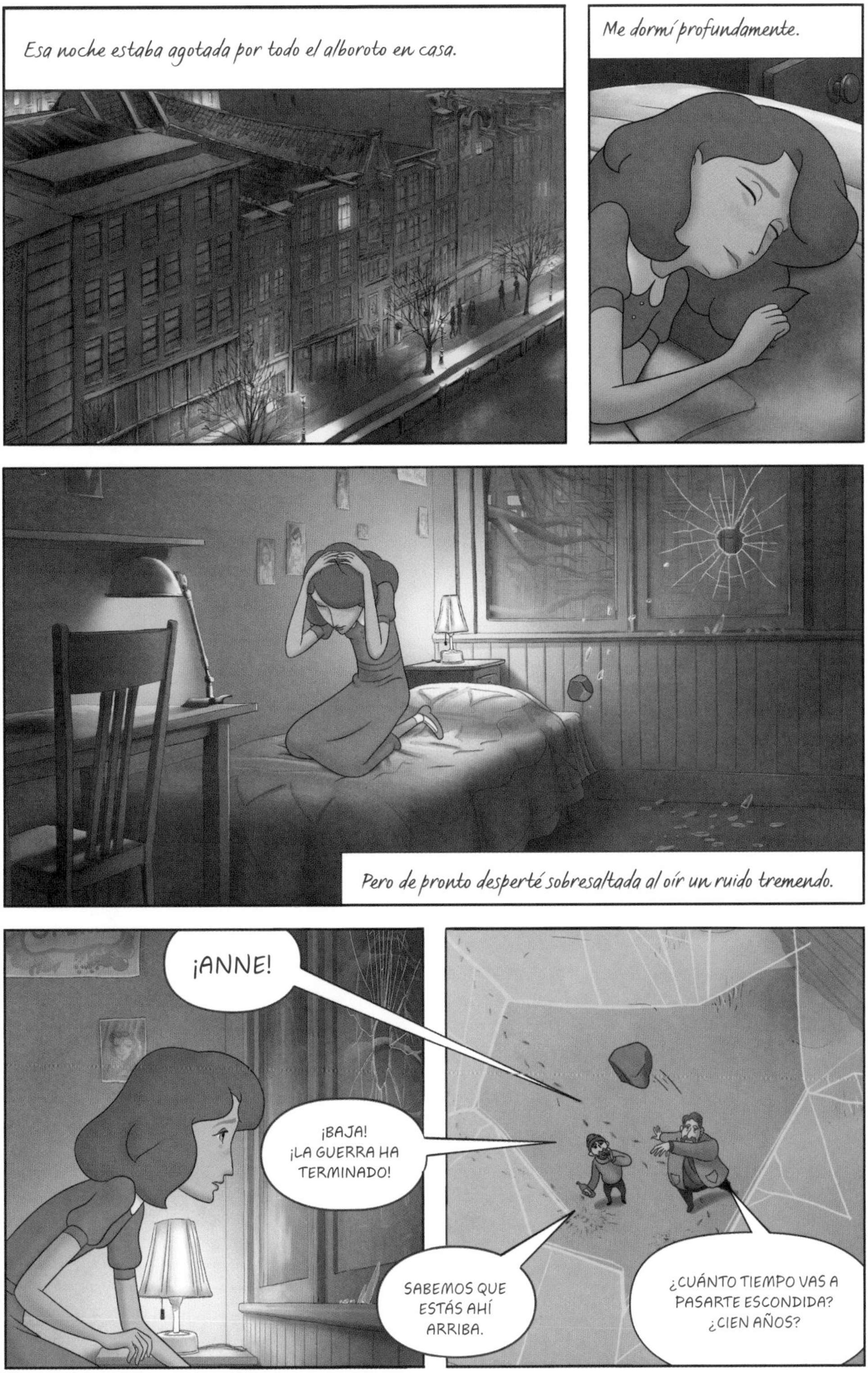
Esa noche estaba agotada por todo el alboroto en casa.
Me dormí profundamente.
Pero de pronto desperté sobresaltada al oír un ruido tremendo.
¡ANNE!
¡BAJA! ¡LA GUERRA HA TERMINADO!
SABEMOS QUE ESTÁS AHÍ ARRIBA.
¿CUÁNTO TIEMPO VAS A PASARTE ESCONDIDA? ¿CIEN AÑOS?

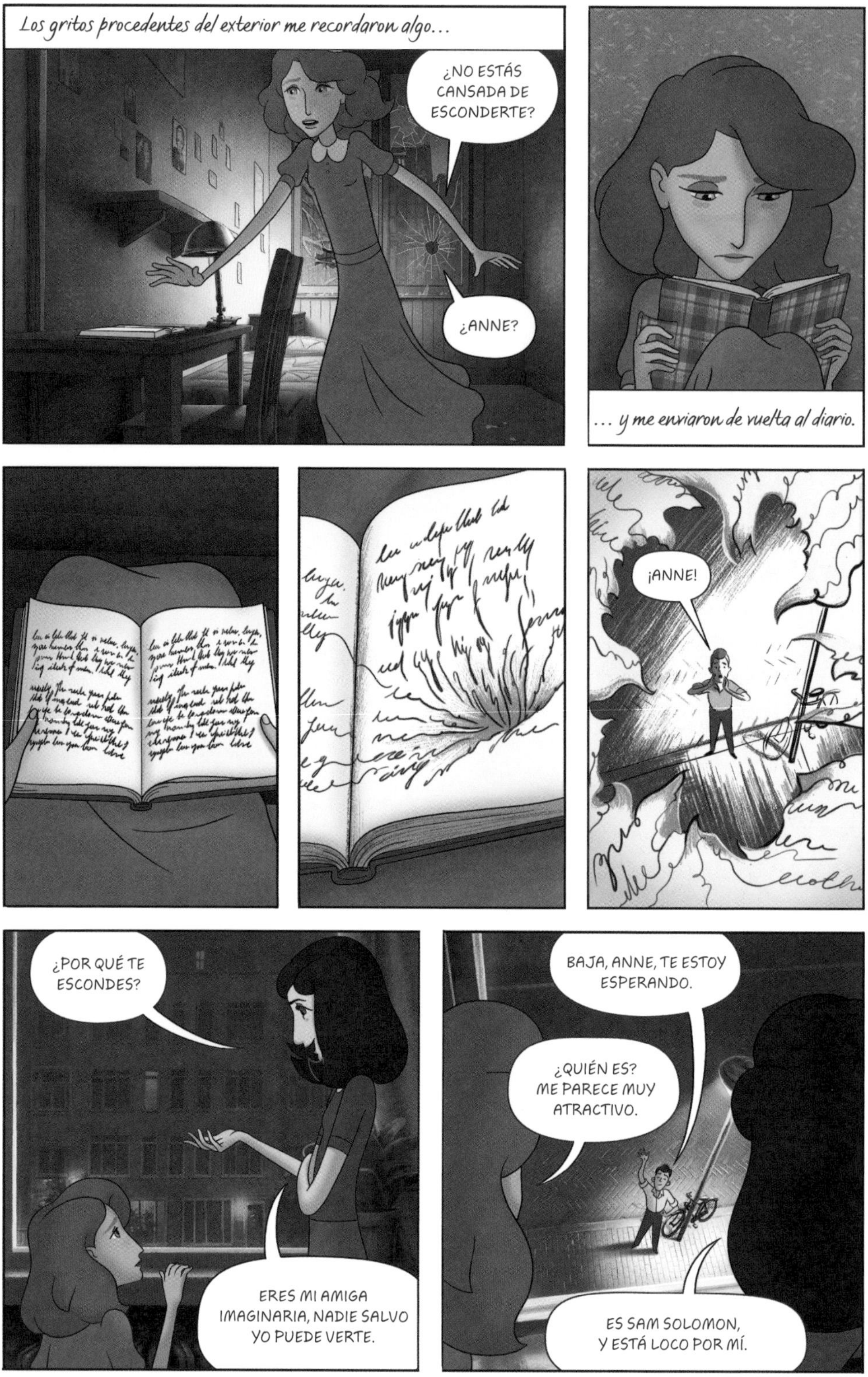
Los gritos procedentes del exterior me recordaron algo...
¿NO ESTÁS CANSADA DE ESCONDERTE?
¿ANNE?
... y me enviaron de vuelta al diario.
¡ANNE!
¿POR QUÉ TE ESCONDES?
ERES MI AMIGA IMAGINARIA, NADIE SALVO YO PUEDE VERTE.
BAJA, ANNE, TE ESTOY ESPERANDO.
¿QUIÉN ES? ME PARECE MUY ATRACTIVO.
ES SAM SOLOMON, Y ESTÁ LOCO POR MÍ.

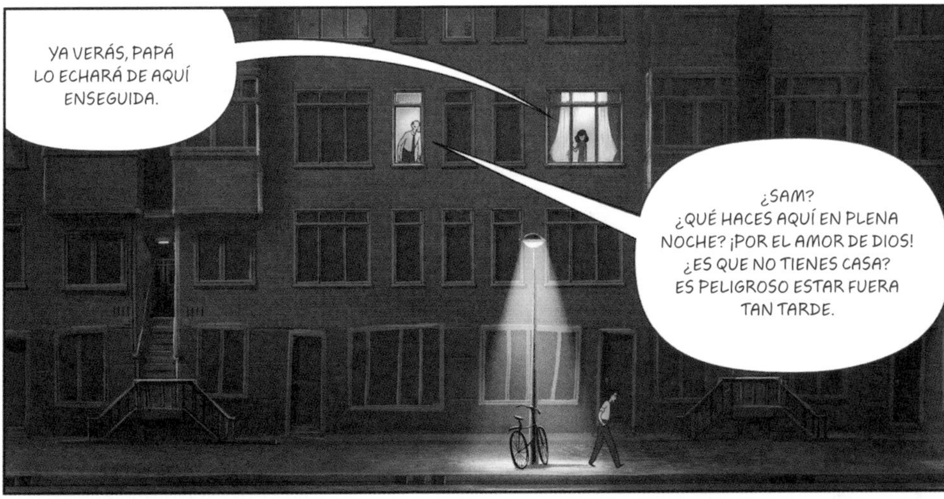
YA VERÁS, PAPÁ LO ECHARÁ DE AQUÍ ENSEGUIDA.
¿SAM? ¿QUÉ HACES AQUÍ EN PLENA NOCHE? ¡POR EL AMOR DE DIOS! ¿ES QUE NO TIENES CASA? ES PELIGROSO ESTAR FUERA TAN TARDE.

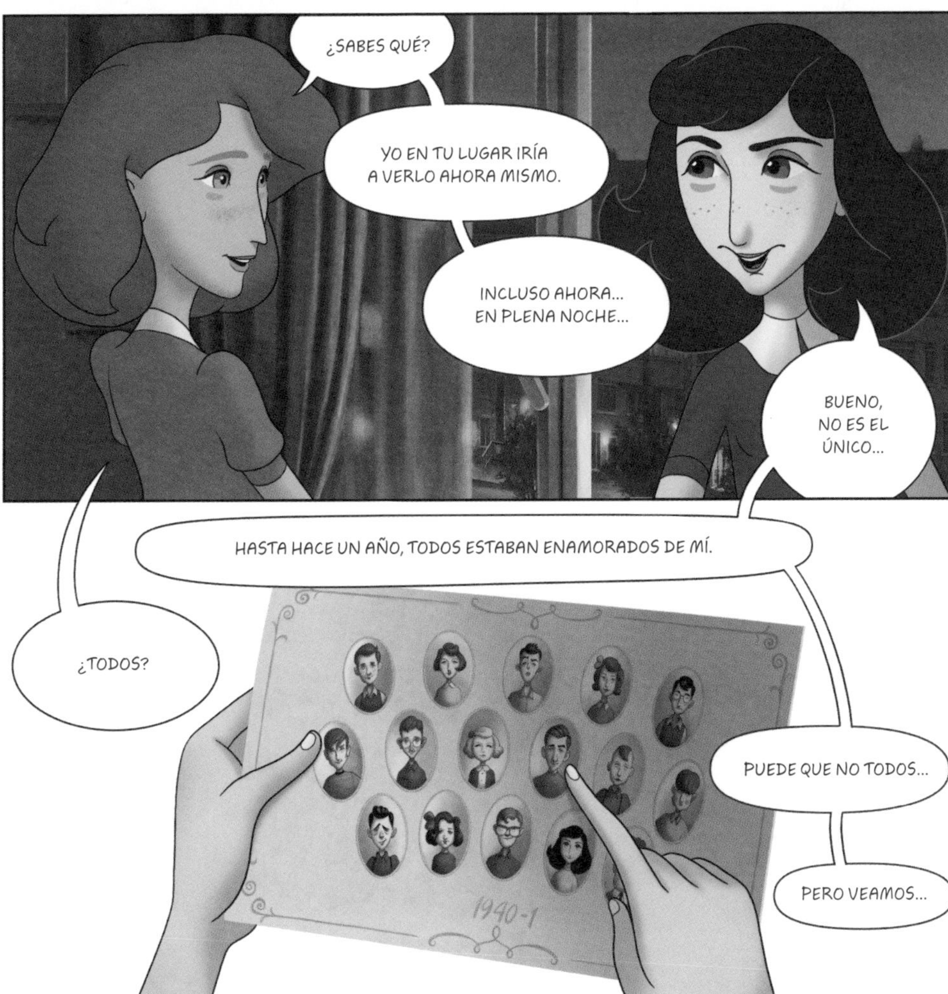
¿SABES QUÉ?
YO EN TU LUGAR IRÍA A VERLO AHORA MISMO.
INCLUSO AHORA... EN PLENA NOCHE...
BUENO, NO ES EL ÚNICO...
HASTA HACE UN AÑO, TODOS ESTABAN ENAMORADOS DE MÍ.
¿TODOS?
PUEDE QUE NO TODOS...
PERO VEAMOS...
1940-1

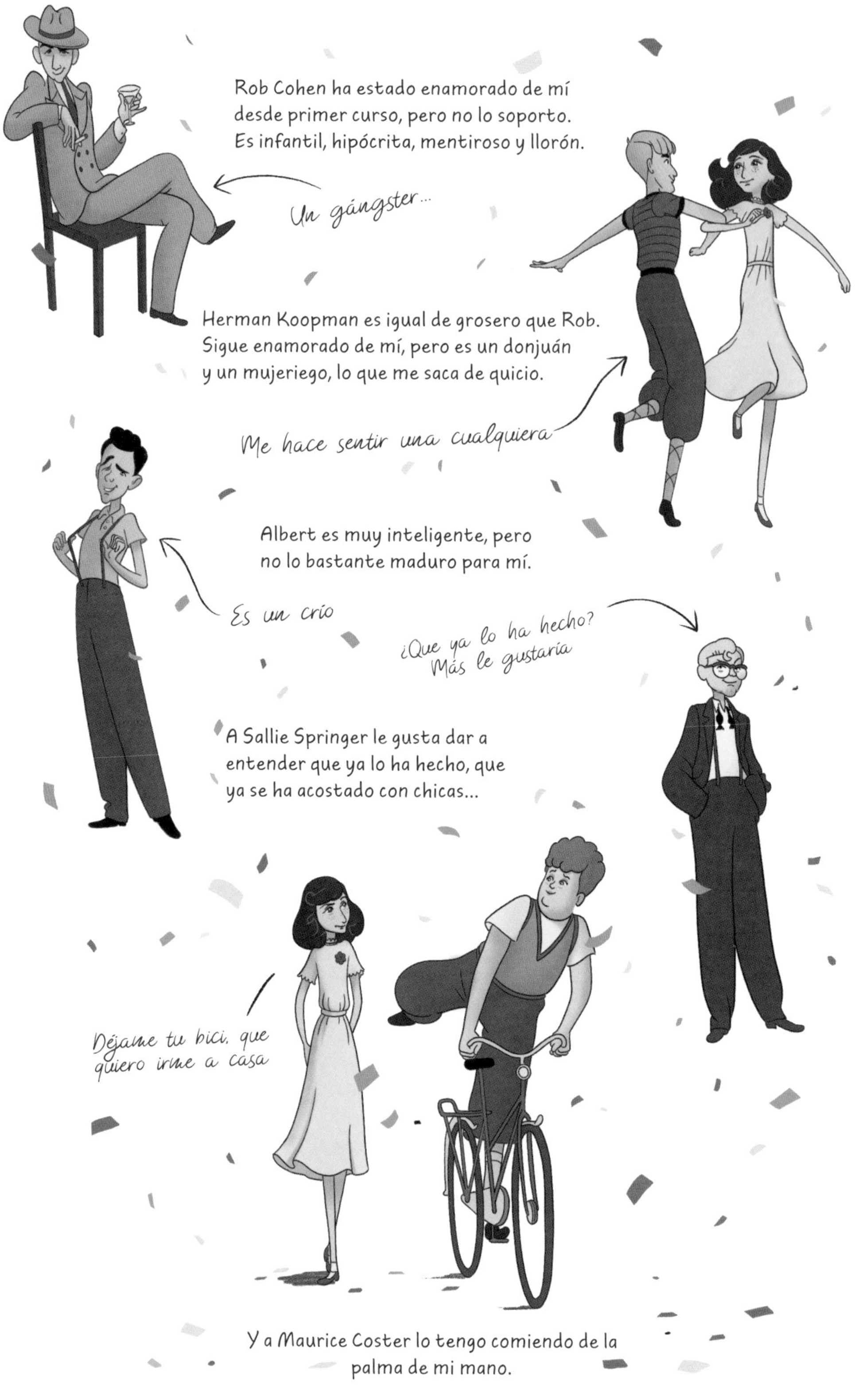
Rob Cohen ha estado enamorado de mí desde primer curso, pero no lo soporto. Es infantil, hipócrita, mentiroso y llorón.
Un gángster...
Herman Koopman es igual de grosero que Rob. Sigue enamorado de mí, pero es un donjuán y un mujeriego, lo que me saca de quicio.
Me hace sentir una cualquiera
Albert es muy inteligente, pero no lo bastante maduro para mí.
Es un crío
A Sallie Springer le gusta dar a entender que ya lo ha hecho, que ya se ha acostado con chicas...
¿Que ya lo ha hecho? Más le gustaría
Déjame tu bici, que quiero irme a casa
Y a Maurice Coster lo tengo comiendo de la palma de mi mano.

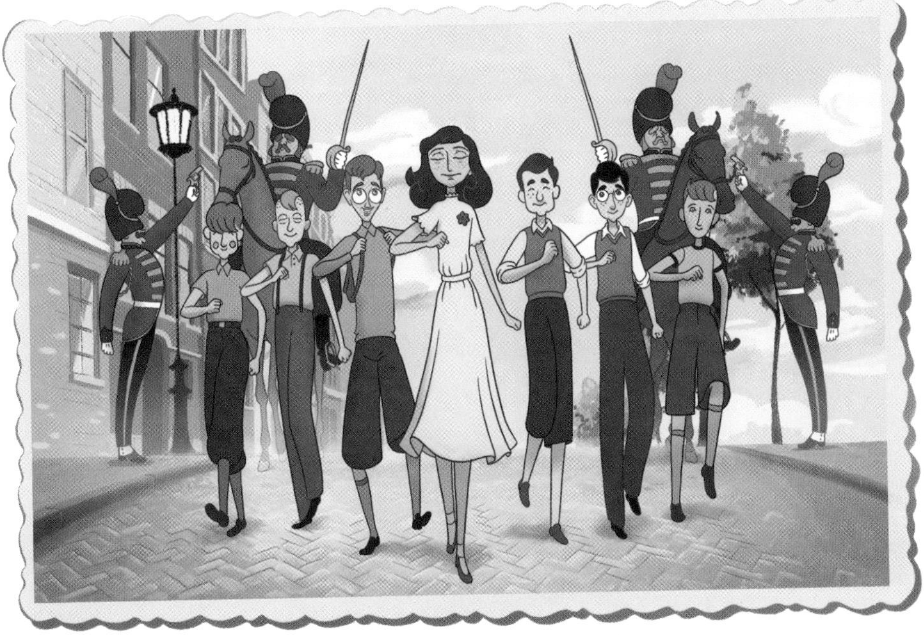

De Sam Solomon ya te he hablado, ¿verdad?

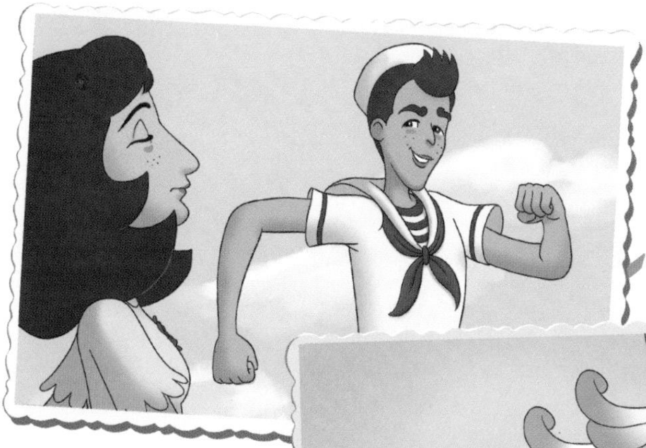

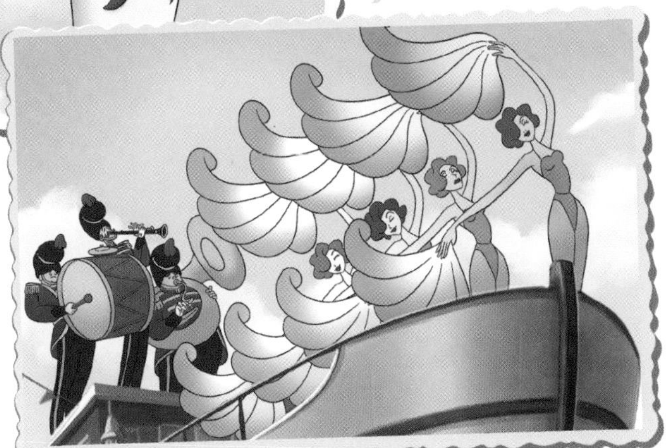

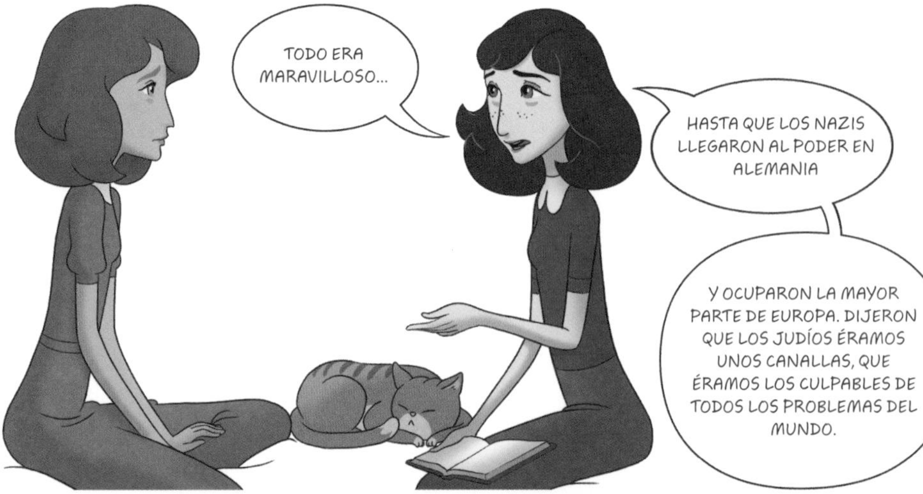
TODO ERA MARAVILLOSO...
HASTA QUE LOS NAZIS LLEGARON AL PODER EN ALEMANIA
Y OCUPARON LA MAYOR PARTE DE EUROPA. DIJERON QUE LOS JUDÍOS ÉRAMOS UNOS CANALLAS, QUE ÉRAMOS LOS CULPABLES DE TODOS LOS PROBLEMAS DEL MUNDO.

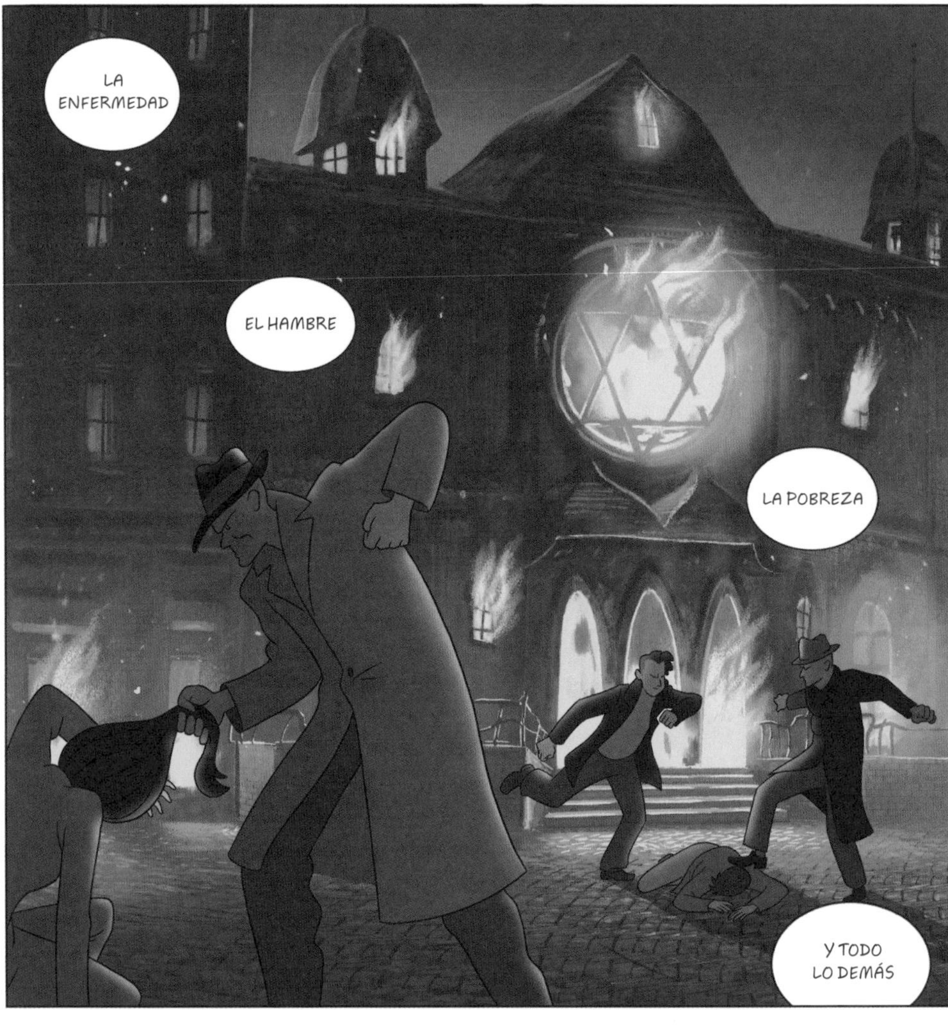
LA ENFERMEDAD
EL HAMBRE
LA POBREZA
Y TODO LO DEMÁS

Después llegaron las restricciones...

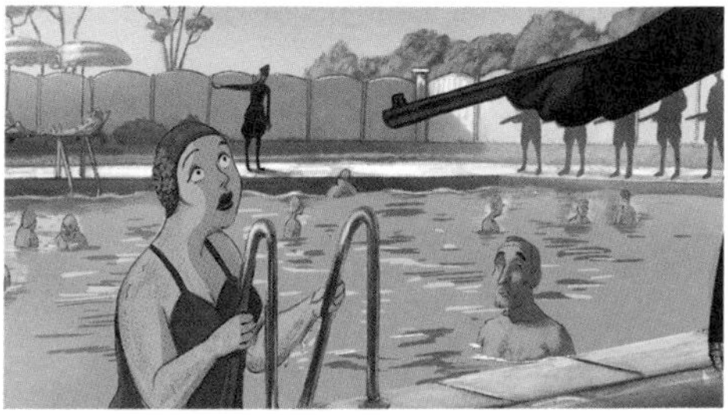

Primero se nos expulsó de las piscinas.

Luego, del transporte público.

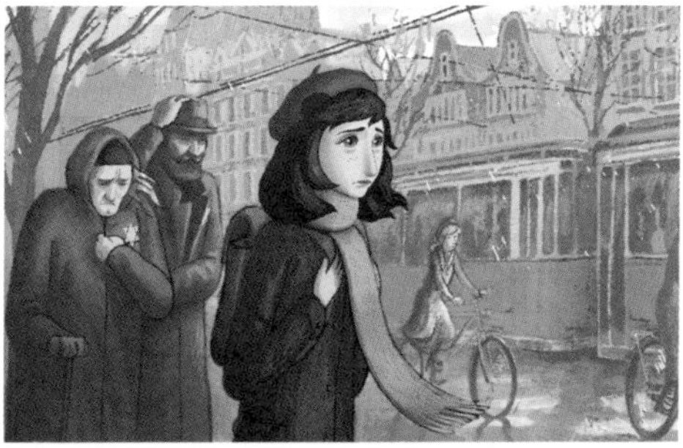

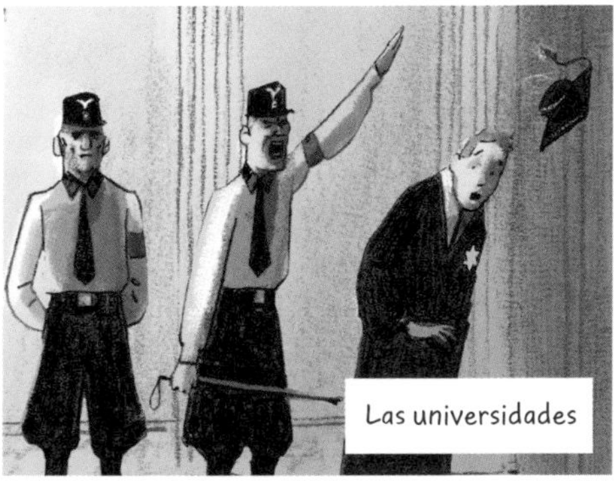
Las universidades

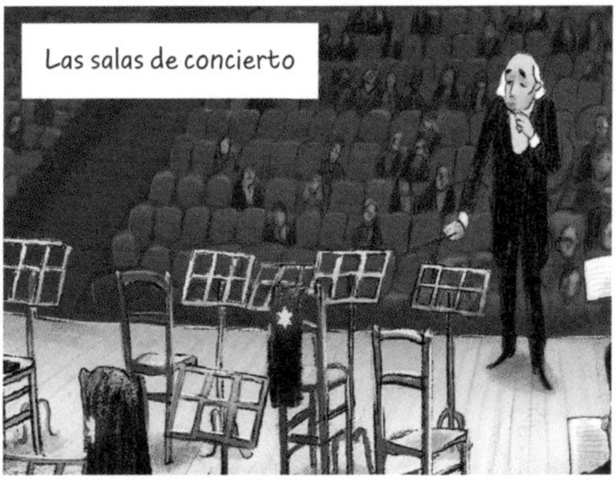
Las salas de concierto

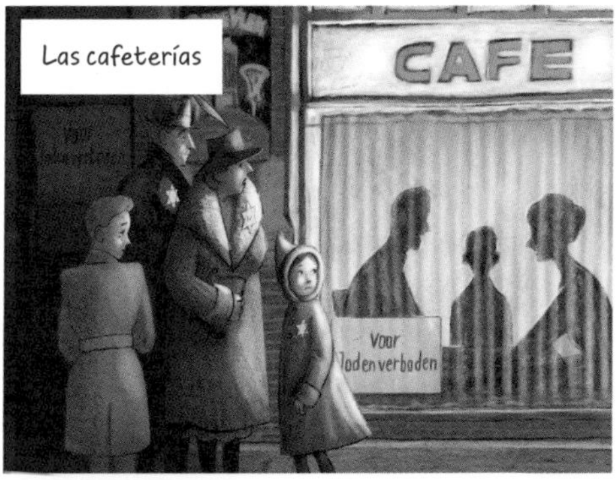
Las cafeterías
CAFE
Voor
Jodenverboden

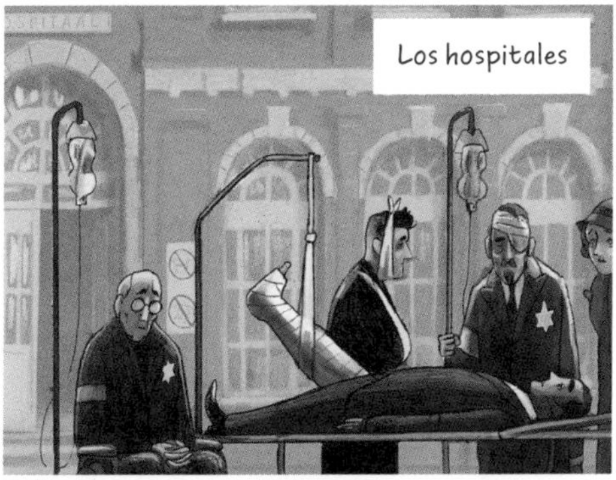
Los hospitales

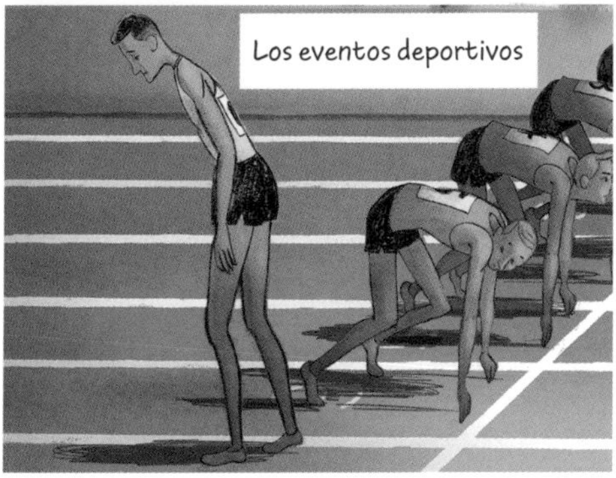
Los eventos deportivos

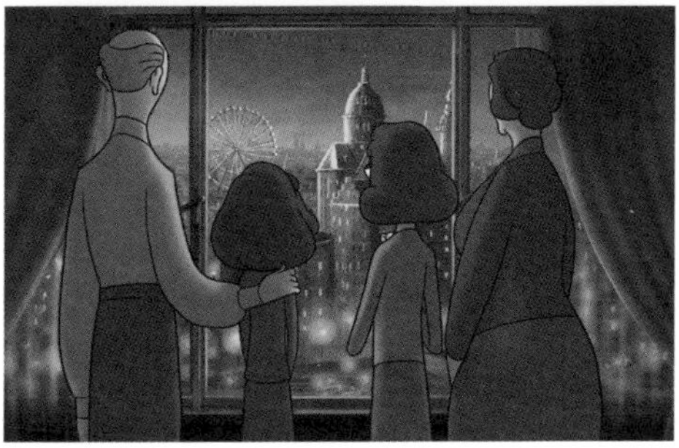

Y luego impusieron un toque de queda...

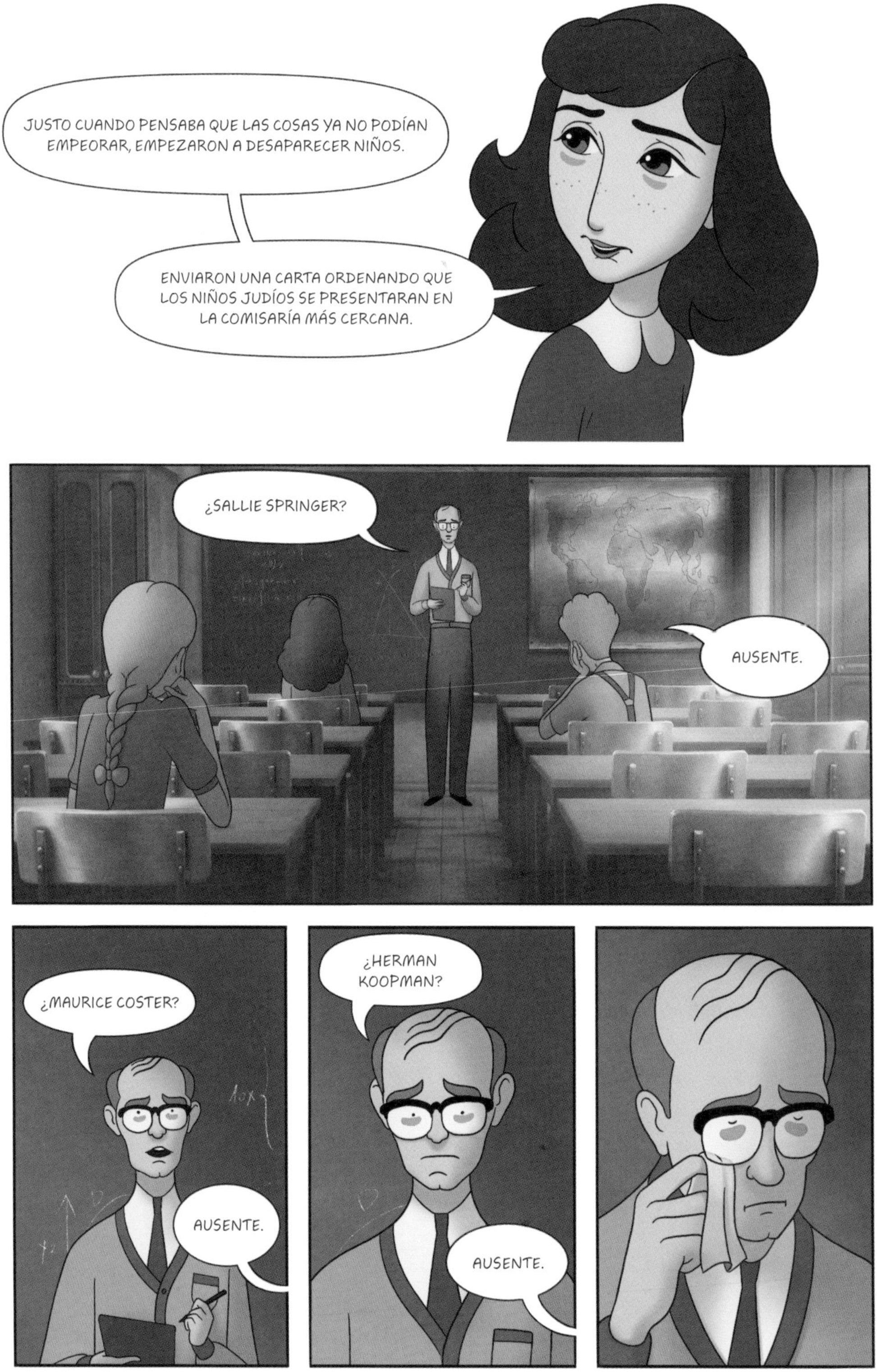
JUSTO CUANDO PENSABA QUE LAS COSAS YA NO PODÍAN EMPEORAR, EMPEZARON A DESAPARECER NIÑOS.
ENVIARON UNA CARTA ORDENANDO QUE LOS NIÑOS JUDÍOS SE PRESENTARAN EN LA COMISARÍA MÁS CERCANA.
¿SALLIE SPRINGER?
AUSENTE.
¿MAURICE COSTER?
AUSENTE.
¿HERMAN KOOPMAN?
AUSENTE.

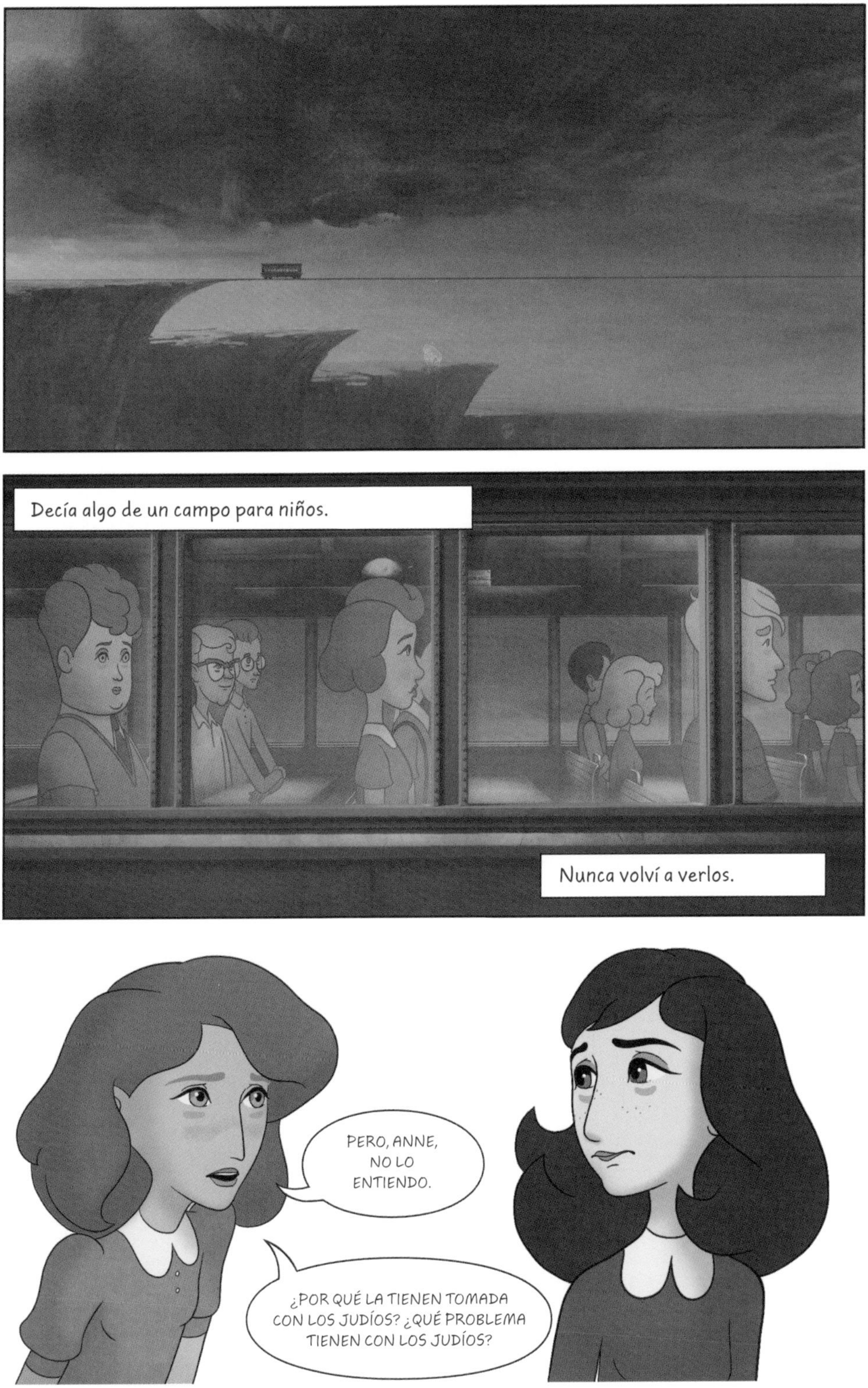
Decía algo de un campo para niños.
Nunca volví a verlos.
PERO, ANNE, NO LO ENTIENDO.
¿POR QUÉ LA TIENEN TOMADA CON LOS JUDÍOS? ¿QUÉ PROBLEMA TIENEN CON LOS JUDÍOS?

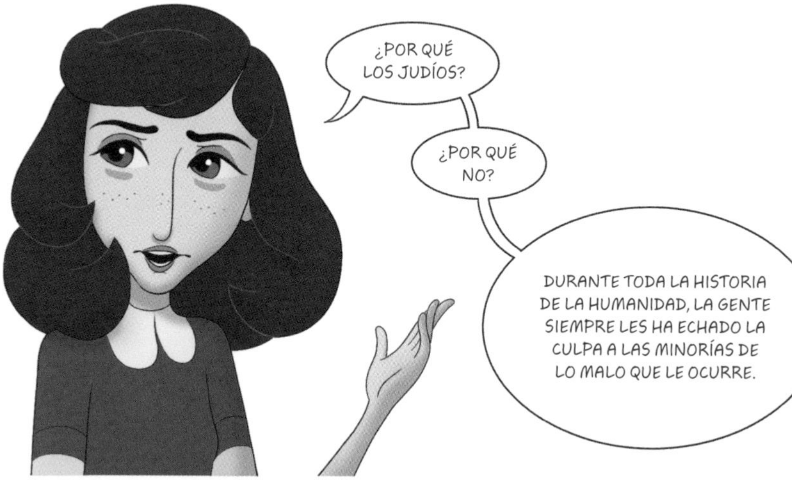
¿POR QUÉ LOS JUDÍOS?
¿POR QUÉ NO?
DURANTE TODA LA HISTORIA DE LA HUMANIDAD, LA GENTE SIEMPRE LES HA ECHADO LA CULPA A LAS MINORÍAS DE LO MALO QUE LE OCURRE.

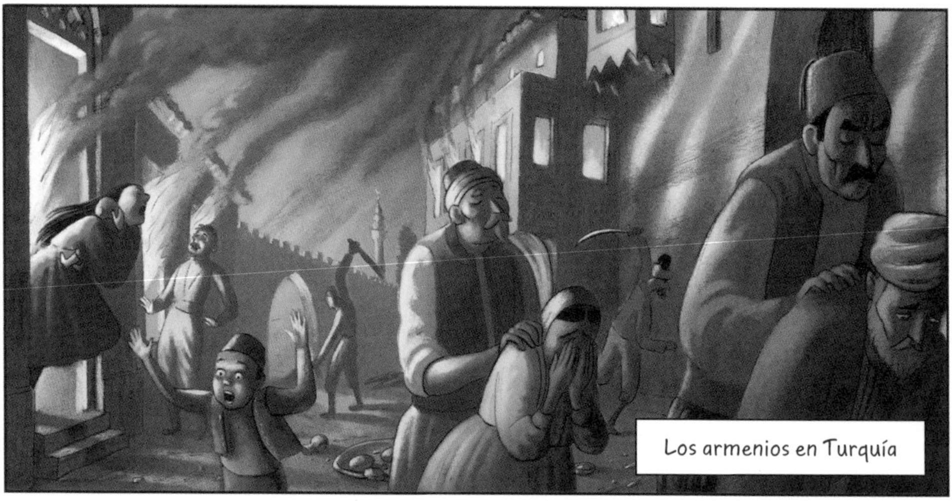
Los armenios en Turquía

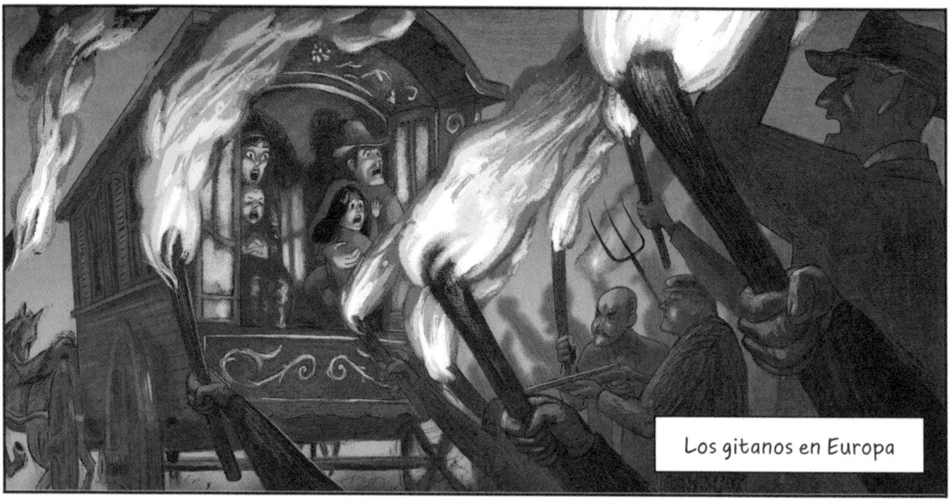
Los gitanos en Europa

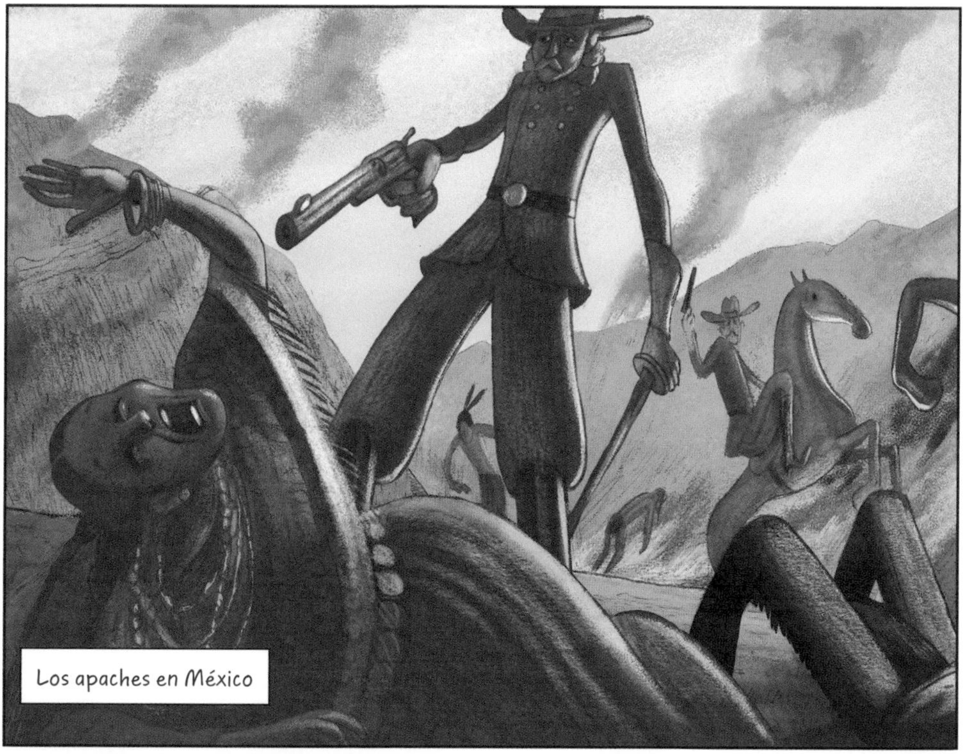
Los apaches en México

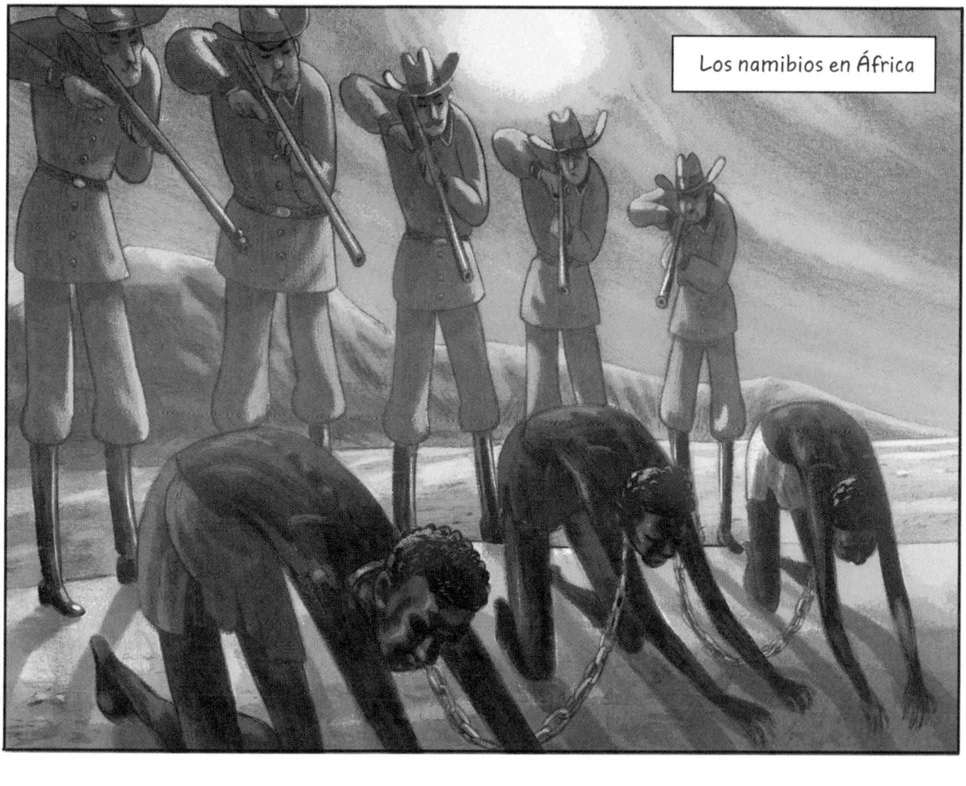
Los namibios en África

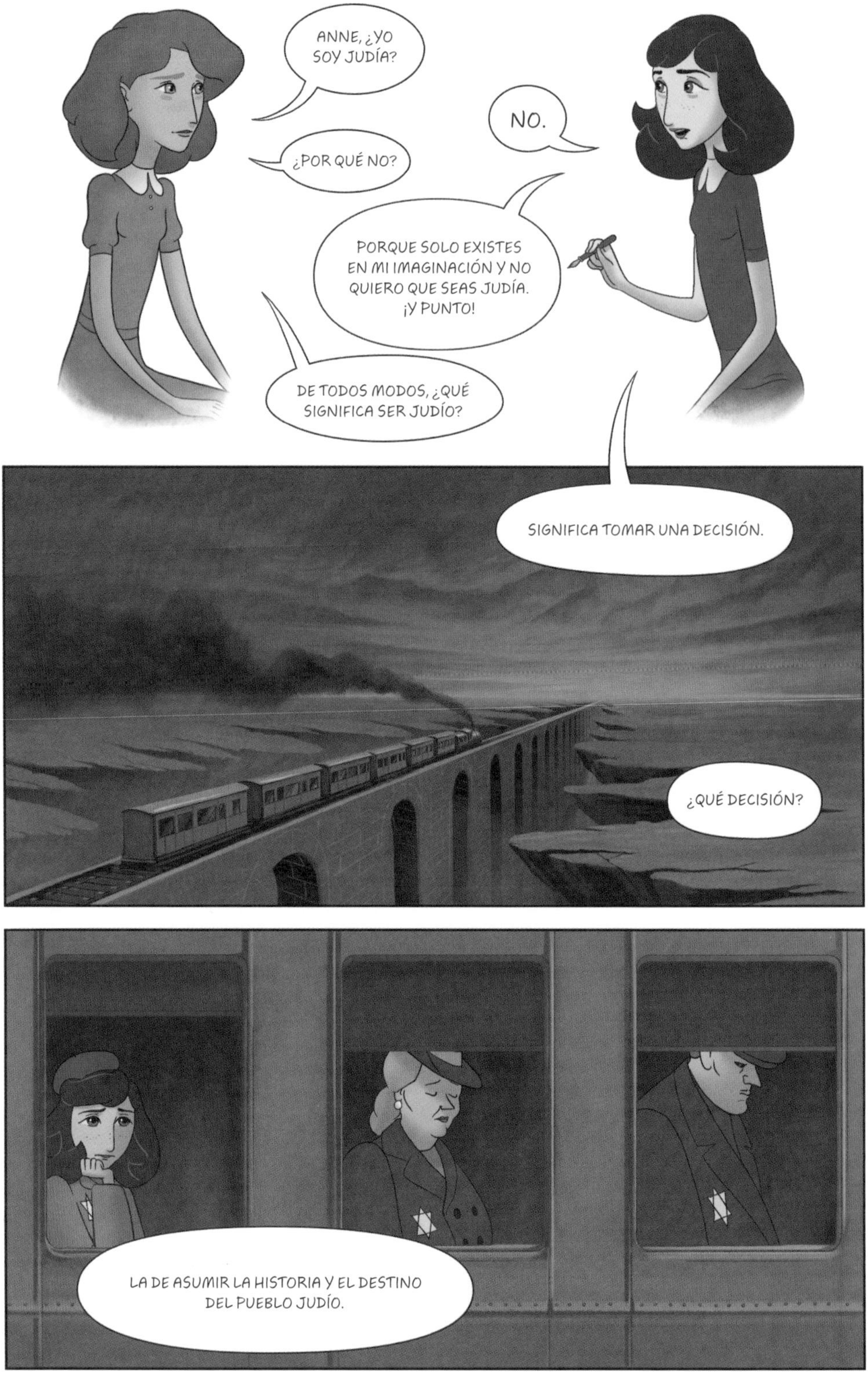
ANNE, ¿YO SOY JUDÍA?
NO.
¿POR QUÉ NO?
PORQUE SOLO EXISTES EN MI IMAGINACIÓN Y NO QUIERO QUE SEAS JUDÍA. ¡Y PUNTO!
DE TODOS MODOS, ¿QUÉ SIGNIFICA SER JUDÍO?
SIGNIFICA TOMAR UNA DECISIÓN.
¿QUÉ DECISIÓN?
LA DE ASUMIR LA HISTORIA Y EL DESTINO DEL PUEBLO JUDÍO.

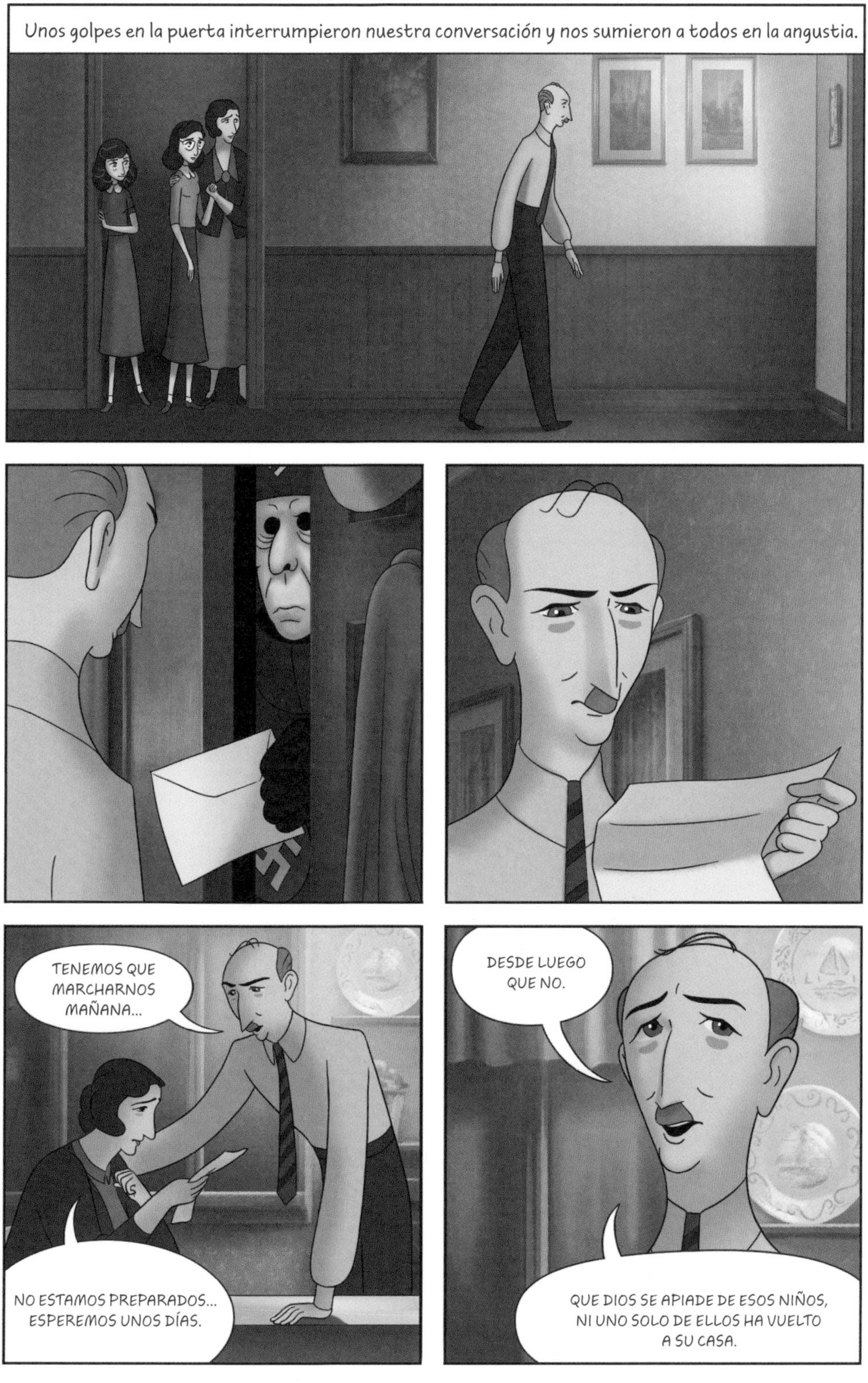
Unos golpes en la puerta interrumpieron nuestra conversación y nos sumieron a todos en la angustia.
TENEMOS QUE MARCHARNOS MAÑANA...
NO ESTAMOS PREPARADOS... ESPEREMOS UNOS DÍAS.
DESDE LUEGO QUE NO.
QUE DIOS SE APIADE DE ESOS NIÑOS, NI UNO SOLO DE ELLOS HA VUELTO A SU CASA.

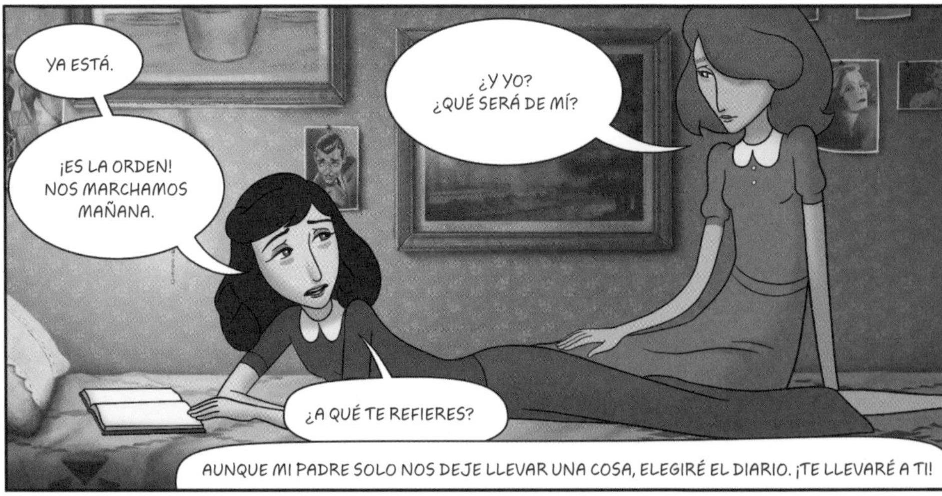
YA ESTÁ.
¡ES LA ORDEN! NOS MARCHAMOS MAÑANA.
¿Y YO? ¿QUÉ SERÁ DE MÍ?
¿A QUÉ TE REFIERES?
AUNQUE MI PADRE SOLO NOS DEJE LLEVAR UNA COSA, ELEGIRÉ EL DIARIO. ¡TE LLEVARÉ A TI!

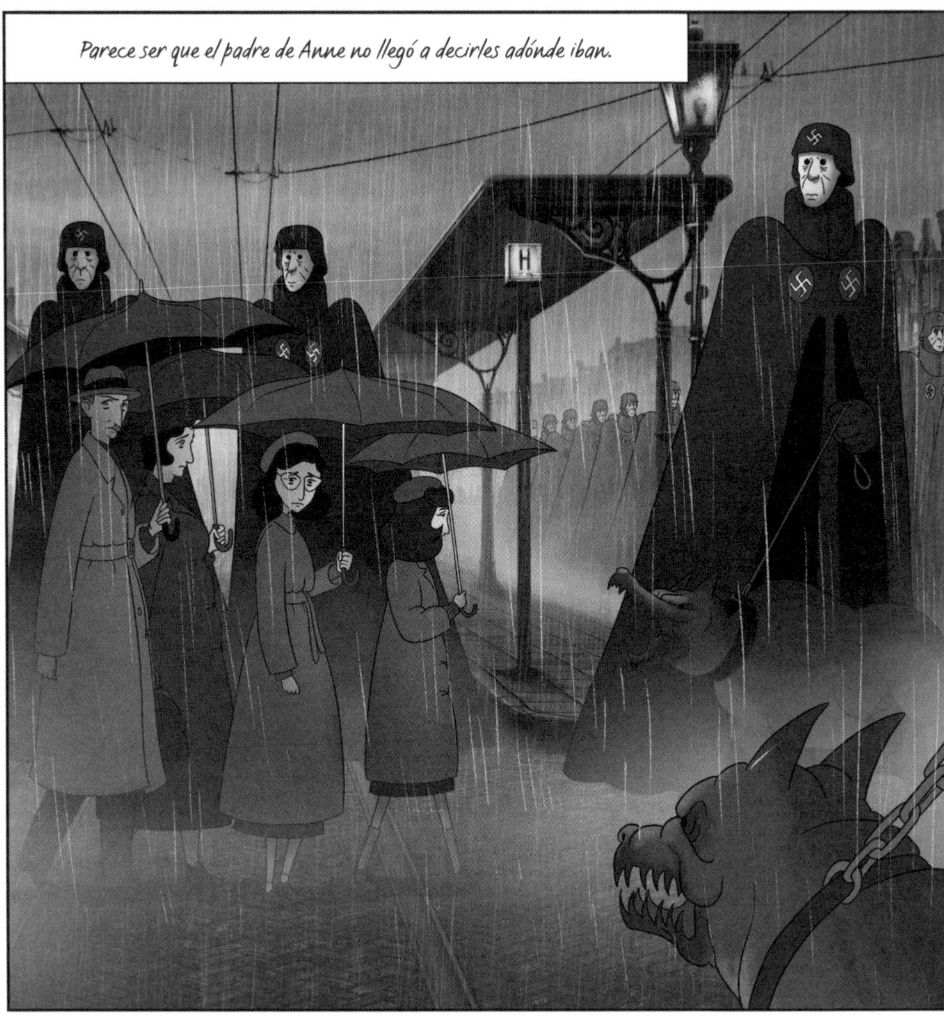
Parece ser que el padre de Anne no llegó a decirles adónde iban.

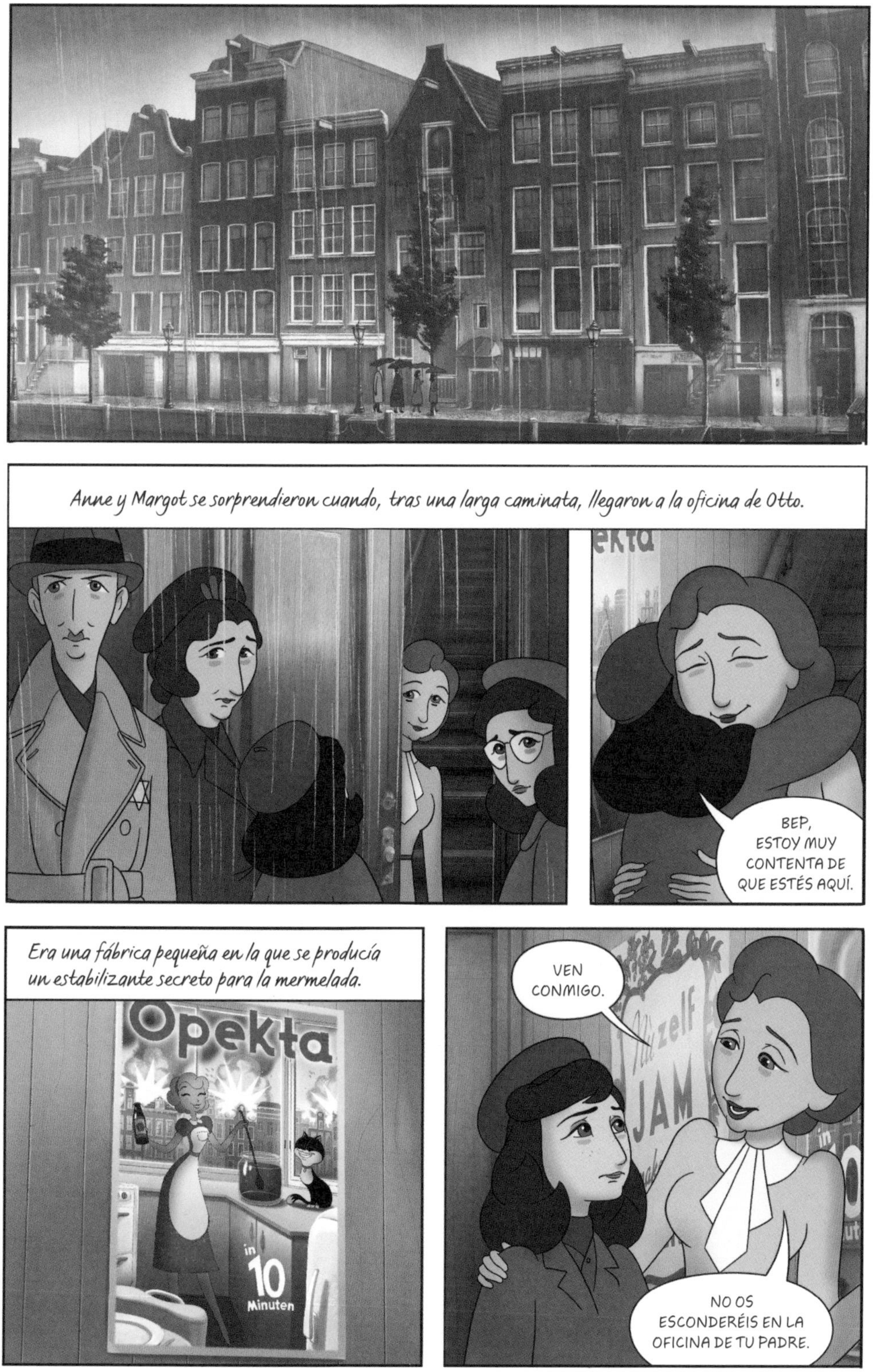
Anne y Margot se sorprendieron cuando, tras una larga caminata, llegaron a la oficina de Otto.
BEP, ESTOY MUY CONTENTA DE QUE ESTÉS AQUÍ.
Era una fábrica pequeña en la que se producía un estabilizante secreto para la mermelada.
Opekta
in 10 Minuten
VEN CONMIGO.
JAM
NO OS ESCONDERÉIS EN LA OFICINA DE TU PADRE.

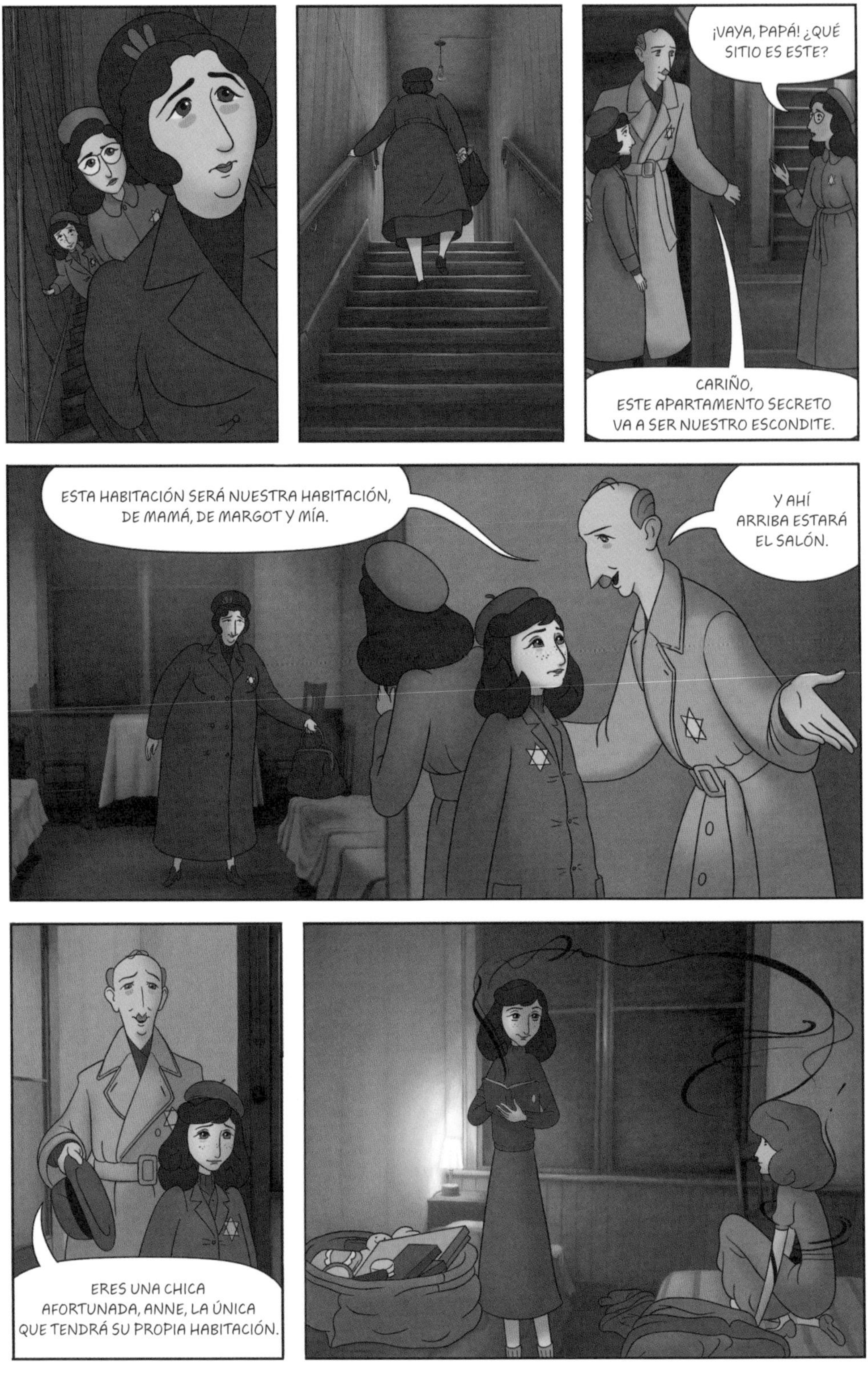
¡VAYA, PAPÁ! ¿QUÉ SITIO ES ESTE?
CARIÑO, ESTE APARTAMENTO SECRETO VA A SER NUESTRO ESCONDITE.
ESTA HABITACIÓN SERÁ NUESTRA HABITACIÓN, DE MAMÁ, DE MARGOT Y MÍA.
Y AHÍ ARRIBA ESTARÁ EL SALÓN.
ERES UNA CHICA AFORTUNADA, ANNE, LA ÚNICA QUE TENDRÁ SU PROPIA HABITACIÓN.

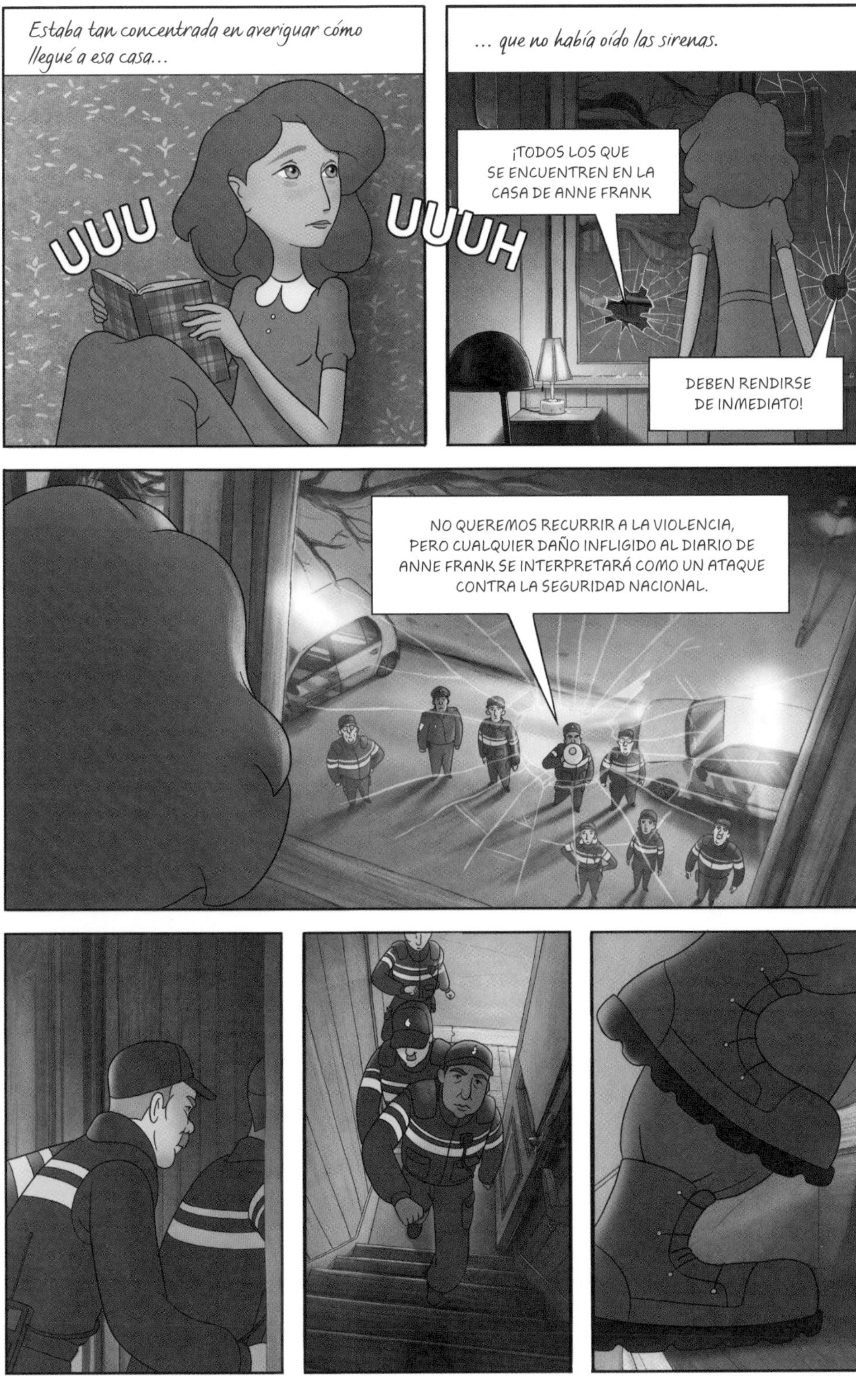

Estaba tan concentrada en averiguar cómo llegué a esa casa...
UUU
UUUH
... que no había oído las sirenas.
¡TODOS LOS QUE SE ENCUENTREN EN LA CASA DE ANNE FRANK
DEBEN RENDIRSE DE INMEDIATO!
NO QUEREMOS RECURRIR A LA VIOLENCIA, PERO CUALQUIER DAÑO INFLIGIDO AL DIARIO DE ANNE FRANK SE INTERPRETARÁ COMO UN ATAQUE CONTRA LA SEGURIDAD NACIONAL.

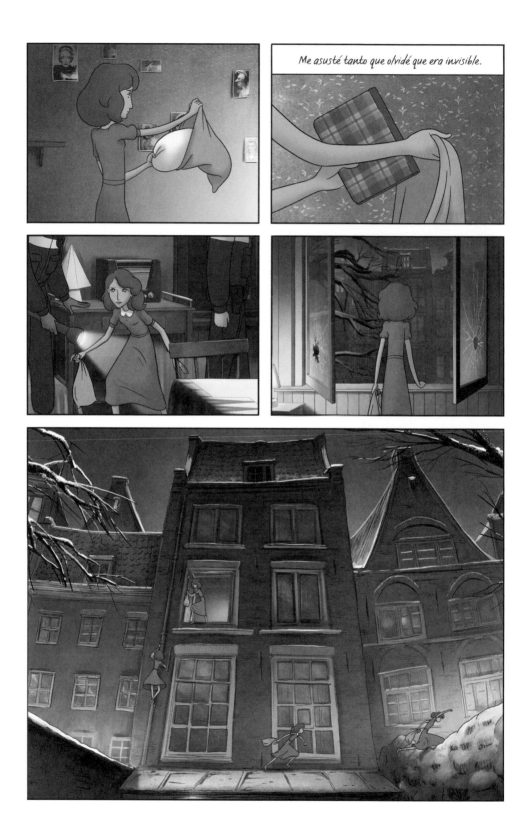

Me asusté tanto que olvidé que era invisible.

FE

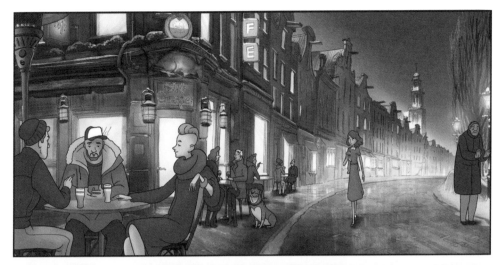

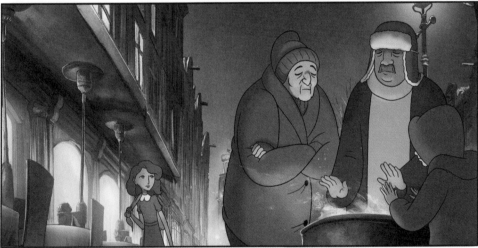

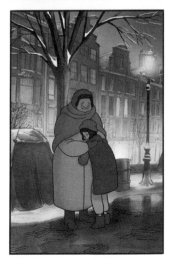

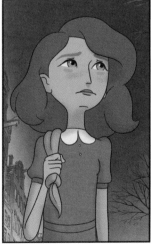

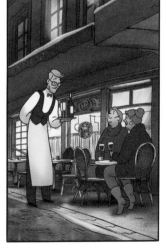

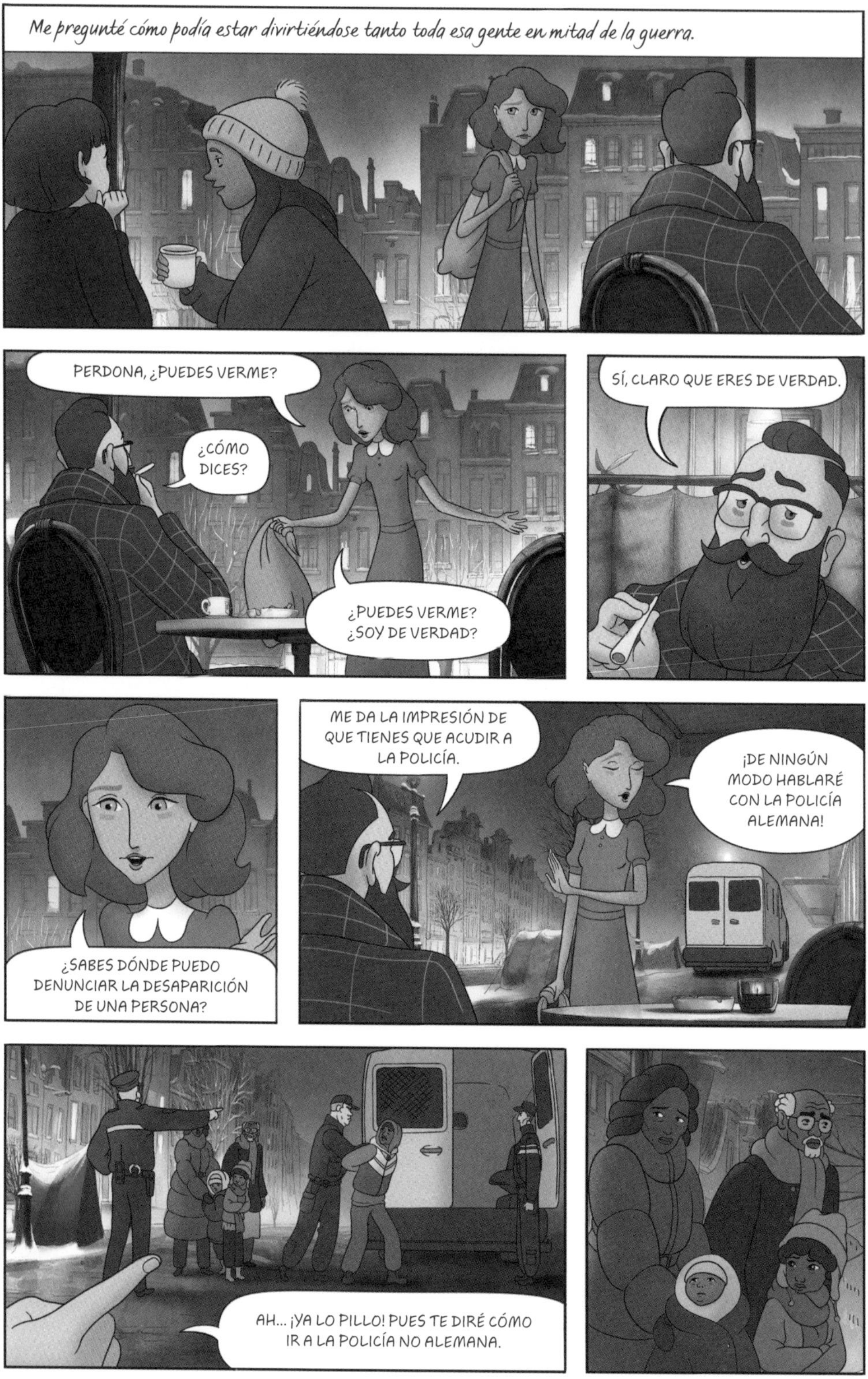
Me pregunté cómo podía estar divirtiéndose tanto toda esa gente en mitad de la guerra.
PERDONA, ¿PUEDES VERME?
¿CÓMO DICES?
¿PUEDES VERME? ¿SOY DE VERDAD?
SÍ, CLARO QUE ERES DE VERDAD.
¿SABES DÓNDE PUEDO DENUNCIAR LA DESAPARICIÓN DE UNA PERSONA?
ME DA LA IMPRESIÓN DE QUE TIENES QUE ACUDIR A LA POLICÍA.
¡DE NINGÚN MODO HABLARÉ CON LA POLICÍA ALEMANA!
AH... ¡YA LO PILLO! PUES TE DIRÉ CÓMO IR A LA POLICÍA NO ALEMANA.

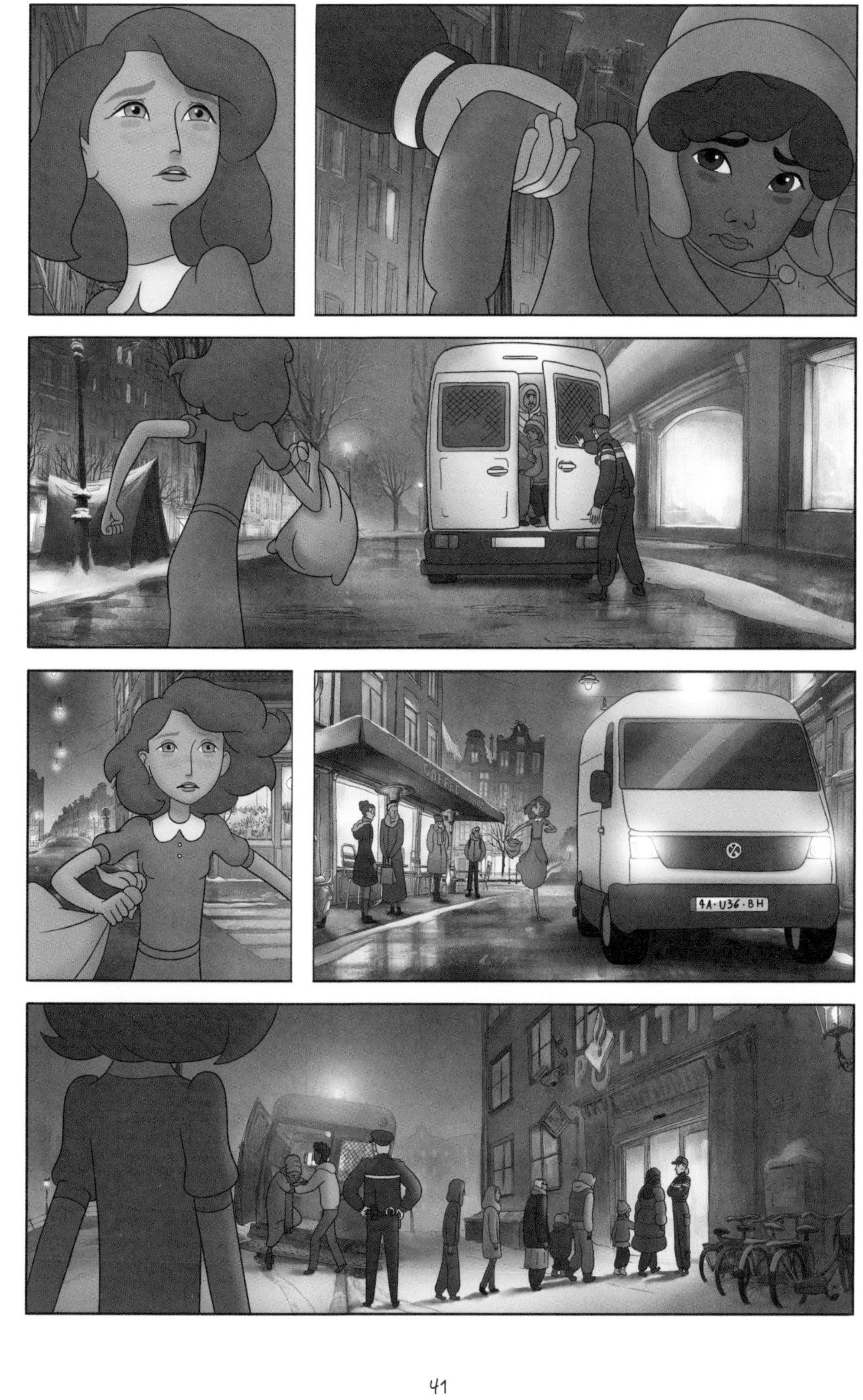
4A-U36-BH

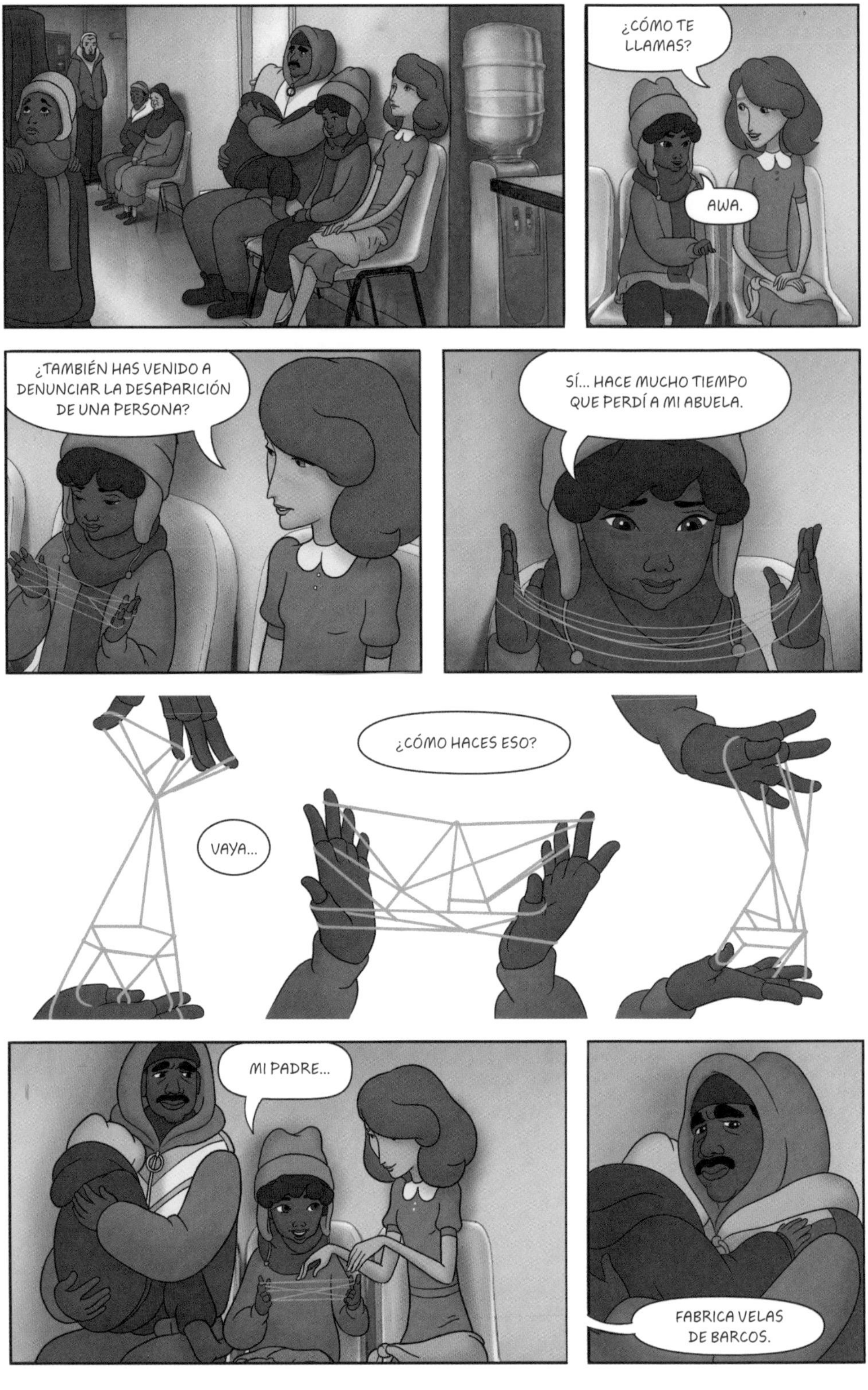
¿CÓMO TE LLAMAS?
AWA.
¿TAMBIÉN HAS VENIDO A DENUNCIAR LA DESAPARICIÓN DE UNA PERSONA?
SÍ... HACE MUCHO TIEMPO QUE PERDÍ A MI ABUELA.
¿CÓMO HACES ESO?
VAYA...
MI PADRE...
FABRICA VELAS DE BARCOS.

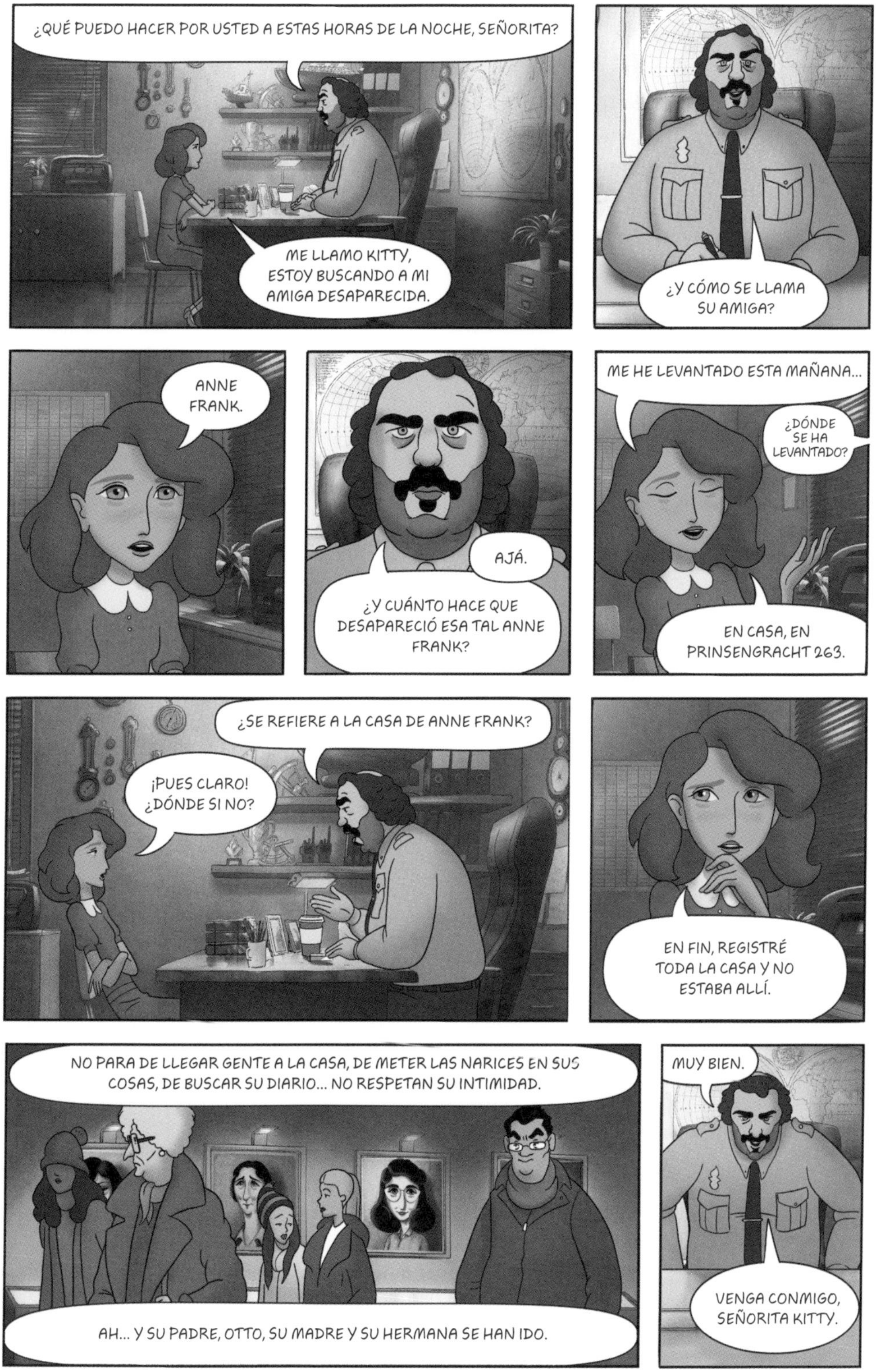
¿QUÉ PUEDO HACER POR USTED A ESTAS HORAS DE LA NOCHE, SEÑORITA?
ME LLAMO KITTY, ESTOY BUSCANDO A MI AMIGA DESAPARECIDA.
¿Y CÓMO SE LLAMA SU AMIGA?
ANNE FRANK.
AJÁ.
¿Y CUÁNTO HACE QUE DESAPARECIÓ ESA TAL ANNE FRANK?
ME HE LEVANTADO ESTA MAÑANA...
¿DÓNDE SE HA LEVANTADO?
EN CASA, EN PRINSENGRACHT 263.
¿SE REFIERE A LA CASA DE ANNE FRANK?
¡PUES CLARO! ¿DÓNDE SI NO?
EN FIN, REGISTRÉ TODA LA CASA Y NO ESTABA ALLÍ.
NO PARA DE LLEGAR GENTE A LA CASA, DE METER LAS NARICES EN SUS COSAS, DE BUSCAR SU DIARIO... NO RESPETAN SU INTIMIDAD.
AH... Y SU PADRE, OTTO, SU MADRE Y SU HERMANA SE HAN IDO.
MUY BIEN.
VENGA CONMIGO, SEÑORITA KITTY.

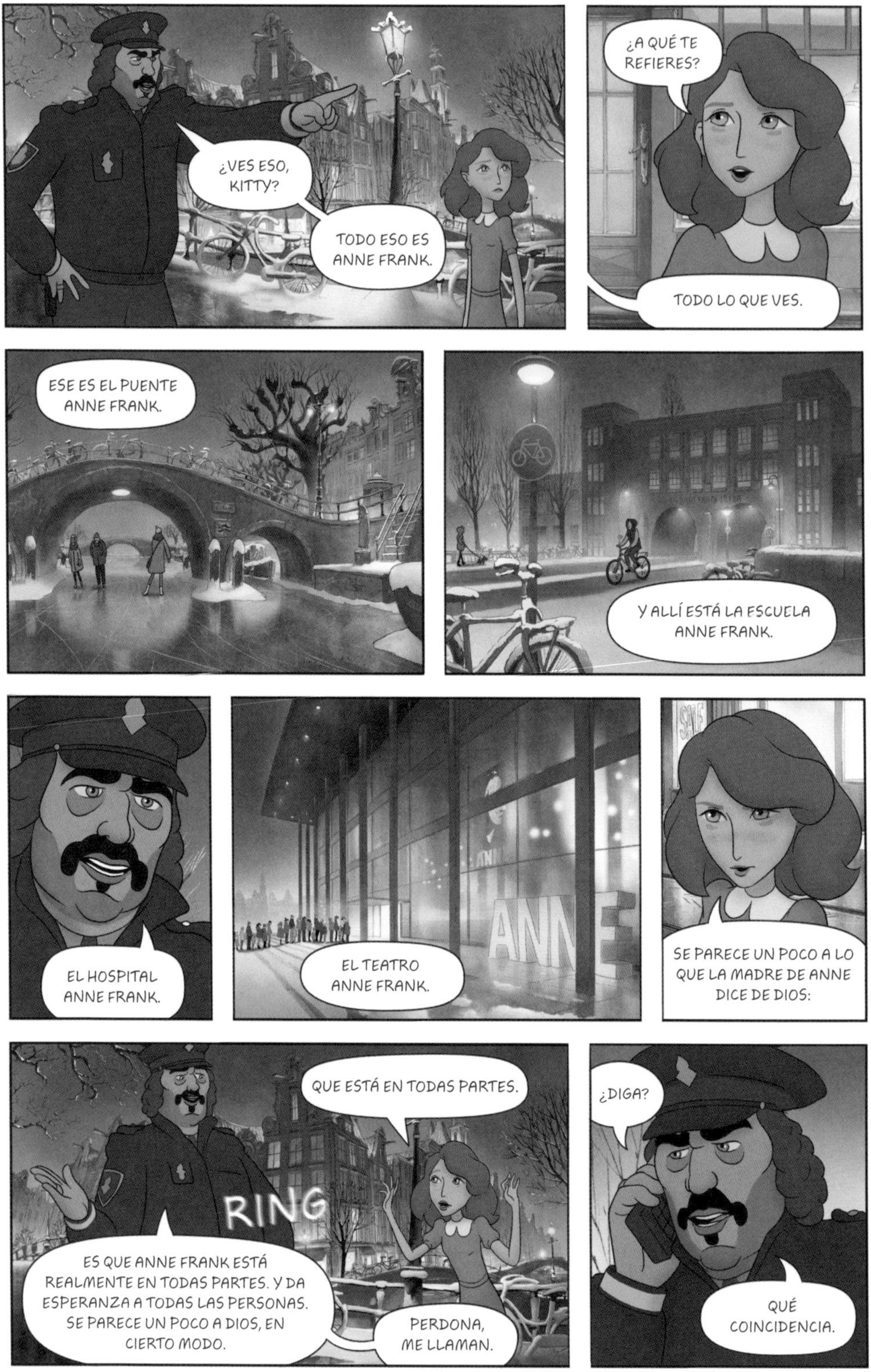
¿VES ESO, KITTY?
TODO ESO ES ANNE FRANK.
¿A QUÉ TE REFIERES?
TODO LO QUE VES.
ESE ES EL PUENTE ANNE FRANK.
Y ALLÍ ESTÁ LA ESCUELA ANNE FRANK.
EL HOSPITAL ANNE FRANK.
EL TEATRO ANNE FRANK.
ANNE
SE PARECE UN POCO A LO QUE LA MADRE DE ANNE DICE DE DIOS:
QUE ESTÁ EN TODAS PARTES.
RING
ES QUE ANNE FRANK ESTÁ REALMENTE EN TODAS PARTES. Y DA ESPERANZA A TODAS LAS PERSONAS. SE PARECE UN POCO A DIOS, EN CIERTO MODO.
PERDONA, ME LLAMAN.
¿DIGA?
QUÉ COINCIDENCIA.

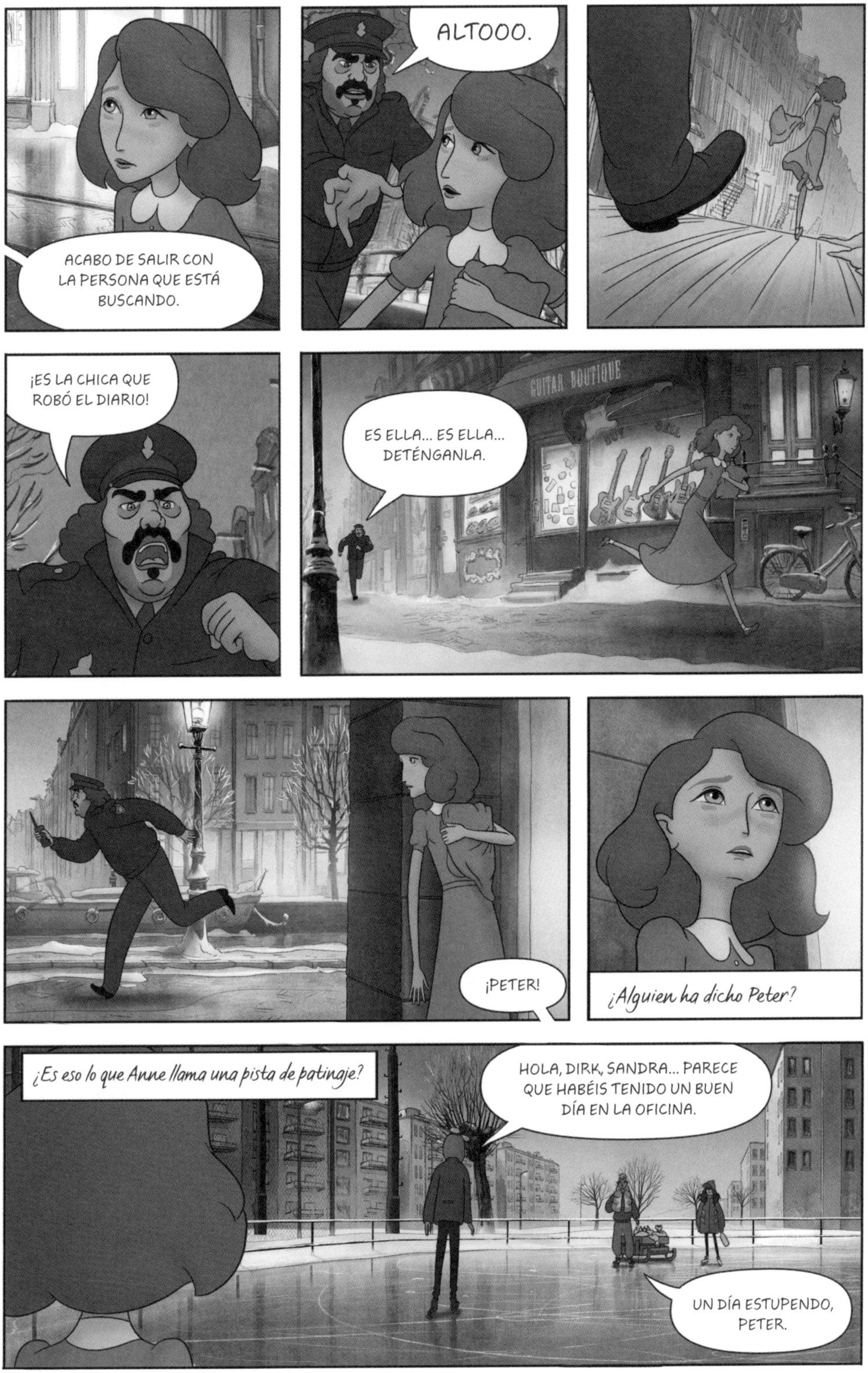
ACABO DE SALIR CON LA PERSONA QUE ESTÁ BUSCANDO.
ALTOOO.
¡ES LA CHICA QUE ROBÓ EL DIARIO!
GUITAR BOUTIQUE
ES ELLA... ES ELLA... DETÉNGANLA.
¡PETER!
¿Alguien ha dicho Peter?
¿Es eso lo que Anne llama una pista de patinaje?
HOLA, DIRK, SANDRA... PARECE QUE HABÉIS TENIDO UN BUEN DÍA EN LA OFICINA.
UN DÍA ESTUPENDO, PETER.

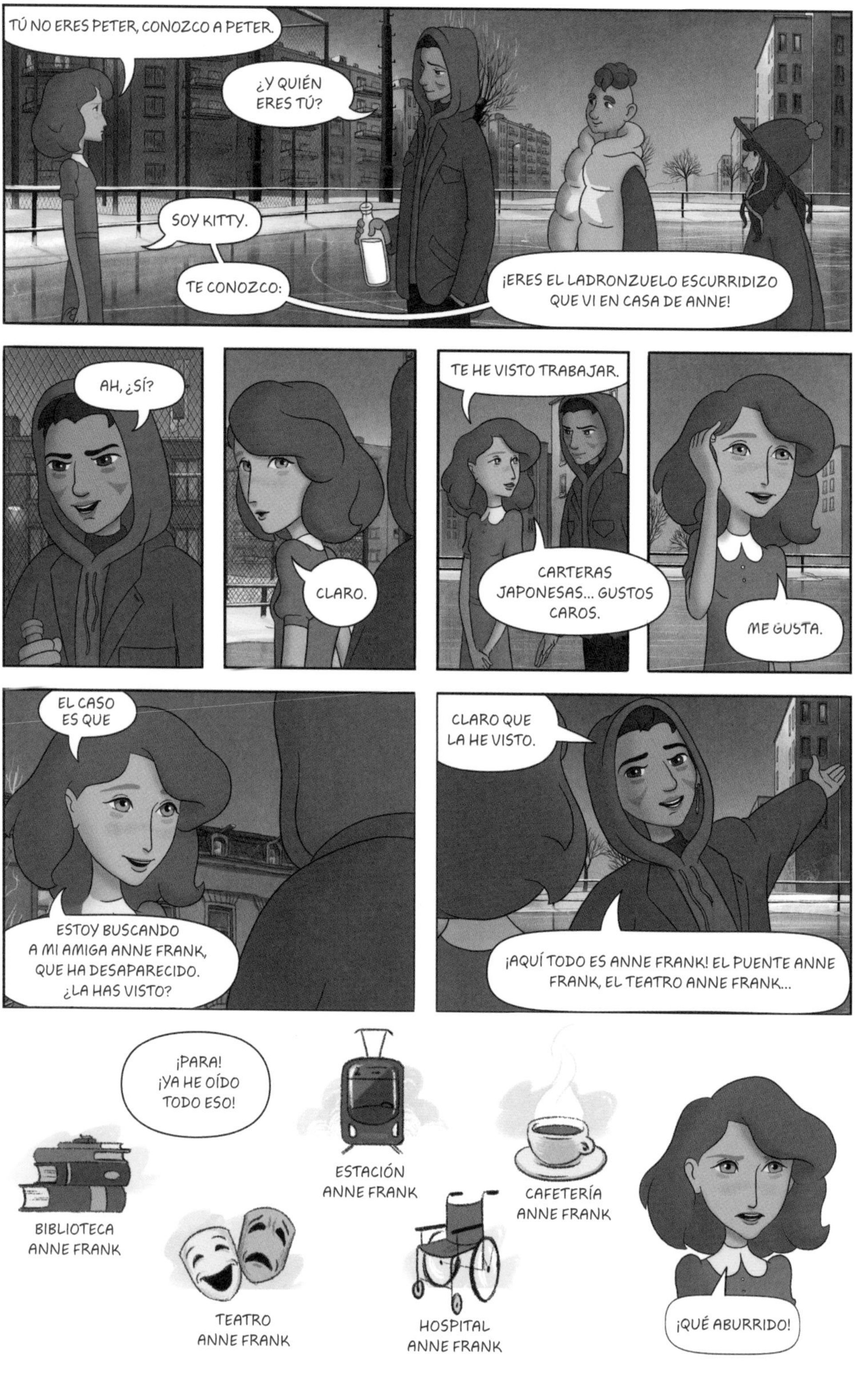
TÚ NO ERES PETER, CONOZCO A PETER.
¿Y QUIÉN ERES TÚ?
SOY KITTY.
TE CONOZCO:
¡ERES EL LADRONZUELO ESCURRIDIZO QUE VI EN CASA DE ANNE!
AH, ¿SÍ?
CLARO.
TE HE VISTO TRABAJAR.
CARTERAS JAPONESAS... GUSTOS CAROS.
ME GUSTA.
EL CASO ES QUE
ESTOY BUSCANDO A MI AMIGA ANNE FRANK, QUE HA DESAPARECIDO. ¿LA HAS VISTO?
CLARO QUE LA HE VISTO.
¡AQUÍ TODO ES ANNE FRANK! EL PUENTE ANNE FRANK, EL TEATRO ANNE FRANK...
¡PARA! ¡YA HE OÍDO TODO ESO!
BIBLIOTECA ANNE FRANK
TEATRO ANNE FRANK
ESTACIÓN ANNE FRANK
HOSPITAL ANNE FRANK
CAFETERÍA ANNE FRANK
¡QUÉ ABURRIDO!

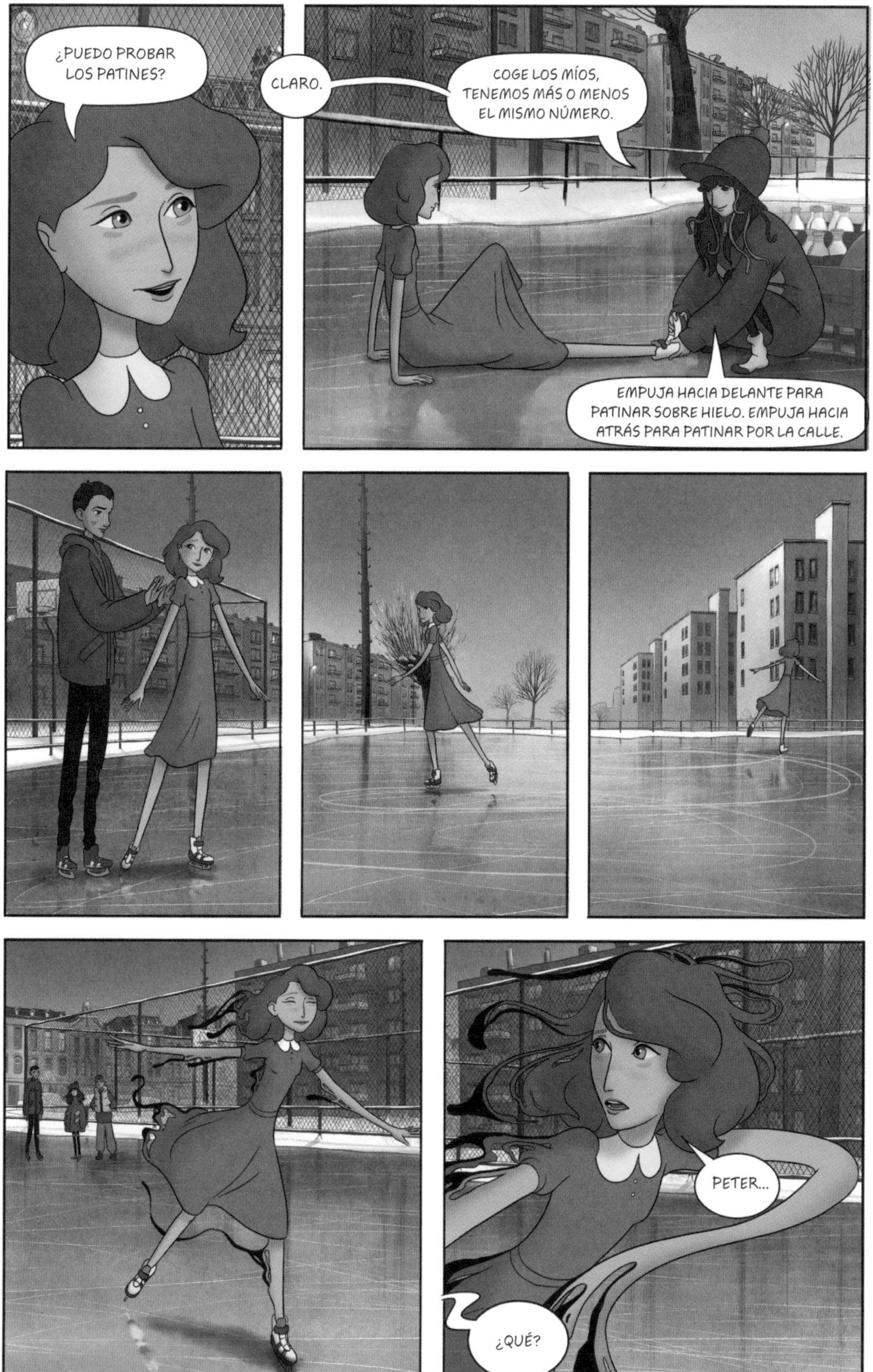
¿PUEDO PROBAR LOS PATINES?
CLARO.
COGE LOS MÍOS, TENEMOS MÁS O MENOS EL MISMO NÚMERO.
EMPUJA HACIA DELANTE PARA PATINAR SOBRE HIELO. EMPUJA HACIA ATRÁS PARA PATINAR POR LA CALLE.
PETER...
¿QUÉ?

LA BOLSA, CON EL DIARIO.

¿QUÉ?

TRÁEME LA BOLSA.

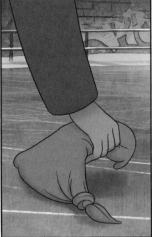

AH.

48

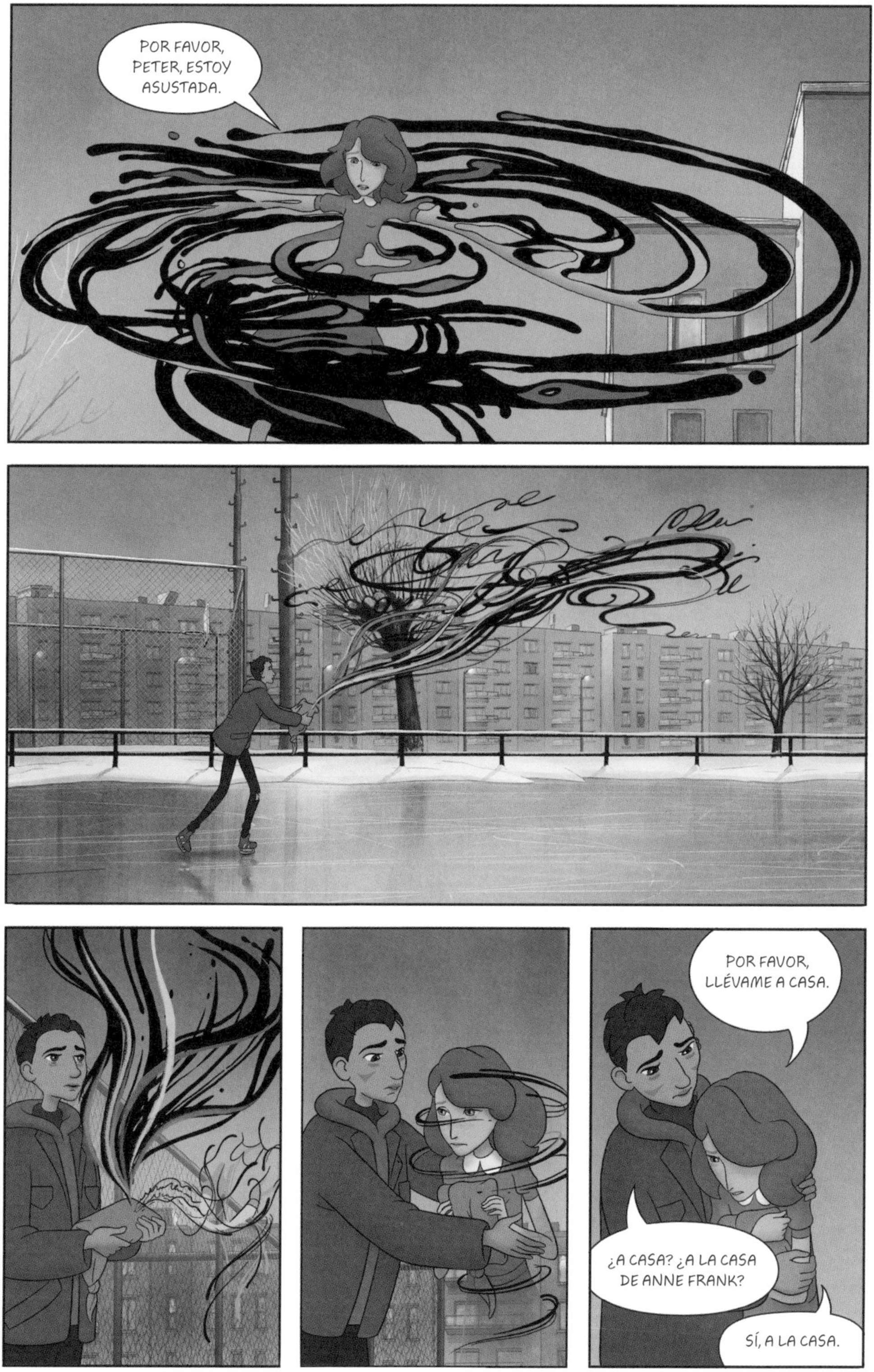
POR FAVOR, PETER, ESTOY ASUSTADA.
POR FAVOR, LLÉVAME A CASA.
¿A CASA? ¿A LA CASA DE ANNE FRANK?
SÍ, A LA CASA.

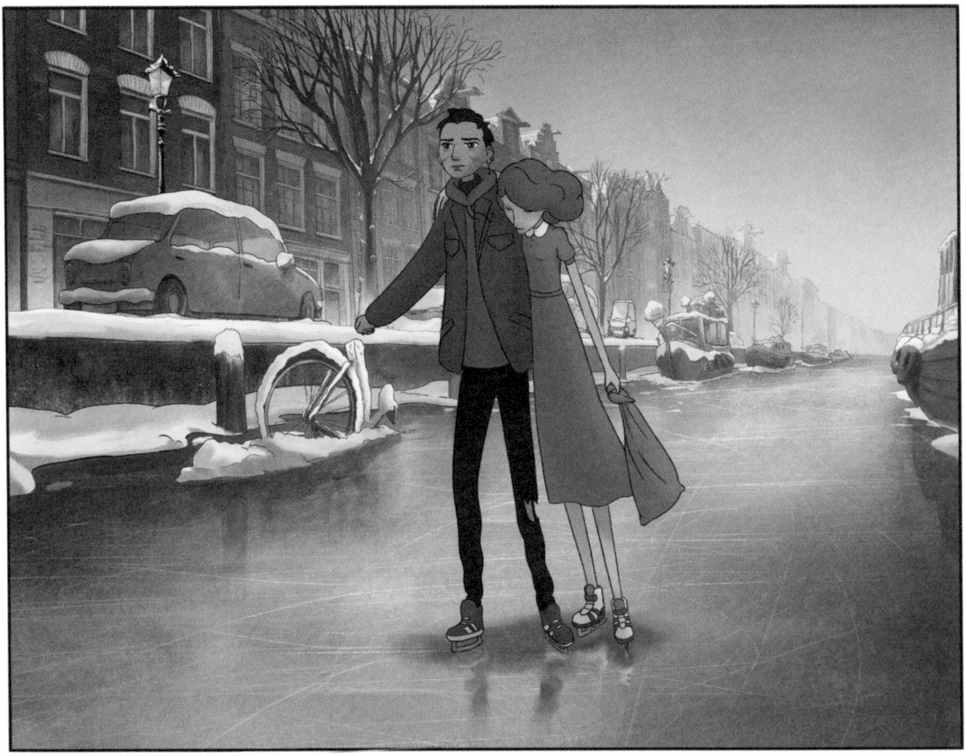

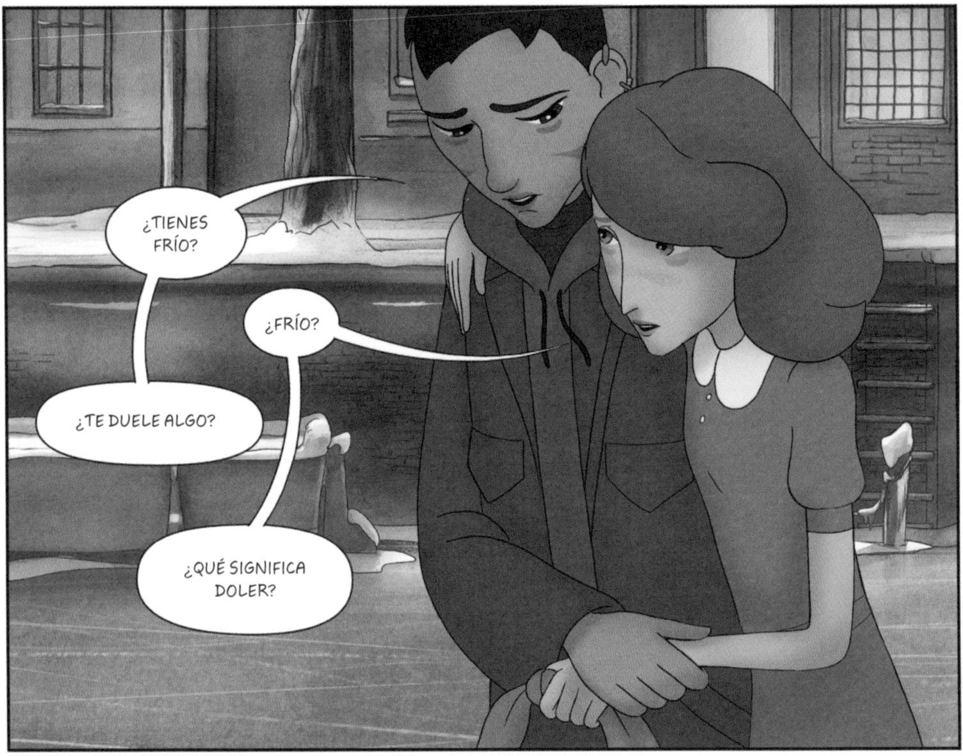
¿TIENES FRÍO?
¿FRÍO?
¿TE DUELE ALGO?
¿QUÉ SIGNIFICA DOLER?

¡DISCULPE!

¡TENGO A UNA CHICA CON MUCHA FIEBRE AQUÍ!

¡DELIRA, DEJEN PASO!

ESTÁS EN CASA, KITTY.

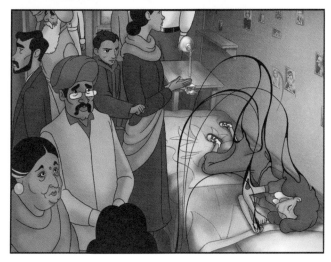

Estaba exhausta.

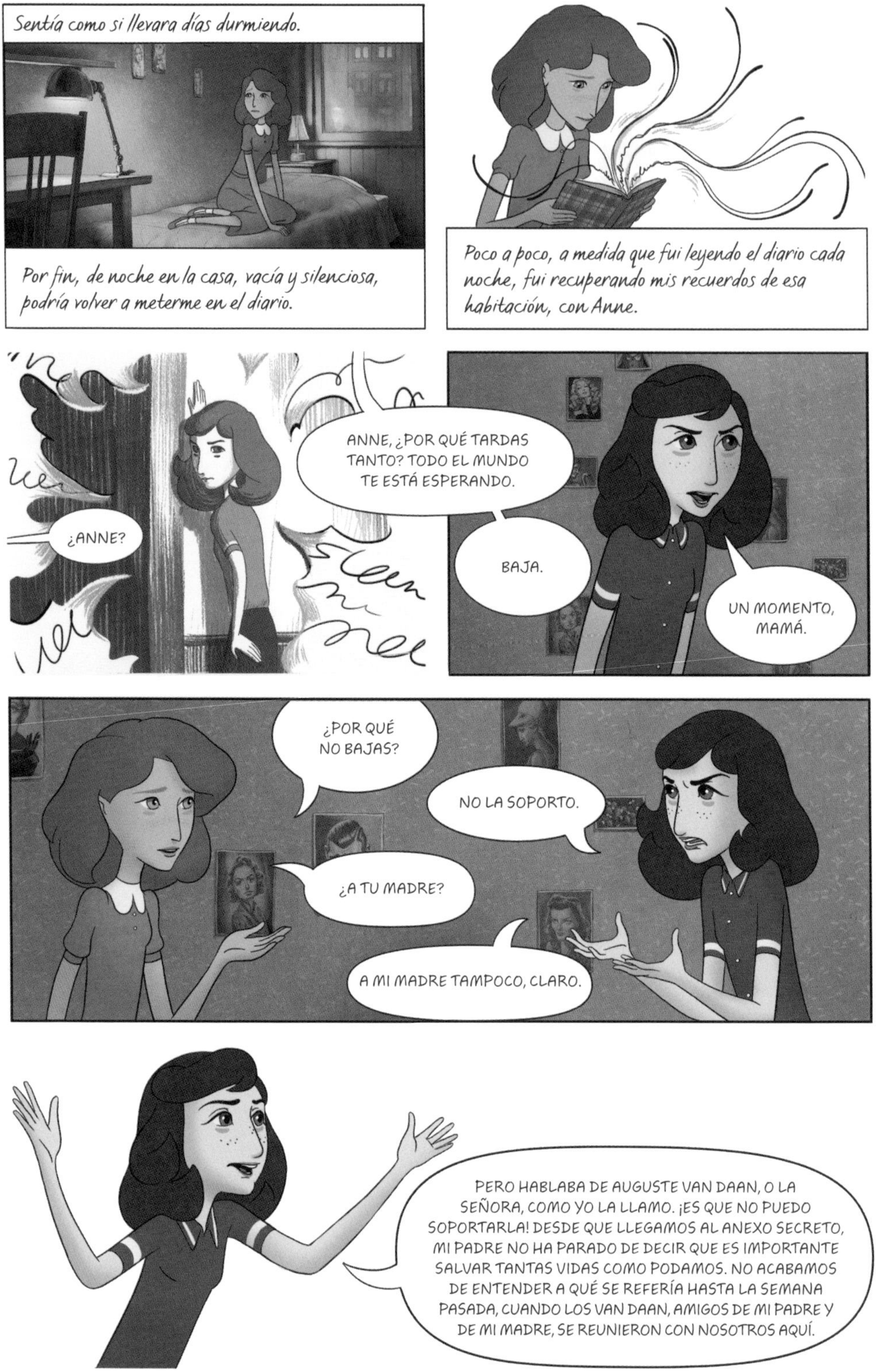
Sentía como si llevara días durmiendo.
Por fin, de noche en la casa, vacía y silenciosa, podría volver a meterme en el diario.
Poco a poco, a medida que fui leyendo el diario cada noche, fui recuperando mis recuerdos de esa habitación, con Anne.
¿ANNE?
ANNE, ¿POR QUÉ TARDAS TANTO? TODO EL MUNDO TE ESTÁ ESPERANDO.
BAJA.
UN MOMENTO, MAMÁ.
¿POR QUÉ NO BAJAS?
NO LA SOPORTO.
¿A TU MADRE?
A MI MADRE TAMPOCO, CLARO.
PERO HABLABA DE AUGUSTE VAN DAAN, O LA SEÑORA, COMO YO LA LLAMO. ¡ES QUE NO PUEDO SOPORTARLA! DESDE QUE LLEGAMOS AL ANEXO SECRETO, MI PADRE NO HA PARADO DE DECIR QUE ES IMPORTANTE SALVAR TANTAS VIDAS COMO PODAMOS. NO ACABAMOS DE ENTENDER A QUÉ SE REFERÍA HASTA LA SEMANA PASADA, CUANDO LOS VAN DAAN, AMIGOS DE MI PADRE Y DE MI MADRE, SE REUNIERON CON NOSOTROS AQUÍ.

Herman van Daan es un experto especiero totalmente obsesionado con la charcutería que siempre parece estar soñando con algún embutido curado y ahumado.

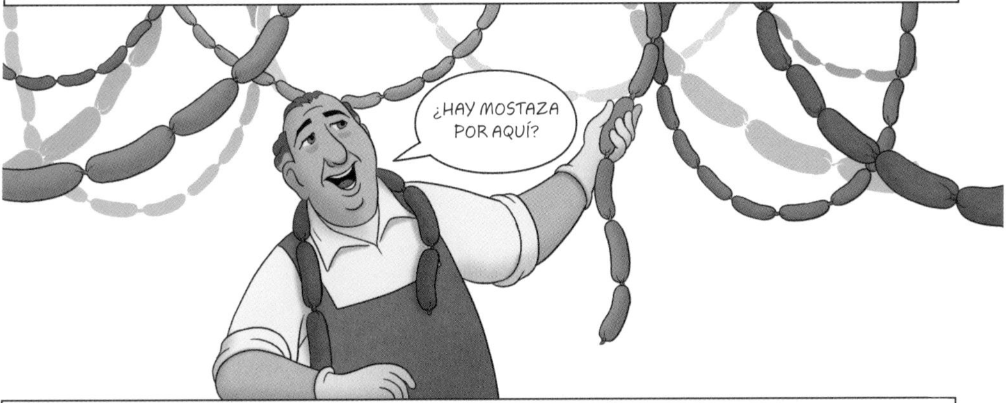
¿HAY MOSTAZA POR AQUÍ?

Peter, su hijo, tiene la edad de Margot, pero se comporta como si tuviera 78 años. Siempre está enfermo y a punto de morir.

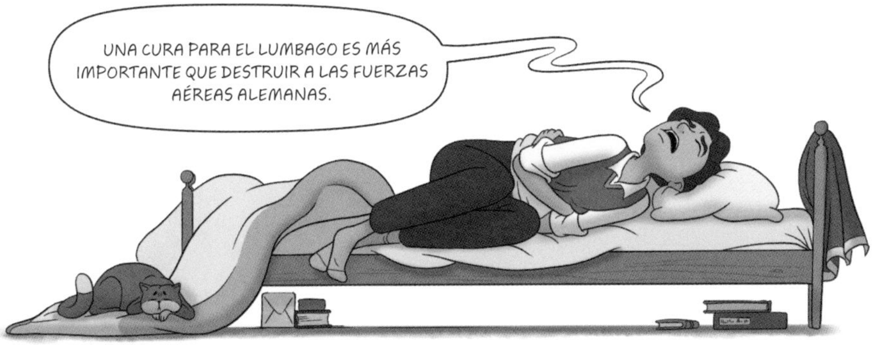
UNA CURA PARA EL LUMBAGO ES MÁS IMPORTANTE QUE DESTRUIR A LAS FUERZAS AÉREAS ALEMANAS.

Pero la peor de todos es la madre, Auguste van Daan, a quien llamo «la señora». Cree que es una diosa o una estrella en espera de ser descubierta por unos grandes estudios estadounidenses. También cree que la dieta forzosa baja en calorías que lleva en el anexo arruinará su inexistente carrera.

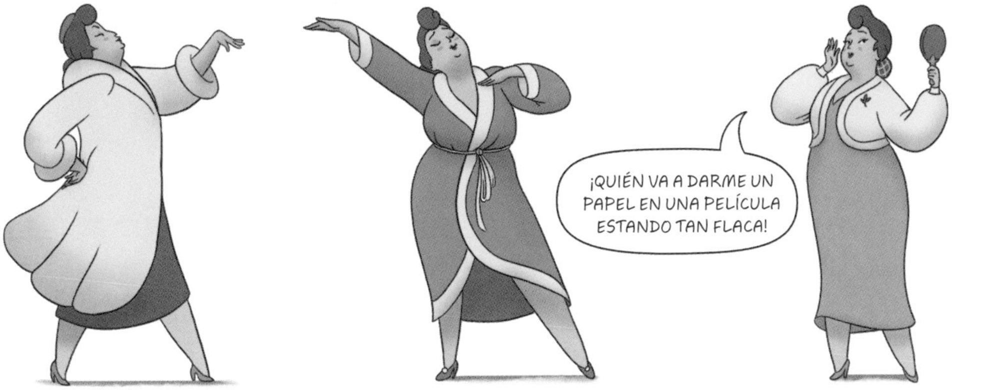
¡QUIÉN VA A DARME UN PAPEL EN UNA PELÍCULA ESTANDO TAN FLACA!

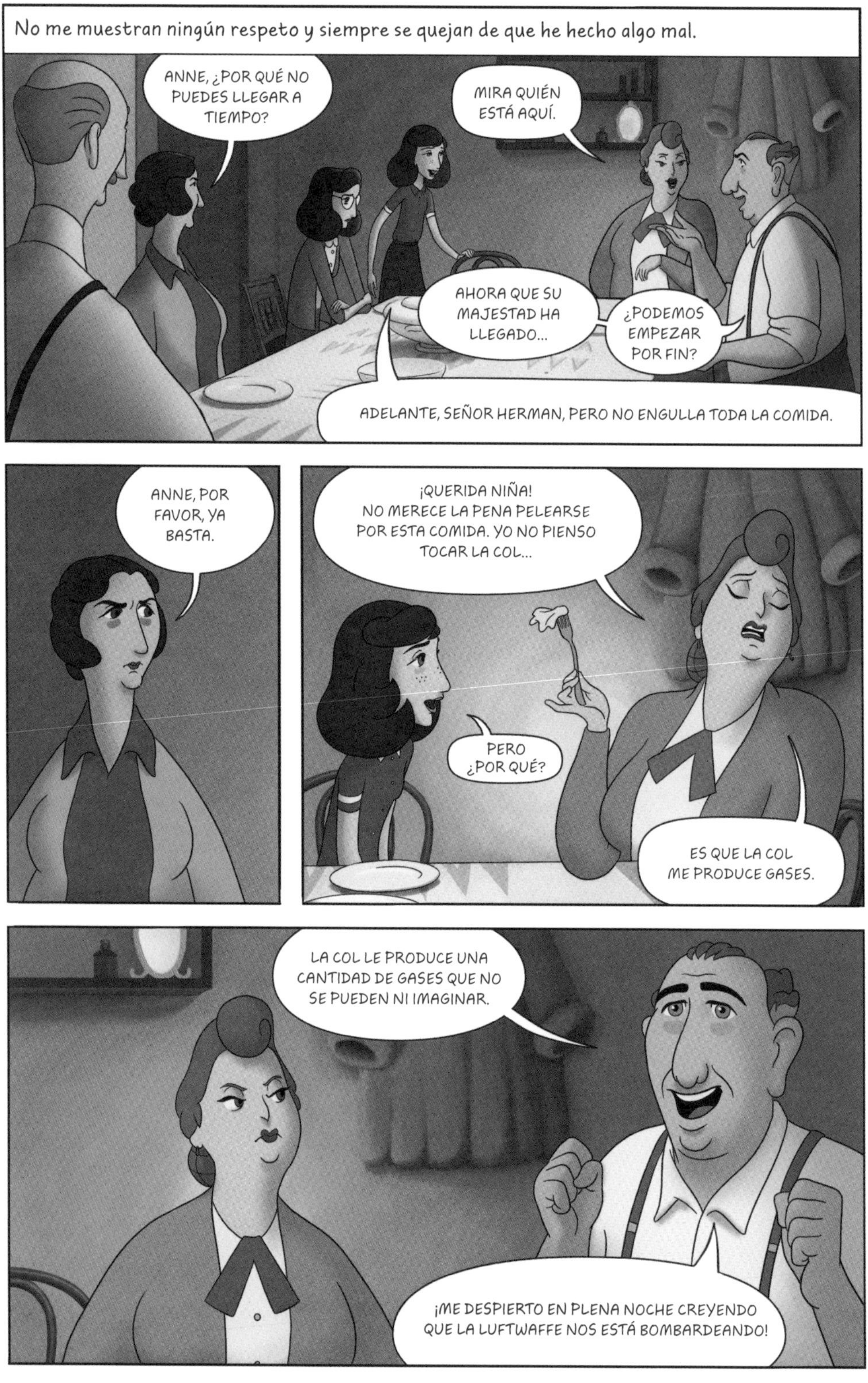
No me muestran ningún respeto y siempre se quejan de que he hecho algo mal.
ANNE, ¿POR QUÉ NO PUEDES LLEGAR A TIEMPO?
MIRA QUIÉN ESTÁ AQUÍ.
AHORA QUE SU MAJESTAD HA LLEGADO...
¿PODEMOS EMPEZAR POR FIN?
ADELANTE, SEÑOR HERMAN, PERO NO ENGULLA TODA LA COMIDA.
ANNE, POR FAVOR, YA BASTA.
¡QUERIDA NIÑA! NO MERECE LA PENA PELEARSE POR ESTA COMIDA. YO NO PIENSO TOCAR LA COL...
PERO ¿POR QUÉ?
ES QUE LA COL ME PRODUCE GASES.
LA COL LE PRODUCE UNA CANTIDAD DE GASES QUE NO SE PUEDEN NI IMAGINAR.
¡ME DESPIERTO EN PLENA NOCHE CREYENDO QUE LA LUFTWAFFE NOS ESTÁ BOMBARDEANDO!

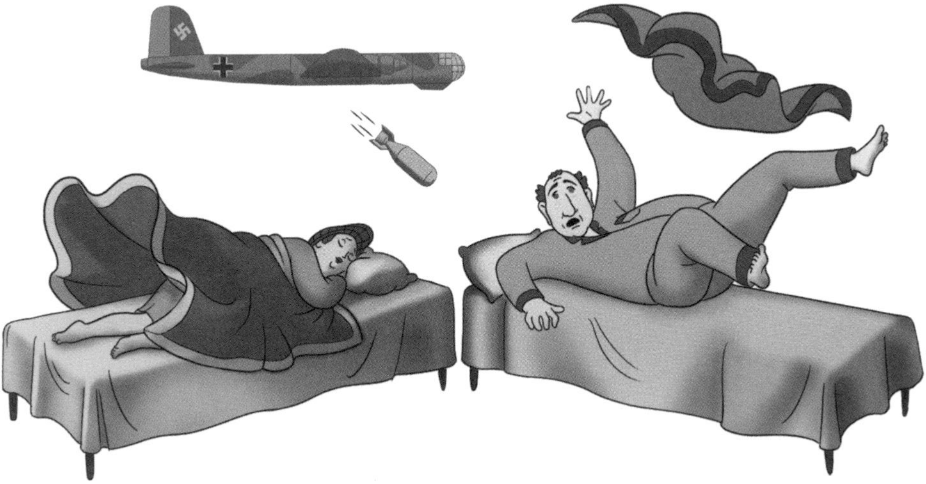

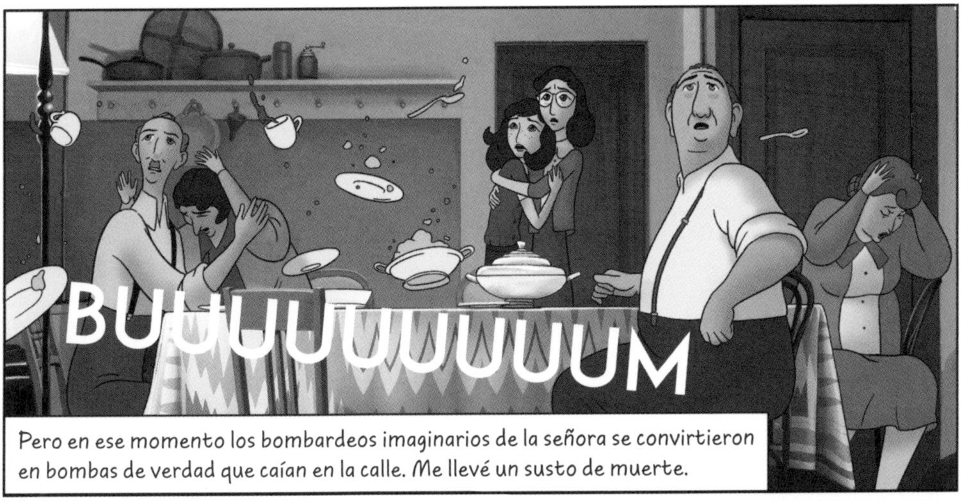
BUUUUUUUUUUM
Pero en ese momento los bombardeos imaginarios de la señora se convirtieron en bombas de verdad que caían en la calle. Me llevé un susto de muerte.

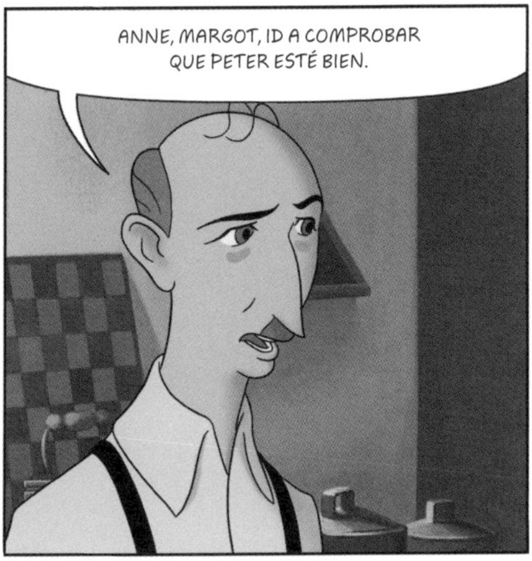
ANNE, MARGOT, ID A COMPROBAR QUE PETER ESTÉ BIEN.

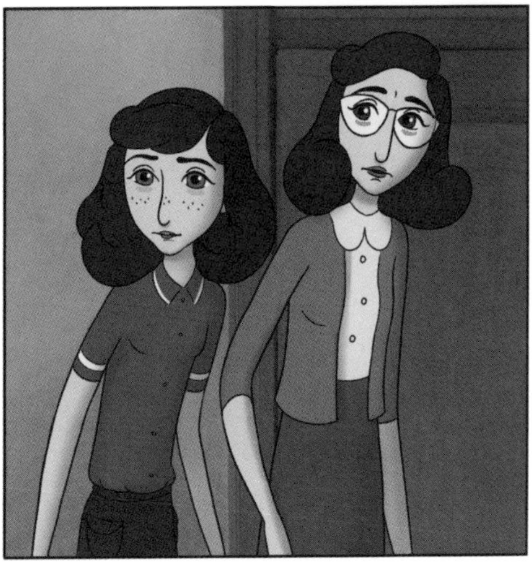

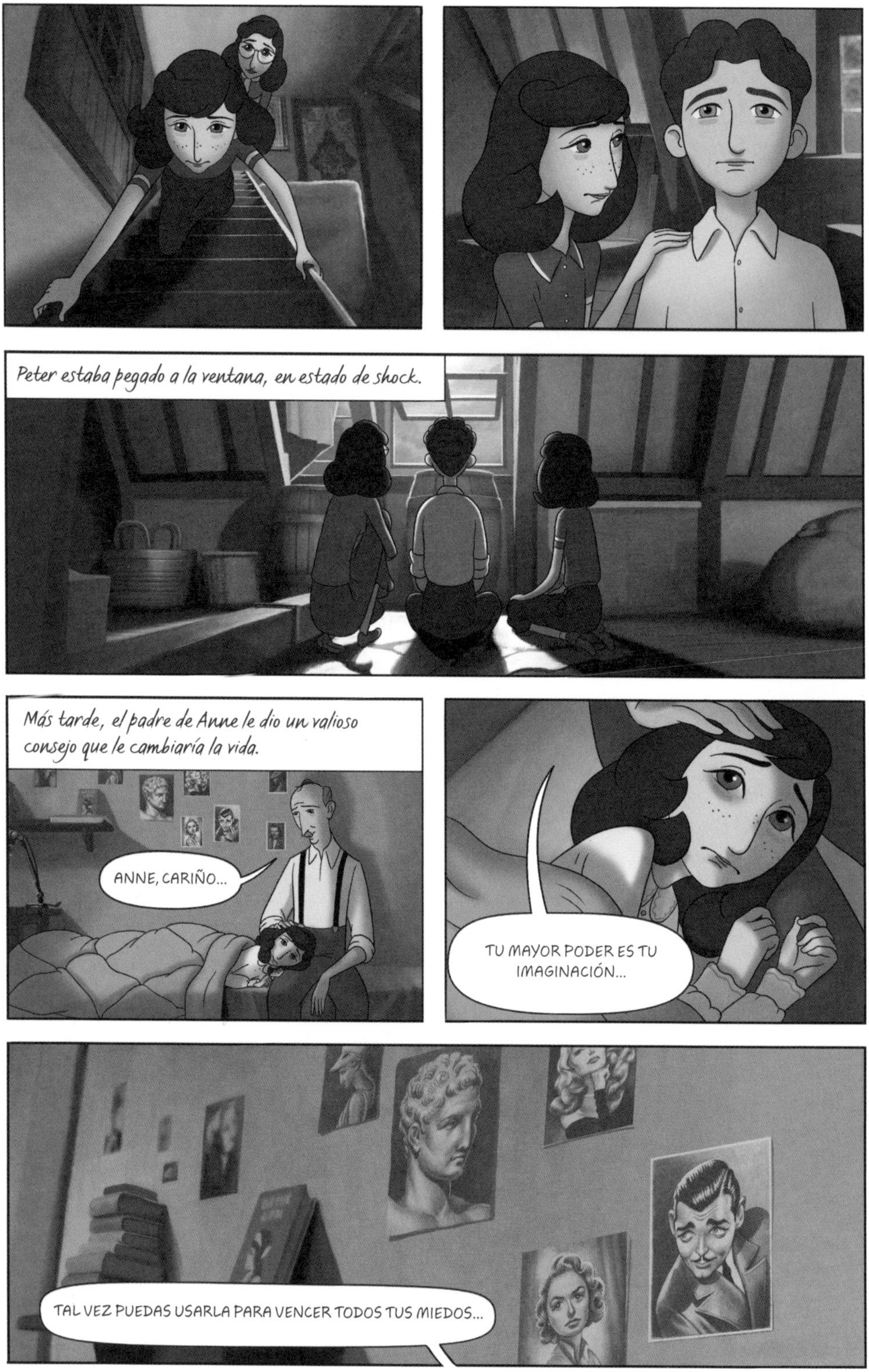
Peter estaba pegado a la ventana, en estado de shock.
Más tarde, el padre de Anne le dio un valioso consejo que le cambiaría la vida.
ANNE, CARIÑO...
TU MAYOR PODER ES TU IMAGINACIÓN...
TAL VEZ PUEDAS USARLA PARA VENCER TODOS TUS MIEDOS...

Esa noche Anne tuvo un sueño…

Mientras esquiaba en ese precioso lugar al que solíamos ir antes de la guerra, se encontró sola delante del ejército alemán al completo.

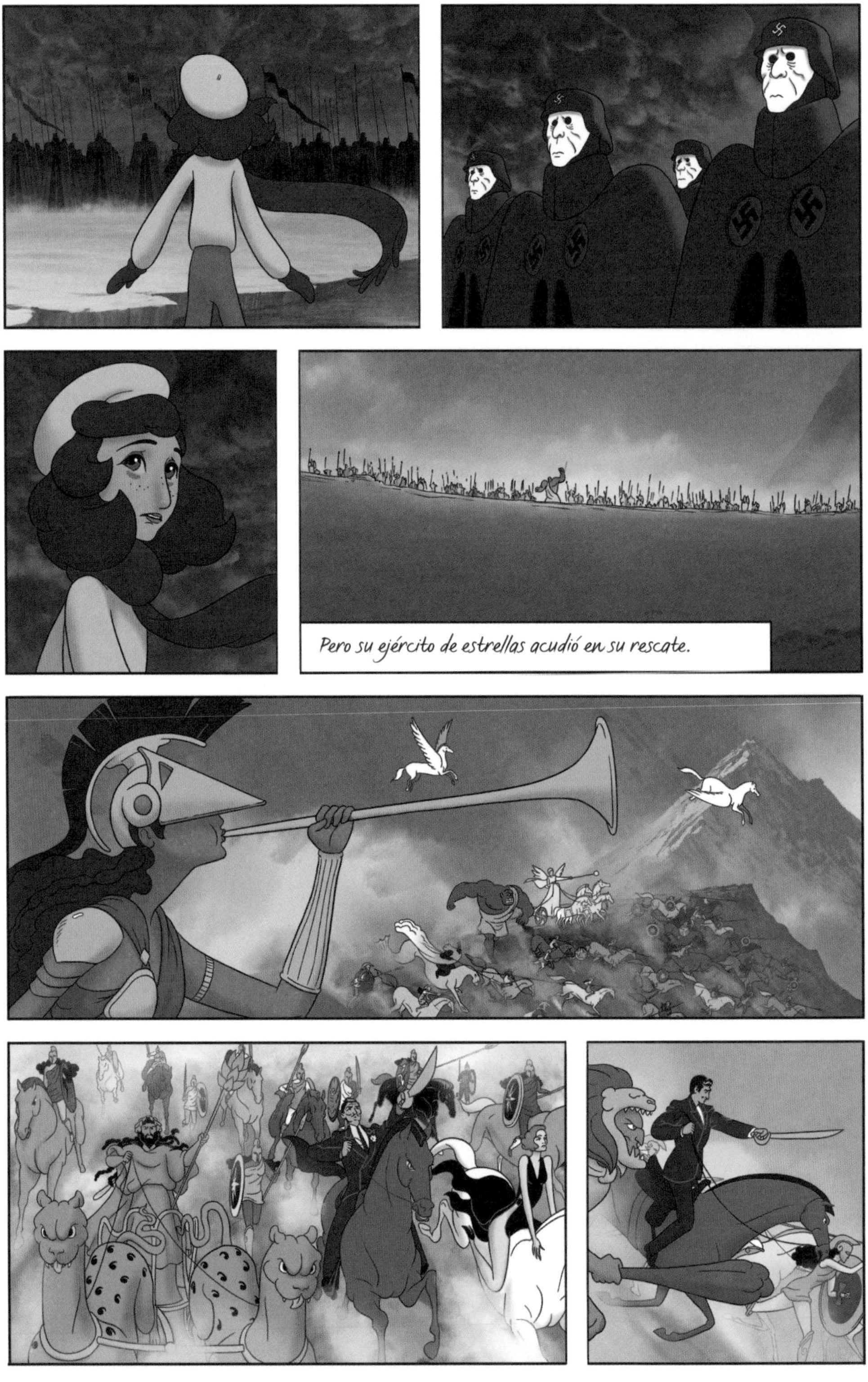
Pero su ejército de estrellas acudió en su rescate.

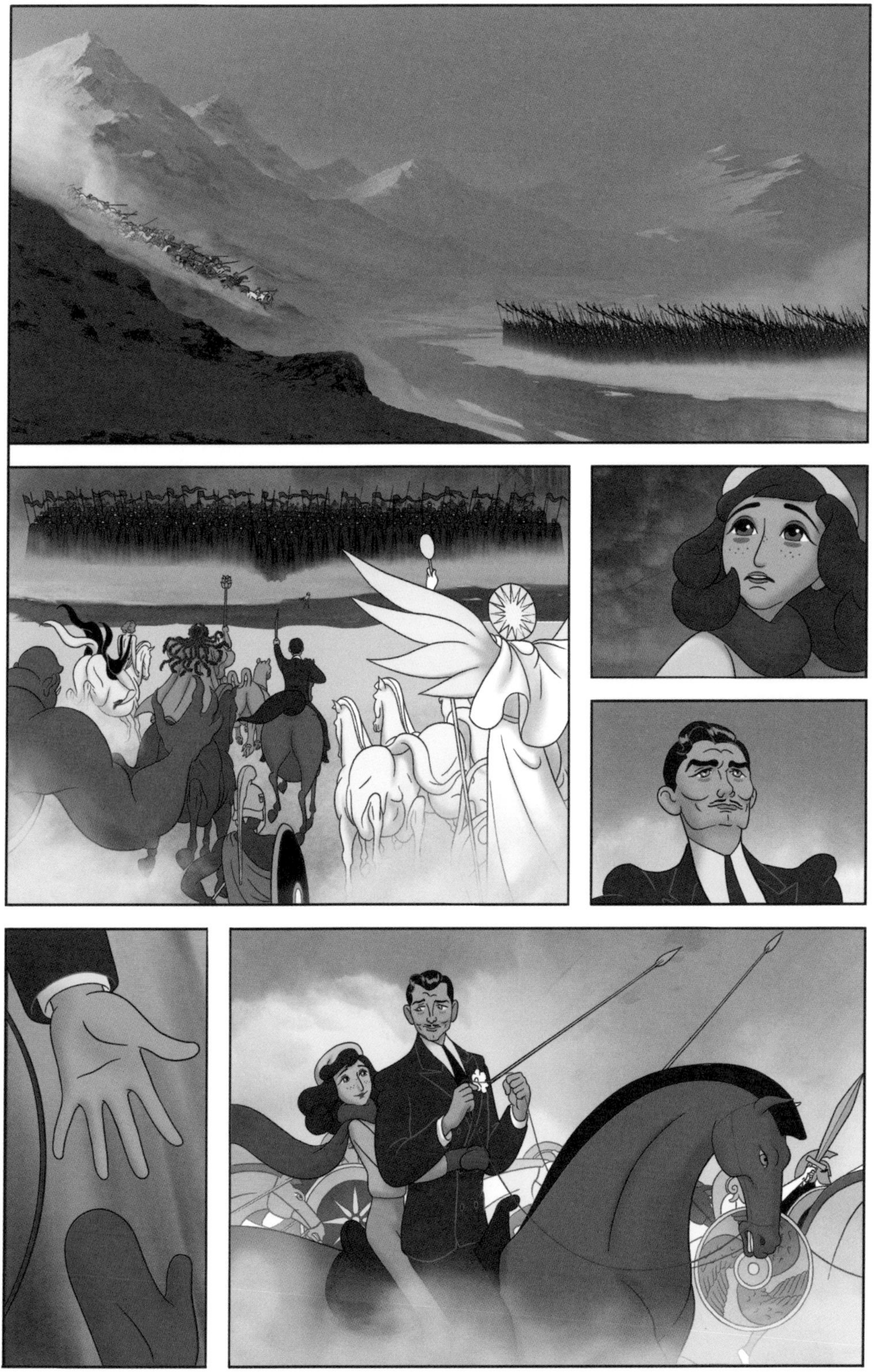

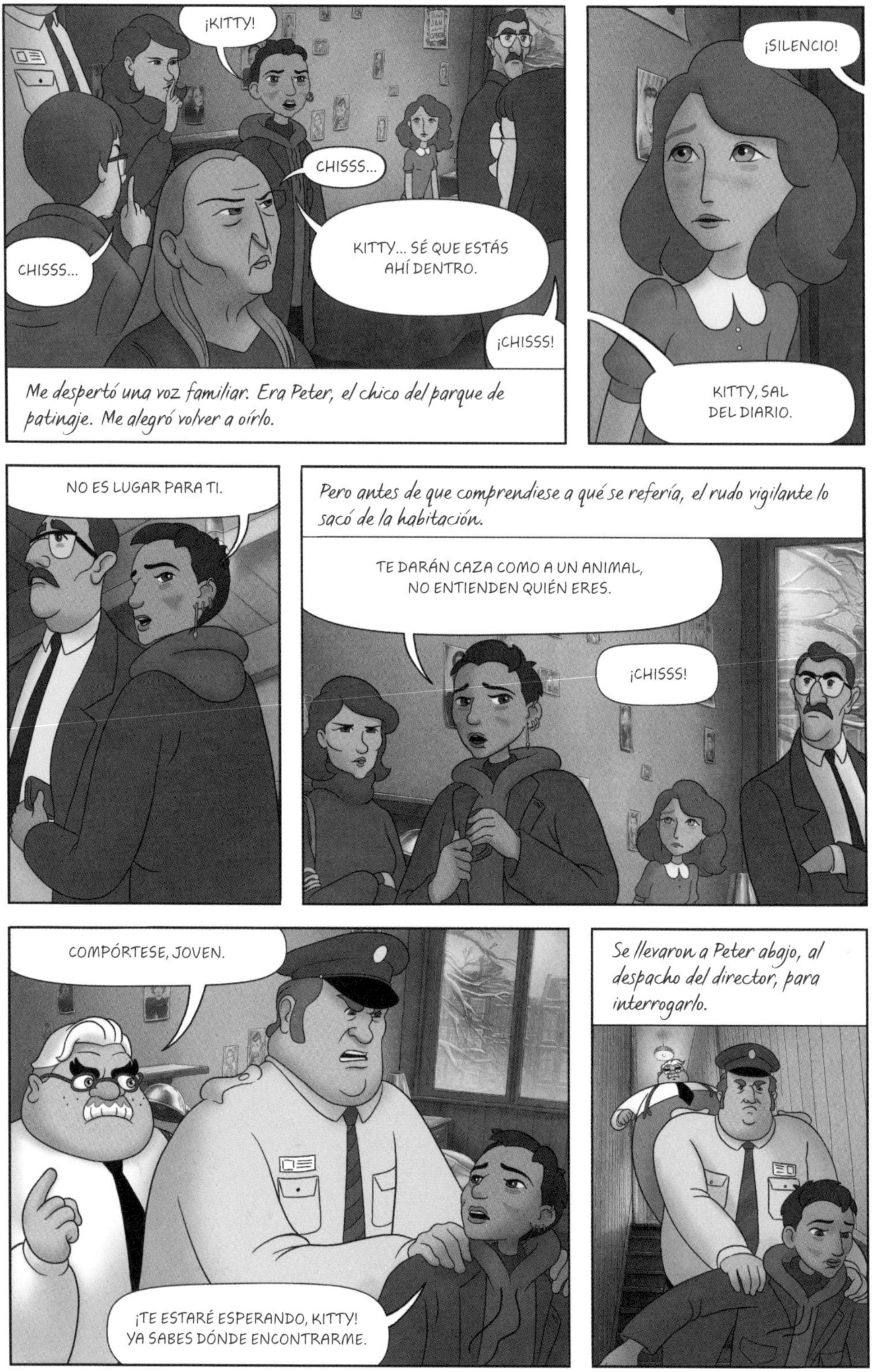
¡KITTY!
CHISSS...
KITTY... SÉ QUE ESTÁS AHÍ DENTRO.
CHISSS...
¡CHISSS!
Me despertó una voz familiar. Era Peter, el chico del parque de patinaje. Me alegró volver a oírlo.
¡SILENCIO!
KITTY, SAL DEL DIARIO.
NO ES LUGAR PARA TI.
Pero antes de que comprendiese a qué se refería, el rudo vigilante lo sacó de la habitación.
TE DARÁN CAZA COMO A UN ANIMAL, NO ENTIENDEN QUIÉN ERES.
¡CHISSS!
COMPÓRTESE, JOVEN.
¡TE ESTARÉ ESPERANDO, KITTY! YA SABES DÓNDE ENCONTRARME.
Se llevaron a Peter abajo, al despacho del director, para interrogarlo.

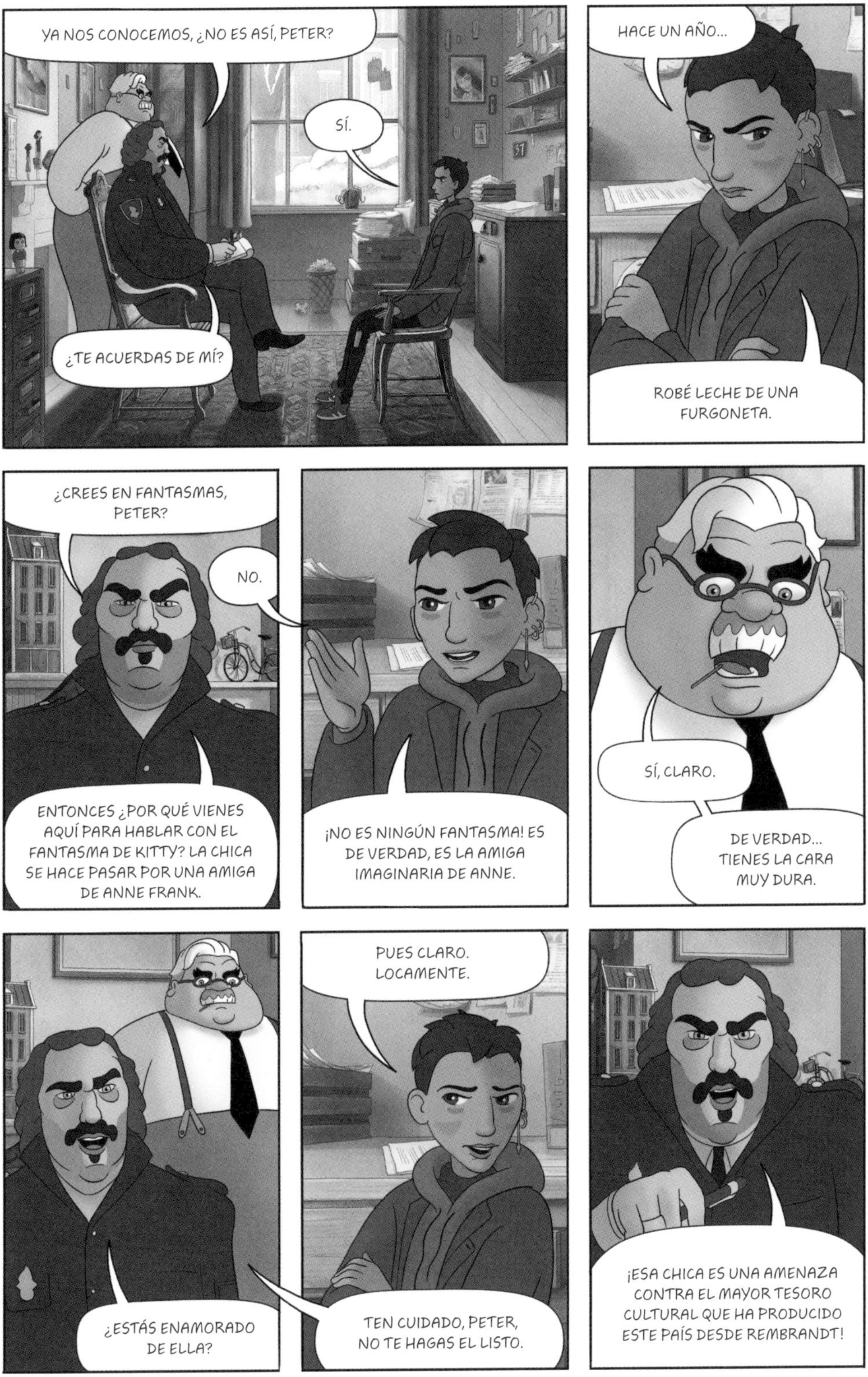
YA NOS CONOCEMOS, ¿NO ES ASÍ, PETER?
SÍ.
¿TE ACUERDAS DE MÍ?
HACE UN AÑO...
ROBÉ LECHE DE UNA FURGONETA.
¿CREES EN FANTASMAS, PETER?
NO.
ENTONCES ¿POR QUÉ VIENES AQUÍ PARA HABLAR CON EL FANTASMA DE KITTY? LA CHICA SE HACE PASAR POR UNA AMIGA DE ANNE FRANK.
¡NO ES NINGÚN FANTASMA! ES DE VERDAD, ES LA AMIGA IMAGINARIA DE ANNE.
SÍ, CLARO.
DE VERDAD... TIENES LA CARA MUY DURA.
¿ESTÁS ENAMORADO DE ELLA?
PUES CLARO. LOCAMENTE.
TEN CUIDADO, PETER, NO TE HAGAS EL LISTO.
¡ESA CHICA ES UNA AMENAZA CONTRA EL MAYOR TESORO CULTURAL QUE HA PRODUCIDO ESTE PAÍS DESDE REMBRANDT!

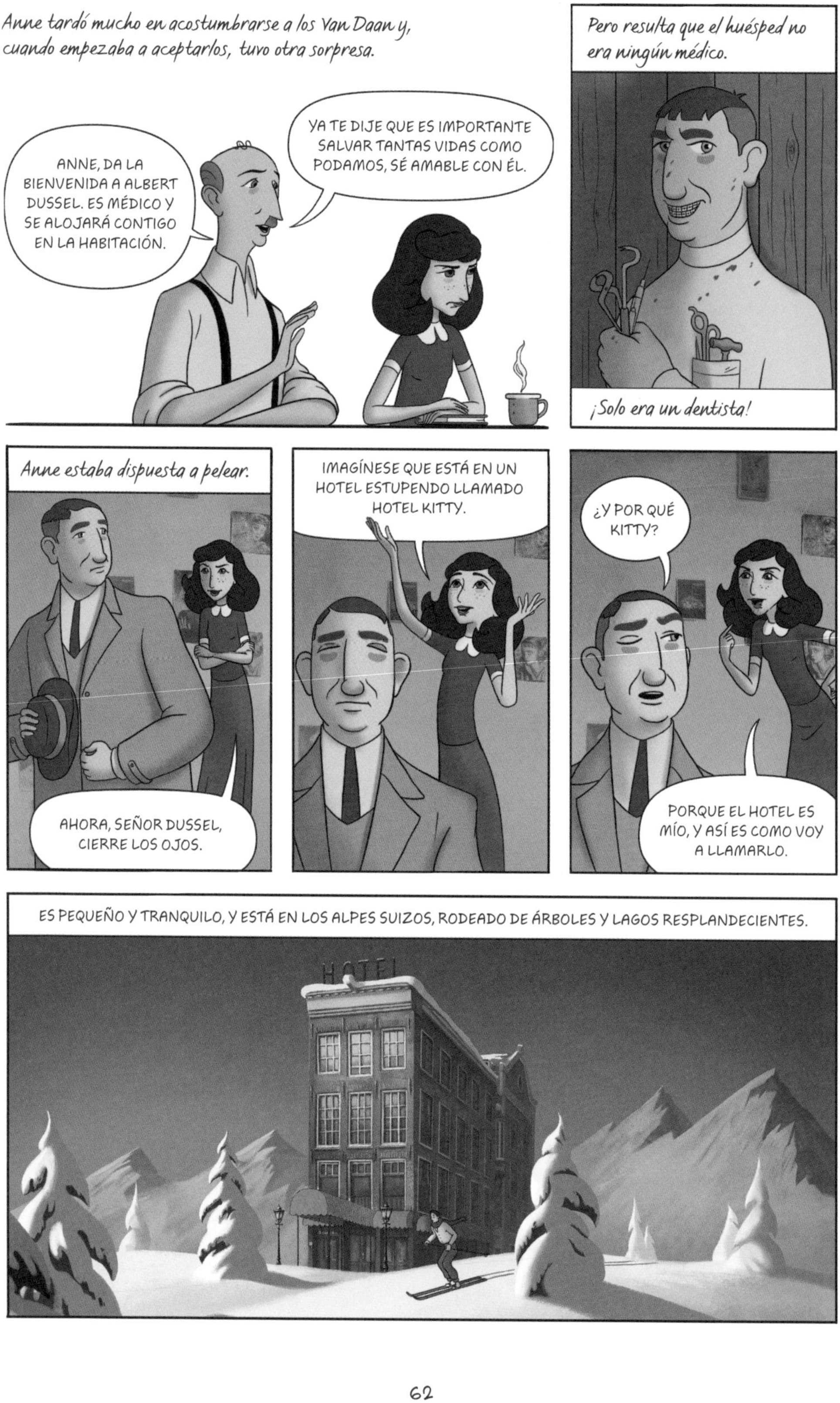
Anne tardó mucho en acostumbrarse a los Van Daan y, cuando empezaba a aceptarlos, tuvo otra sorpresa.
ANNE, DA LA BIENVENIDA A ALBERT DUSSEL. ES MÉDICO Y SE ALOJARÁ CONTIGO EN LA HABITACIÓN.
YA TE DIJE QUE ES IMPORTANTE SALVAR TANTAS VIDAS COMO PODAMOS, SÉ AMABLE CON ÉL.
Pero resulta que el huésped no era ningún médico.
¡Solo era un dentista!
Anne estaba dispuesta a pelear.
AHORA, SEÑOR DUSSEL, CIERRE LOS OJOS.
IMAGÍNESE QUE ESTÁ EN UN HOTEL ESTUPENDO LLAMADO HOTEL KITTY.
¿Y POR QUÉ KITTY?
PORQUE EL HOTEL ES MÍO, Y ASÍ ES COMO VOY A LLAMARLO.
ES PEQUEÑO Y TRANQUILO, Y ESTÁ EN LOS ALPES SUIZOS, RODEADO DE ÁRBOLES Y LAGOS RESPLANDECIENTES.
HOTEL

EL DESAYUNO SE SIRVE A LAS OCHO DE LA MAÑANA, ANTES DE QUE LLEGUEN LOS EMPLEADOS; EL ALMUERZO ES EXACTAMENTE A LAS 13.30, Y LA CENA, A LAS 19.30.

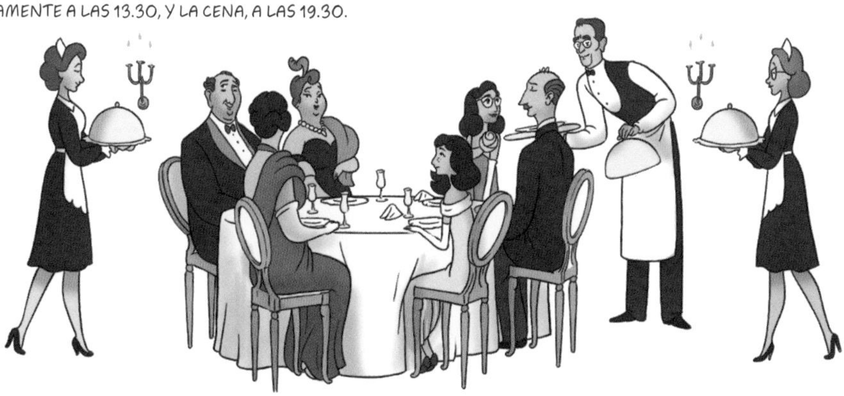

PRECIO POR NOCHE: GRATIS

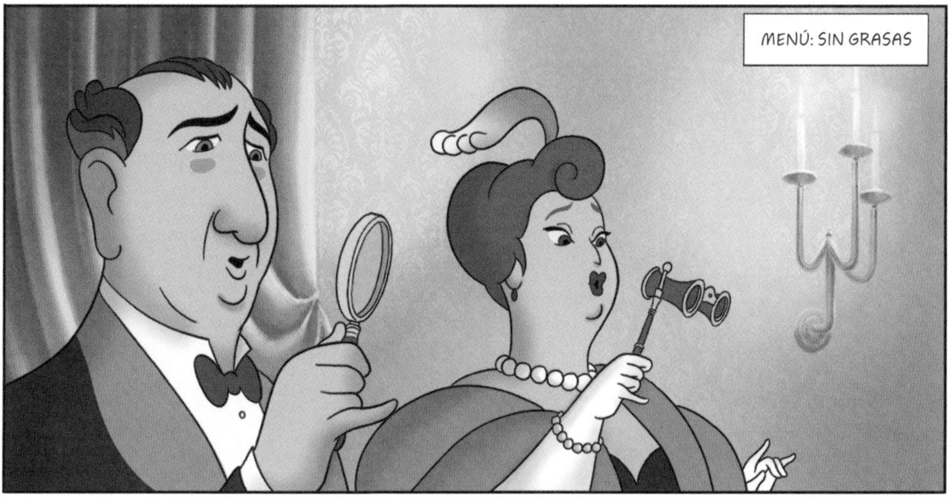
MENÚ: SIN GRASAS

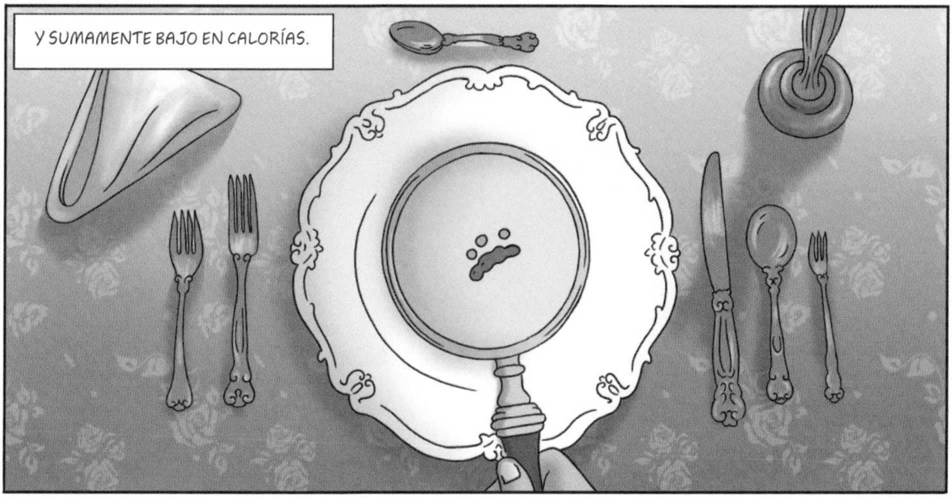
Y SUMAMENTE BAJO EN CALORÍAS.

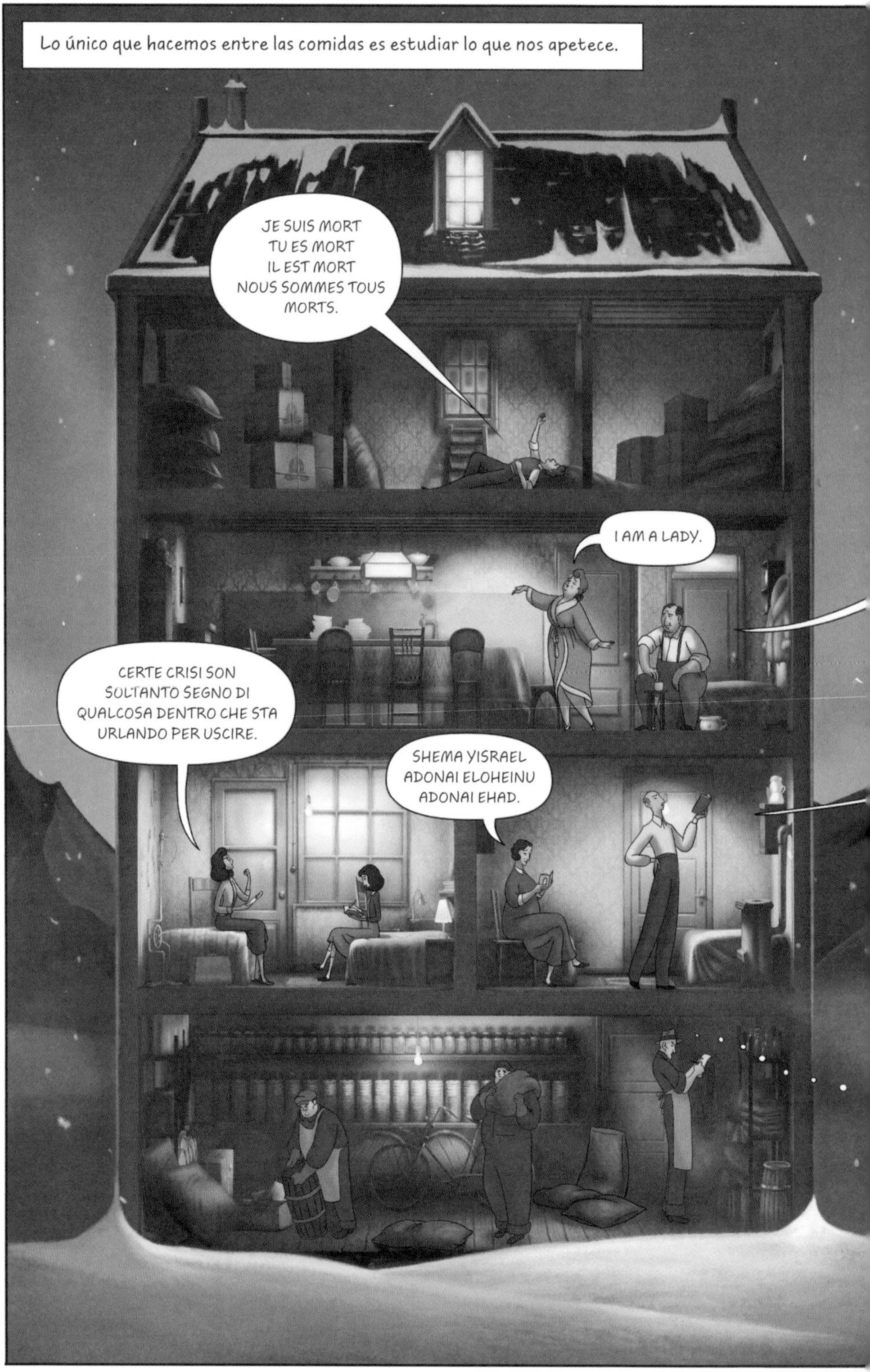
Lo único que hacemos entre las comidas es estudiar lo que nos apetece.
JE SUIS MORT TU ES MORT IL EST MORT NOUS SOMMES TOUS MORTS.
I AM A LADY.
CERTE CRISI SON SOLTANTO SEGNO DI QUALCOSA DENTRO CHE STA URLANDO PER USCIRE.
SHEMA YISRAEL ADONAI ELOHEINU ADONAI EHAD.

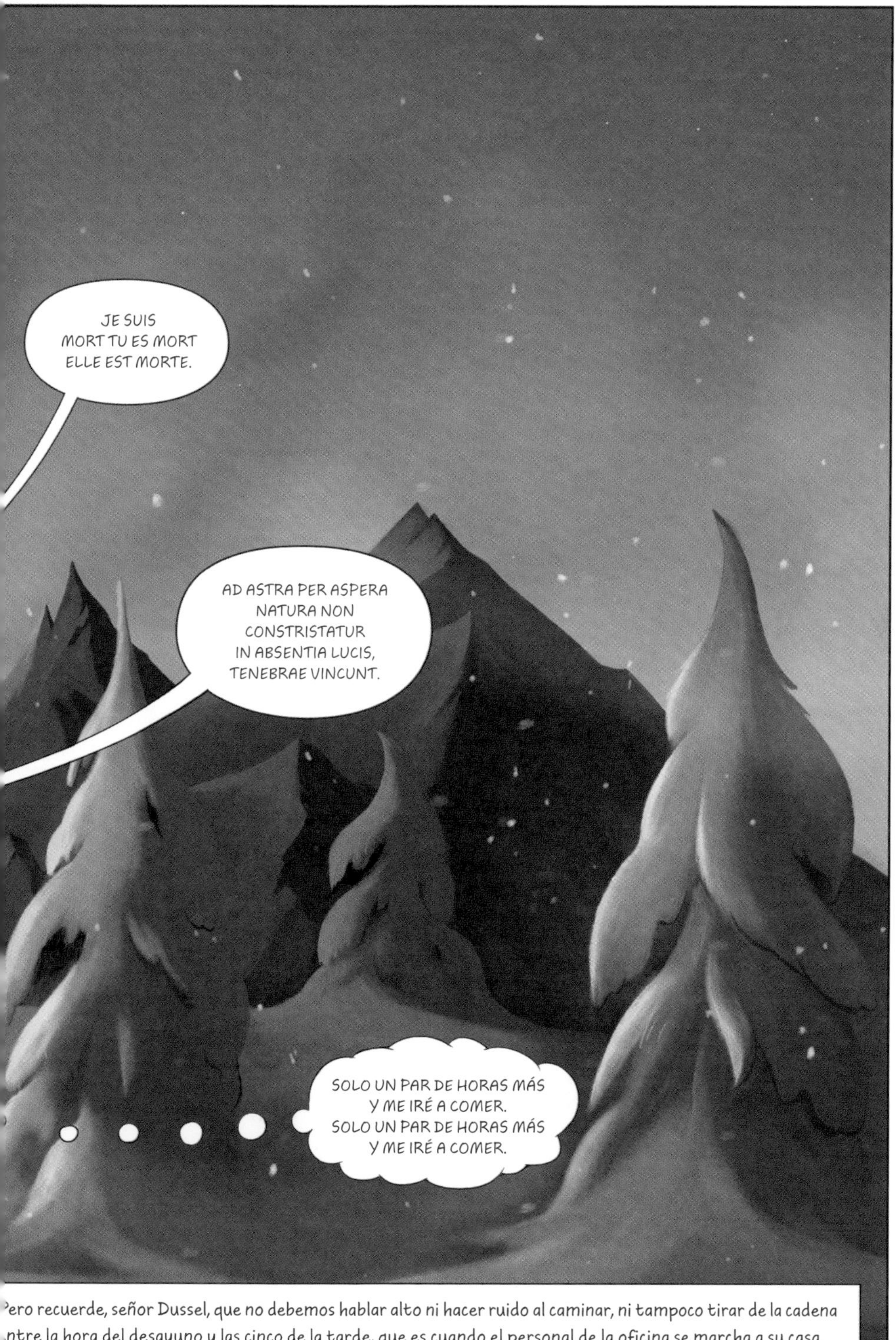
JE SUIS MORT TU ES MORT ELLE EST MORTE.
AD ASTRA PER ASPERA NATURA NON CONSTRISTATUR IN ABSENTIA LUCIS, TENEBRAE VINCUNT.
SOLO UN PAR DE HORAS MÁS Y ME IRÉ A COMER. SOLO UN PAR DE HORAS MÁS Y ME IRÉ A COMER.
Pero recuerde, señor Dussel, que no debemos hablar alto ni hacer ruido al caminar, ni tampoco tirar de la cadena entre la hora del desayuno y las cinco de la tarde, que es cuando el personal de la oficina se marcha a su casa.

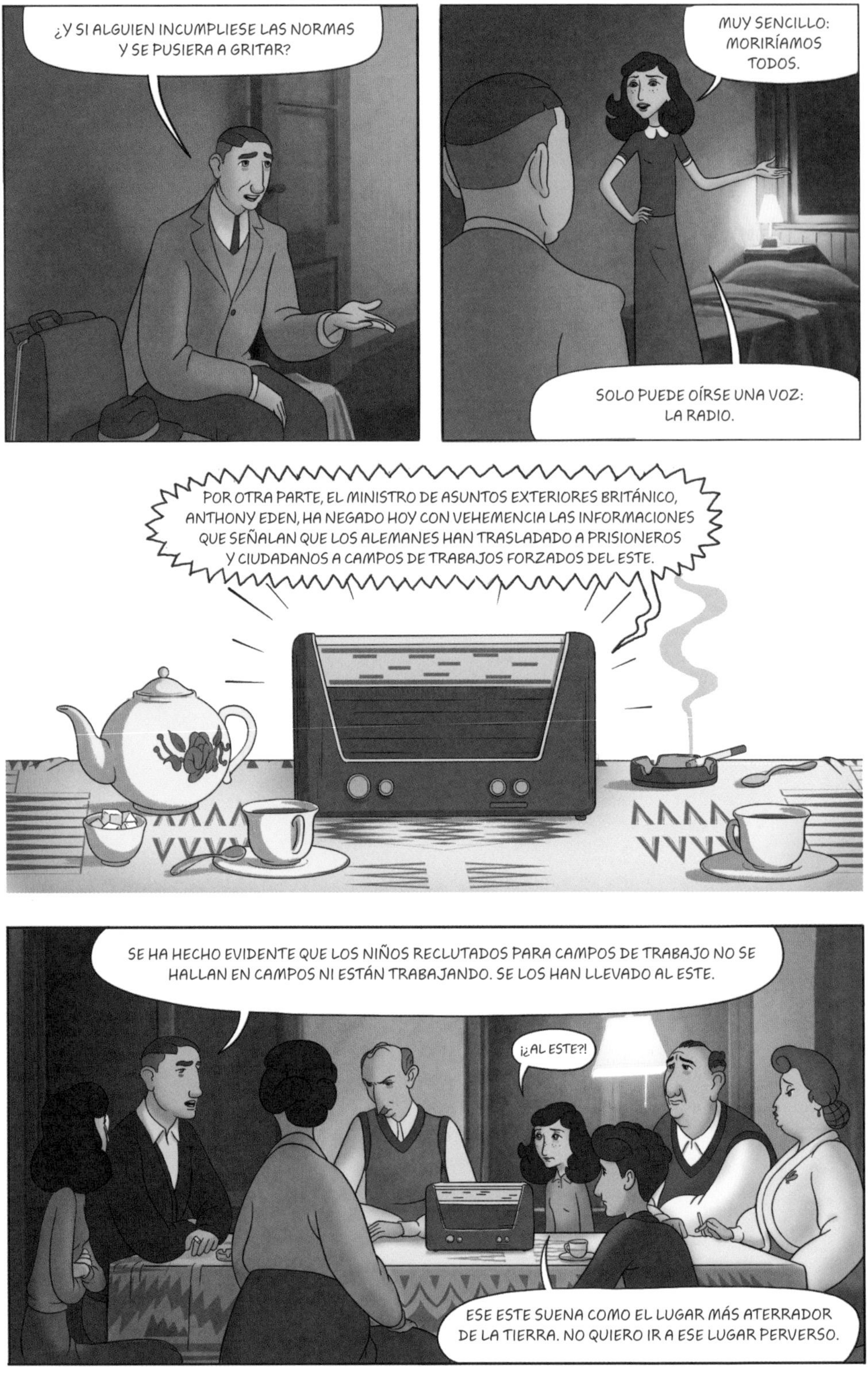

¿Y SI ALGUIEN INCUMPLIESE LAS NORMAS Y SE PUSIERA A GRITAR?
MUY SENCILLO: MORIRÍAMOS TODOS.
SOLO PUEDE OÍRSE UNA VOZ: LA RADIO.
POR OTRA PARTE, EL MINISTRO DE ASUNTOS EXTERIORES BRITÁNICO, ANTHONY EDEN, HA NEGADO HOY CON VEHEMENCIA LAS INFORMACIONES QUE SEÑALAN QUE LOS ALEMANES HAN TRASLADADO A PRISIONEROS Y CIUDADANOS A CAMPOS DE TRABAJOS FORZADOS DEL ESTE.
SE HA HECHO EVIDENTE QUE LOS NIÑOS RECLUTADOS PARA CAMPOS DE TRABAJO NO SE HALLAN EN CAMPOS NI ESTÁN TRABAJANDO. SE LOS HAN LLEVADO AL ESTE.
¡¿AL ESTE?!
ESE ESTE SUENA COMO EL LUGAR MÁS ATERRADOR DE LA TIERRA. NO QUIERO IR A ESE LUGAR PERVERSO.

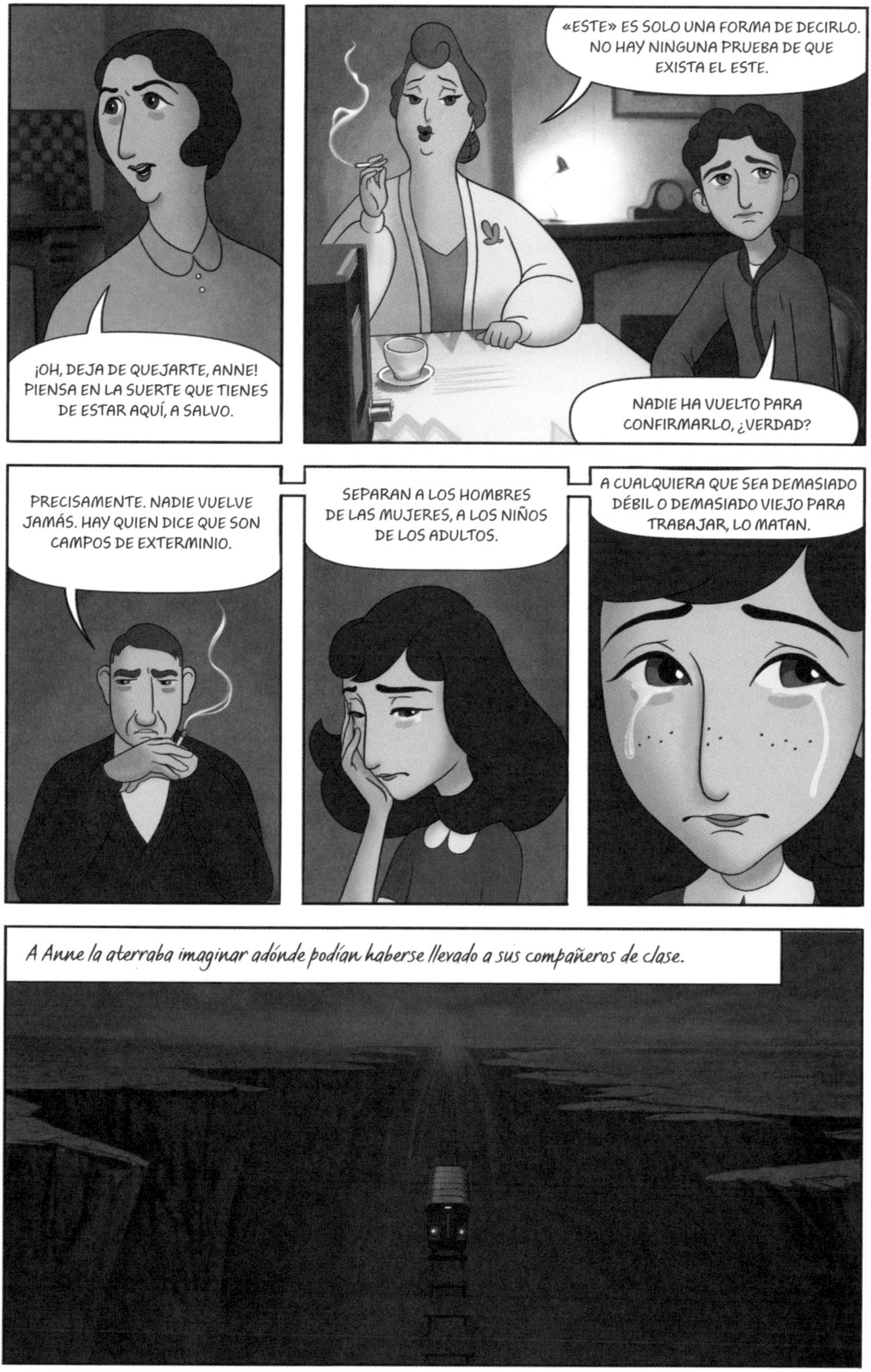
¡OH, DEJA DE QUEJARTE, ANNE! PIENSA EN LA SUERTE QUE TIENES DE ESTAR AQUÍ, A SALVO.
«ESTE» ES SOLO UNA FORMA DE DECIRLO. NO HAY NINGUNA PRUEBA DE QUE EXISTA EL ESTE.
NADIE HA VUELTO PARA CONFIRMARLO, ¿VERDAD?
PRECISAMENTE. NADIE VUELVE JAMÁS. HAY QUIEN DICE QUE SON CAMPOS DE EXTERMINIO.
SEPARAN A LOS HOMBRES DE LAS MUJERES, A LOS NIÑOS DE LOS ADULTOS.
A CUALQUIERA QUE SEA DEMASIADO DÉBIL O DEMASIADO VIEJO PARA TRABAJAR, LO MATAN.
A Anne la aterraba imaginar adónde podían haberse llevado a sus compañeros de clase.

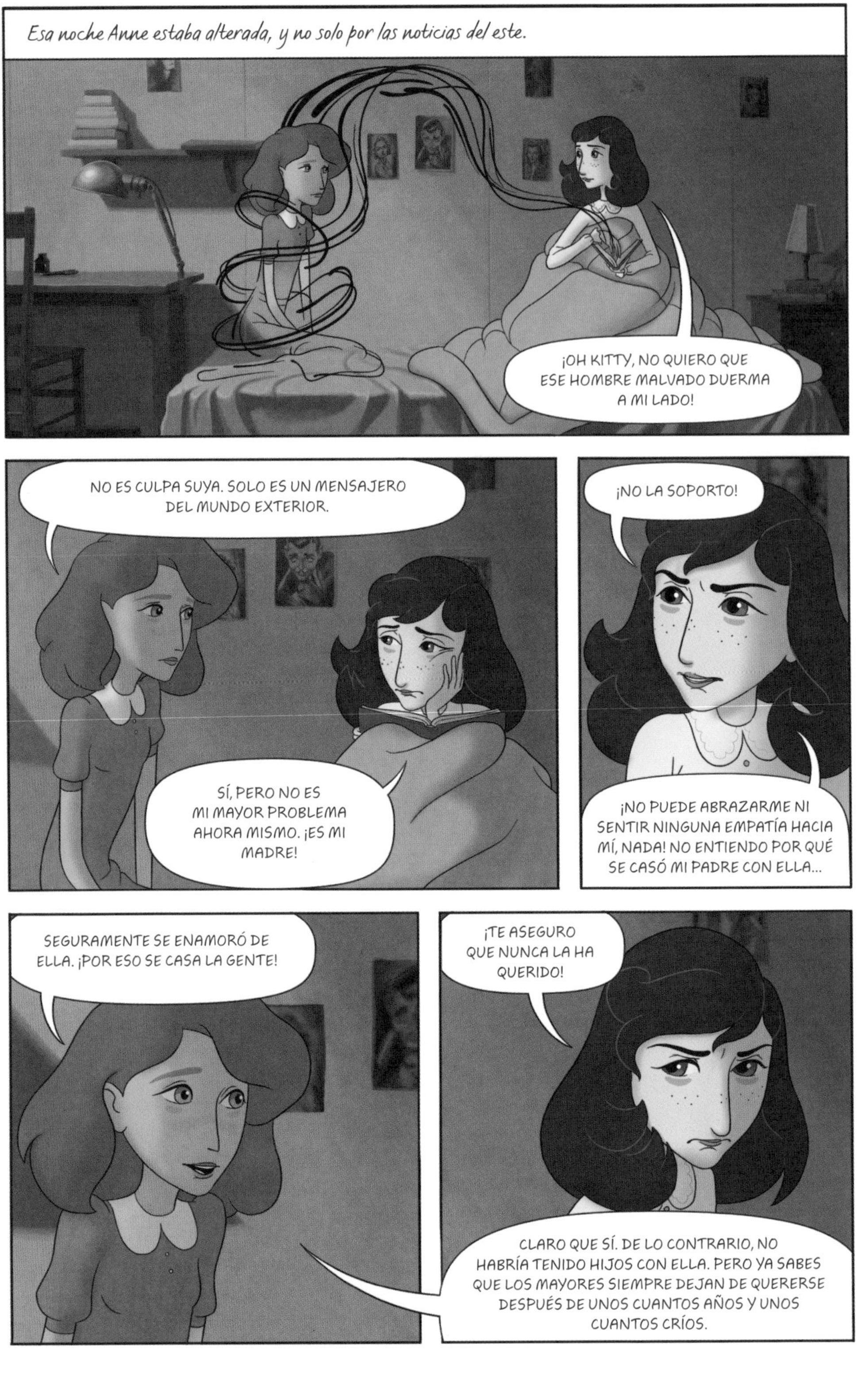
Esa noche Anne estaba alterada, y no solo por las noticias del este.
¡OH KITTY, NO QUIERO QUE ESE HOMBRE MALVADO DUERMA A MI LADO!
NO ES CULPA SUYA. SOLO ES UN MENSAJERO DEL MUNDO EXTERIOR.
SÍ, PERO NO ES MI MAYOR PROBLEMA AHORA MISMO. ¡ES MI MADRE!
¡NO LA SOPORTO!
¡NO PUEDE ABRAZARME NI SENTIR NINGUNA EMPATÍA HACIA MÍ, NADA! NO ENTIENDO POR QUÉ SE CASÓ MI PADRE CON ELLA...
SEGURAMENTE SE ENAMORÓ DE ELLA. ¡POR ESO SE CASA LA GENTE!
¡TE ASEGURO QUE NUNCA LA HA QUERIDO!
CLARO QUE SÍ. DE LO CONTRARIO, NO HABRÍA TENIDO HIJOS CON ELLA. PERO YA SABES QUE LOS MAYORES SIEMPRE DEJAN DE QUERERSE DESPUÉS DE UNOS CUANTOS AÑOS Y UNOS CUANTOS CRÍOS.

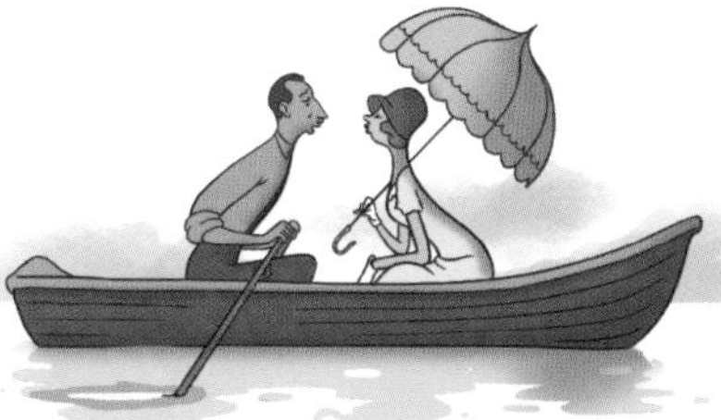

Todos los mayores se enamoran una vez en la vida.

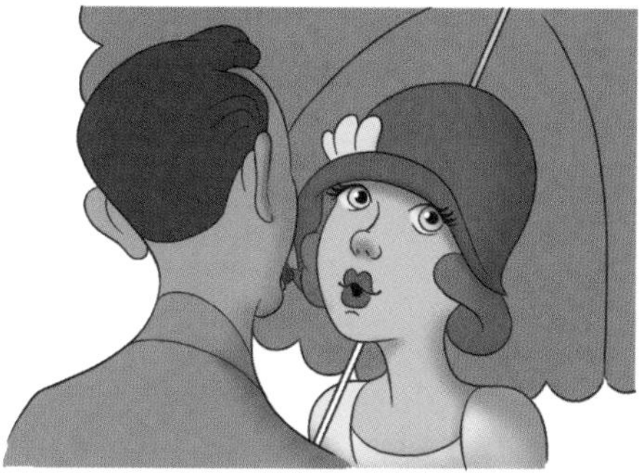

Y, cuanto más desesperado es su amor,

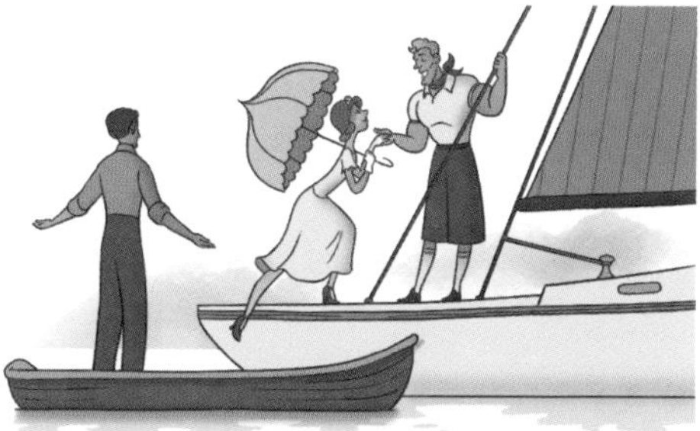

más posibilidades hay de que les hagan daño
y los abandonen.

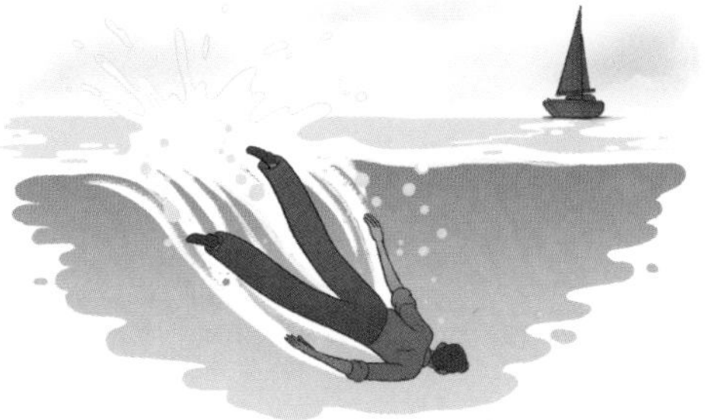

Y cuando los abandonan,

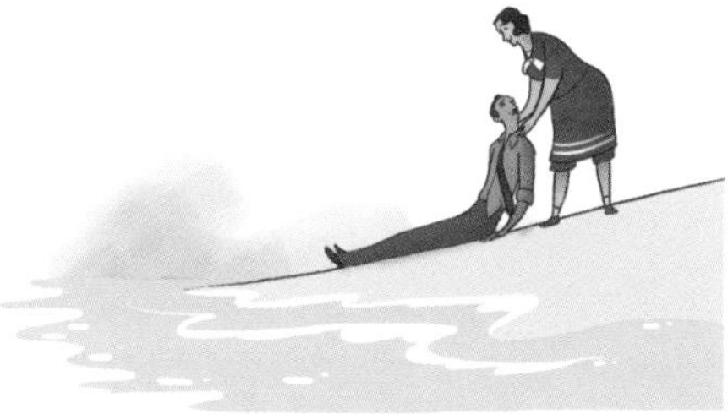

la persona que los salva

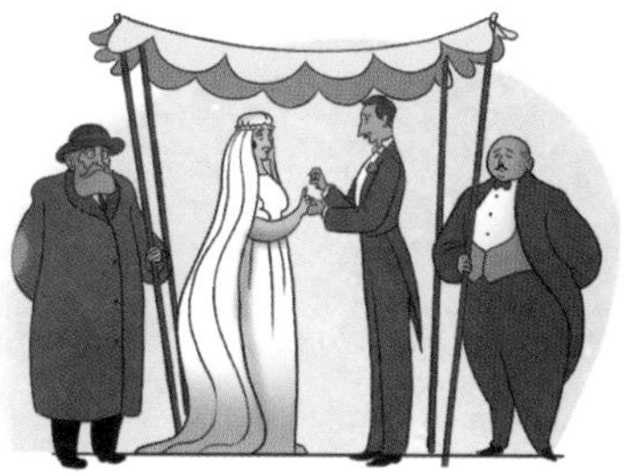

es aquella con la que se casan, y sin duda
no es aquella a la que quieren.

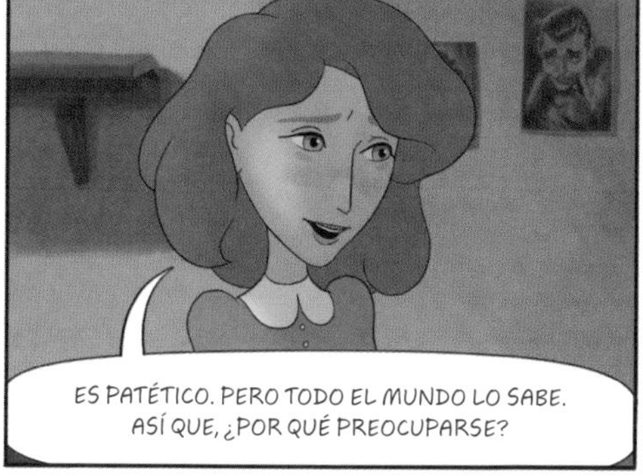
ES PATÉTICO. PERO TODO EL MUNDO LO SABE.
ASÍ QUE, ¿POR QUÉ PREOCUPARSE?

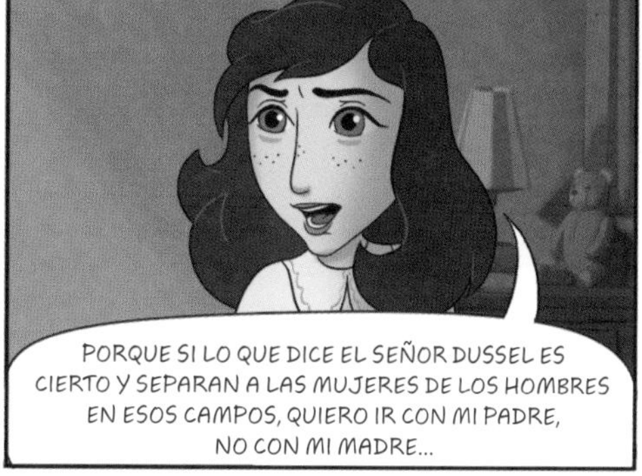
PORQUE SI LO QUE DICE EL SEÑOR DUSSEL ES
CIERTO Y SEPARAN A LAS MUJERES DE LOS HOMBRES
EN ESOS CAMPOS, QUIERO IR CON MI PADRE,
NO CON MI MADRE...

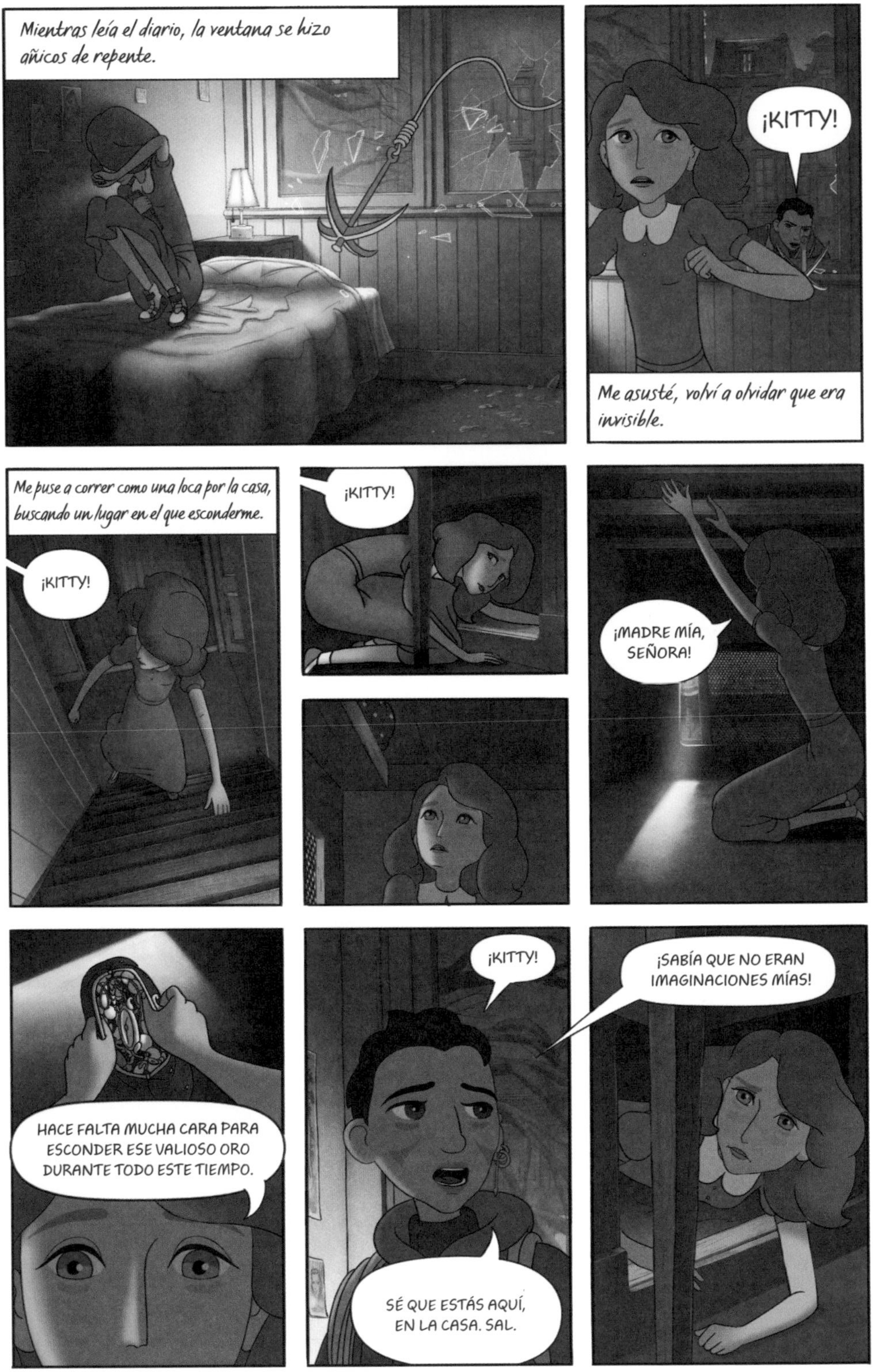
Mientras leía el diario, la ventana se hizo añicos de repente.
¡KITTY!
Me asusté, volví a olvidar que era invisible.
Me puse a correr como una loca por la casa, buscando un lugar en el que esconderme.
¡KITTY!
¡KITTY!
¡MADRE MÍA, SEÑORA!
HACE FALTA MUCHA CARA PARA ESCONDER ESE VALIOSO ORO DURANTE TODO ESTE TIEMPO.
¡KITTY!
SÉ QUE ESTÁS AQUÍ, EN LA CASA. SAL.
¡SABÍA QUE NO ERAN IMAGINACIONES MÍAS!

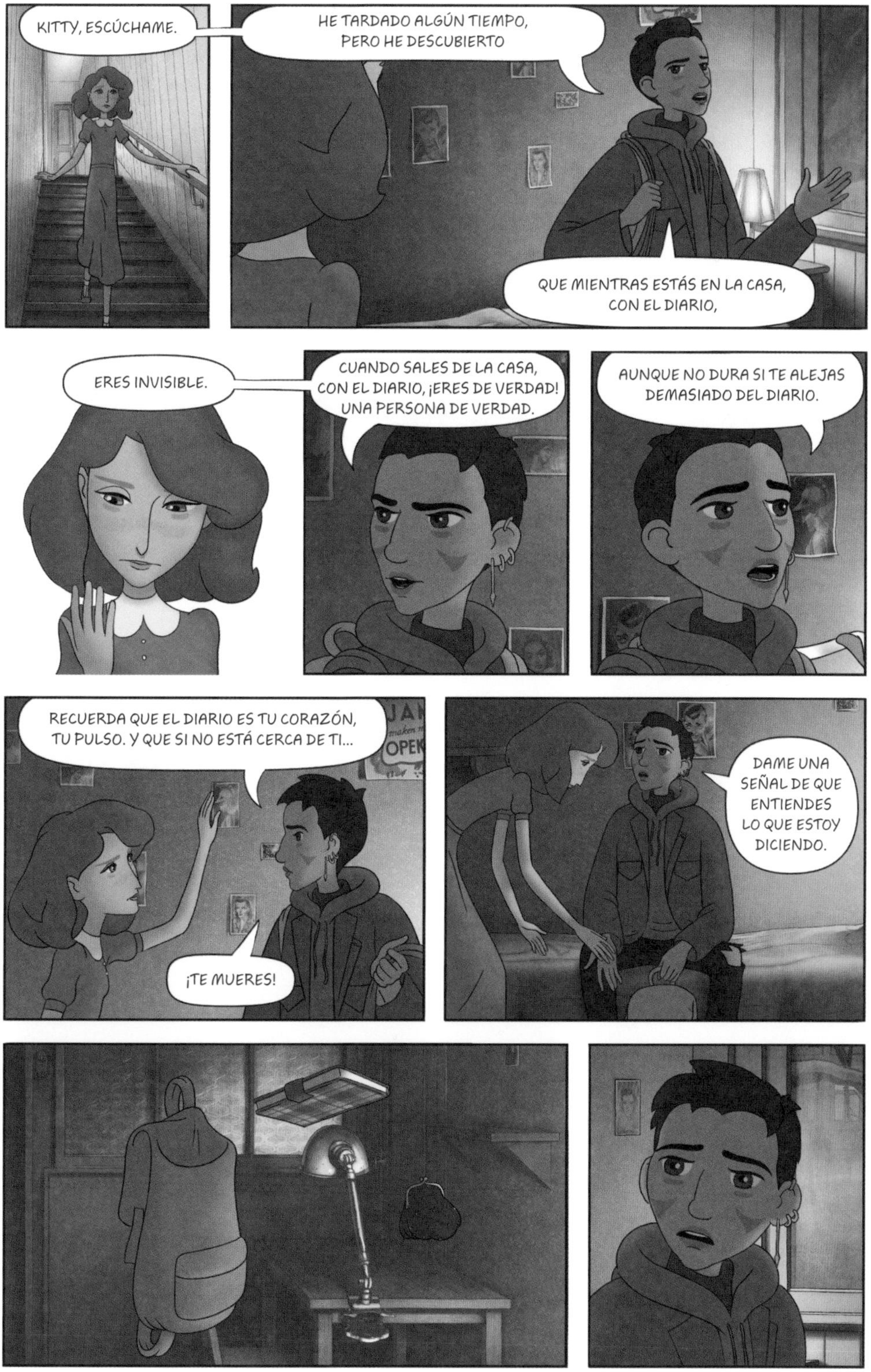
KITTY, ESCÚCHAME.
HE TARDADO ALGÚN TIEMPO, PERO HE DESCUBIERTO
QUE MIENTRAS ESTÁS EN LA CASA, CON EL DIARIO,
ERES INVISIBLE.
CUANDO SALES DE LA CASA, CON EL DIARIO, ¡ERES DE VERDAD! UNA PERSONA DE VERDAD.
AUNQUE NO DURA SI TE ALEJAS DEMASIADO DEL DIARIO.
RECUERDA QUE EL DIARIO ES TU CORAZÓN, TU PULSO. Y QUE SI NO ESTÁ CERCA DE TI...
¡TE MUERES!
DAME UNA SEÑAL DE QUE ENTIENDES LO QUE ESTOY DICIENDO.

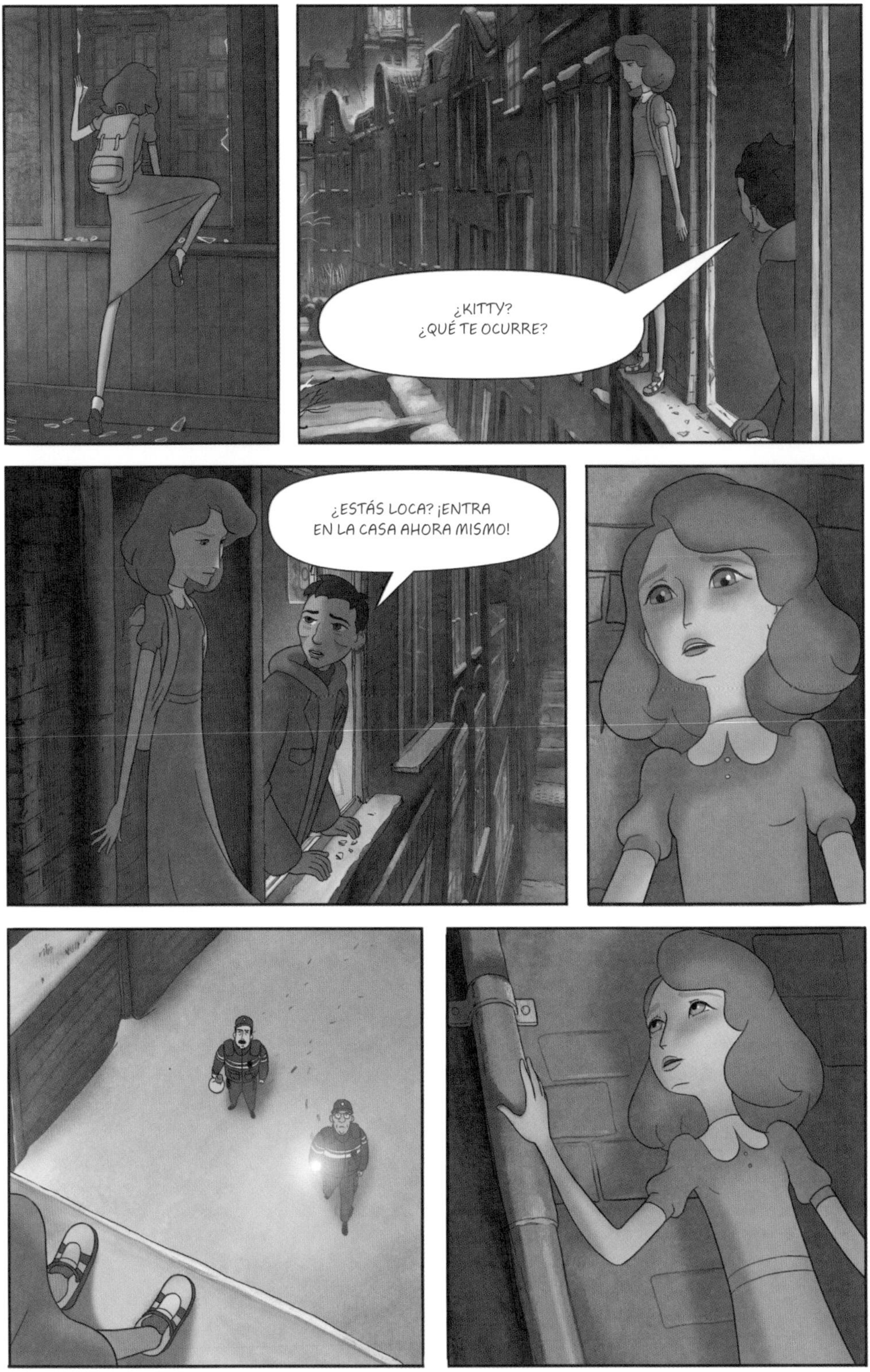
¿KITTY?
¿QUÉ TE OCURRE?
¿ESTÁS LOCA? ¡ENTRA
EN LA CASA AHORA MISMO!

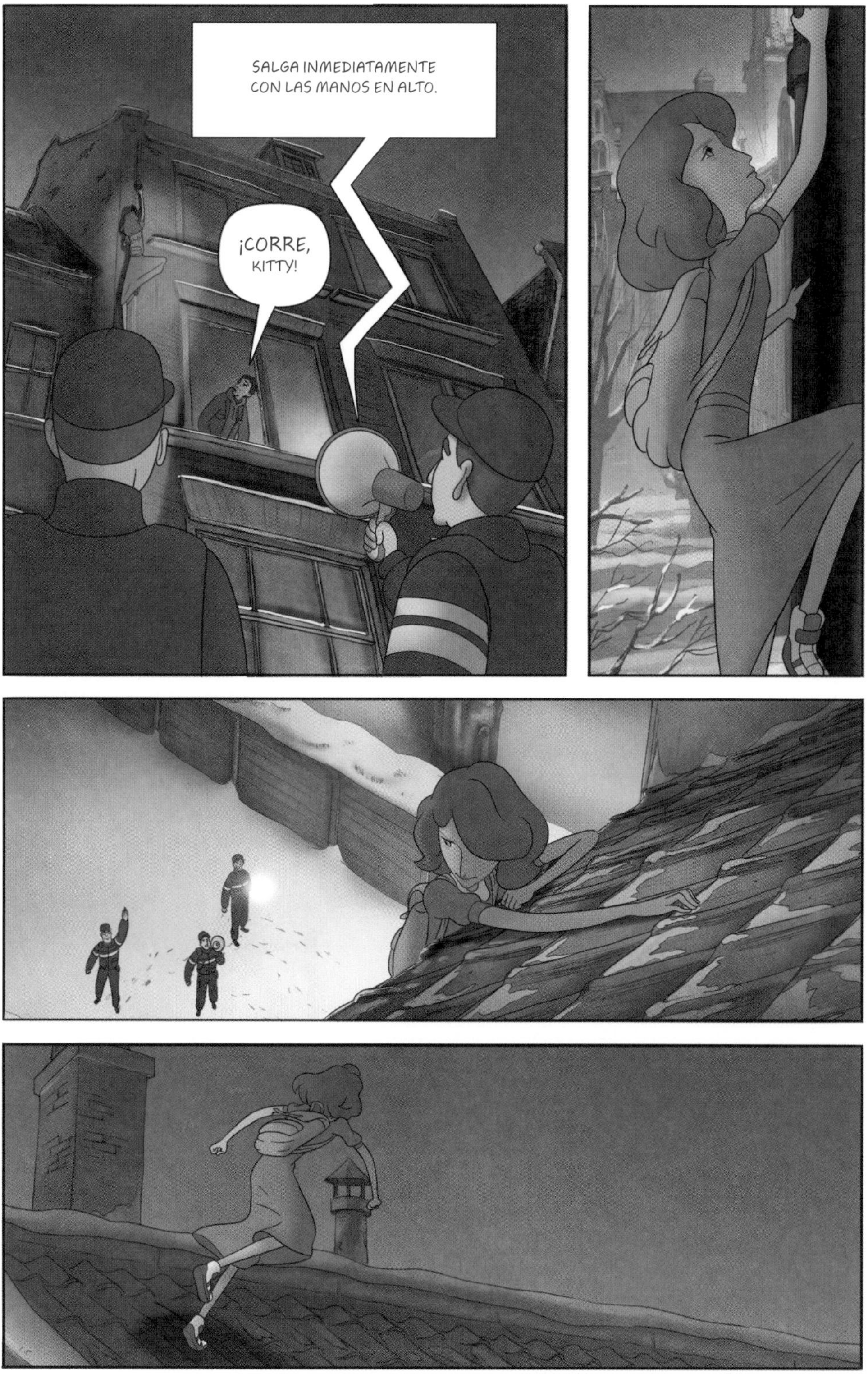
SALGA INMEDIATAMENTE CON LAS MANOS EN ALTO.
¡CORRE, KITTY!

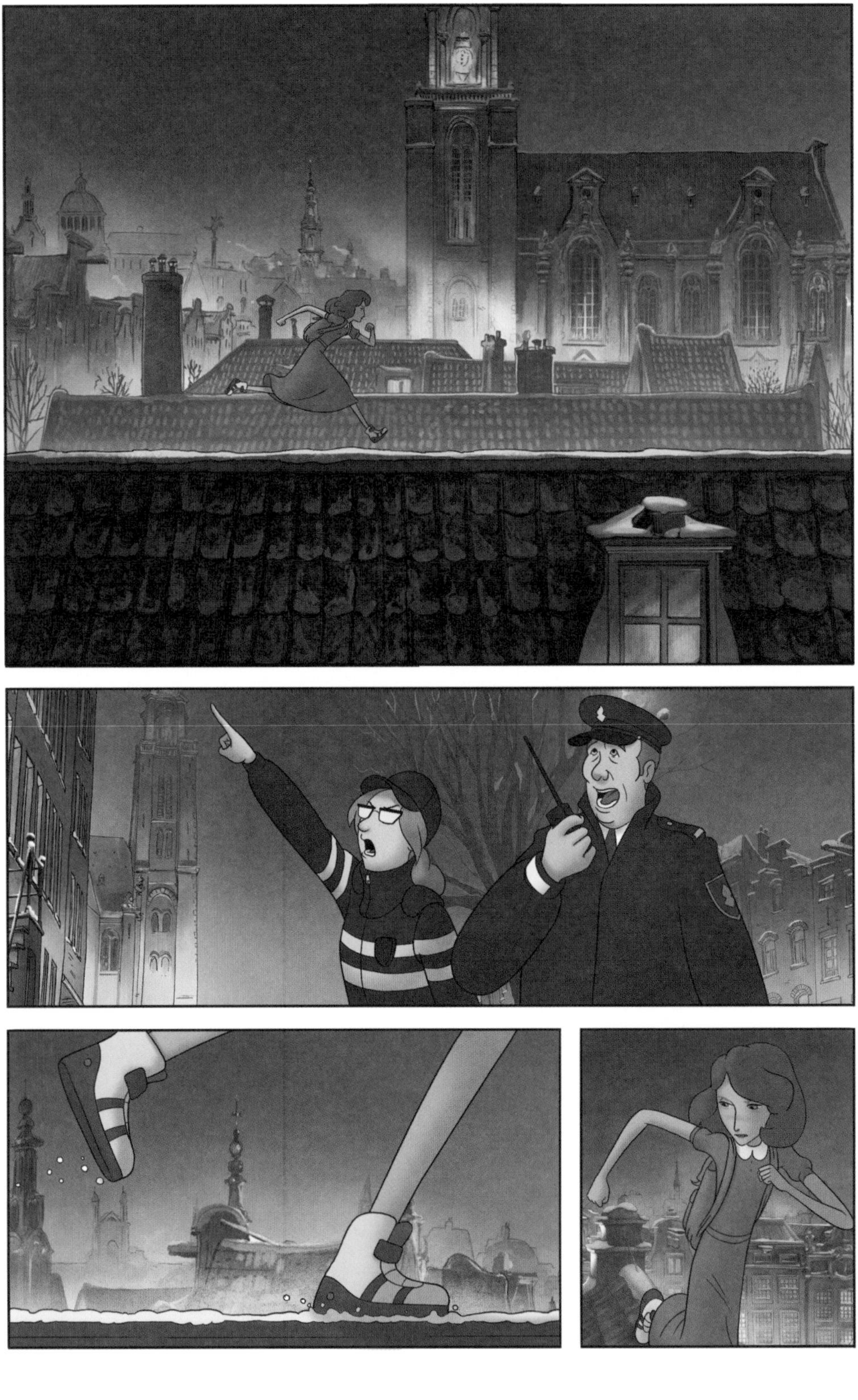

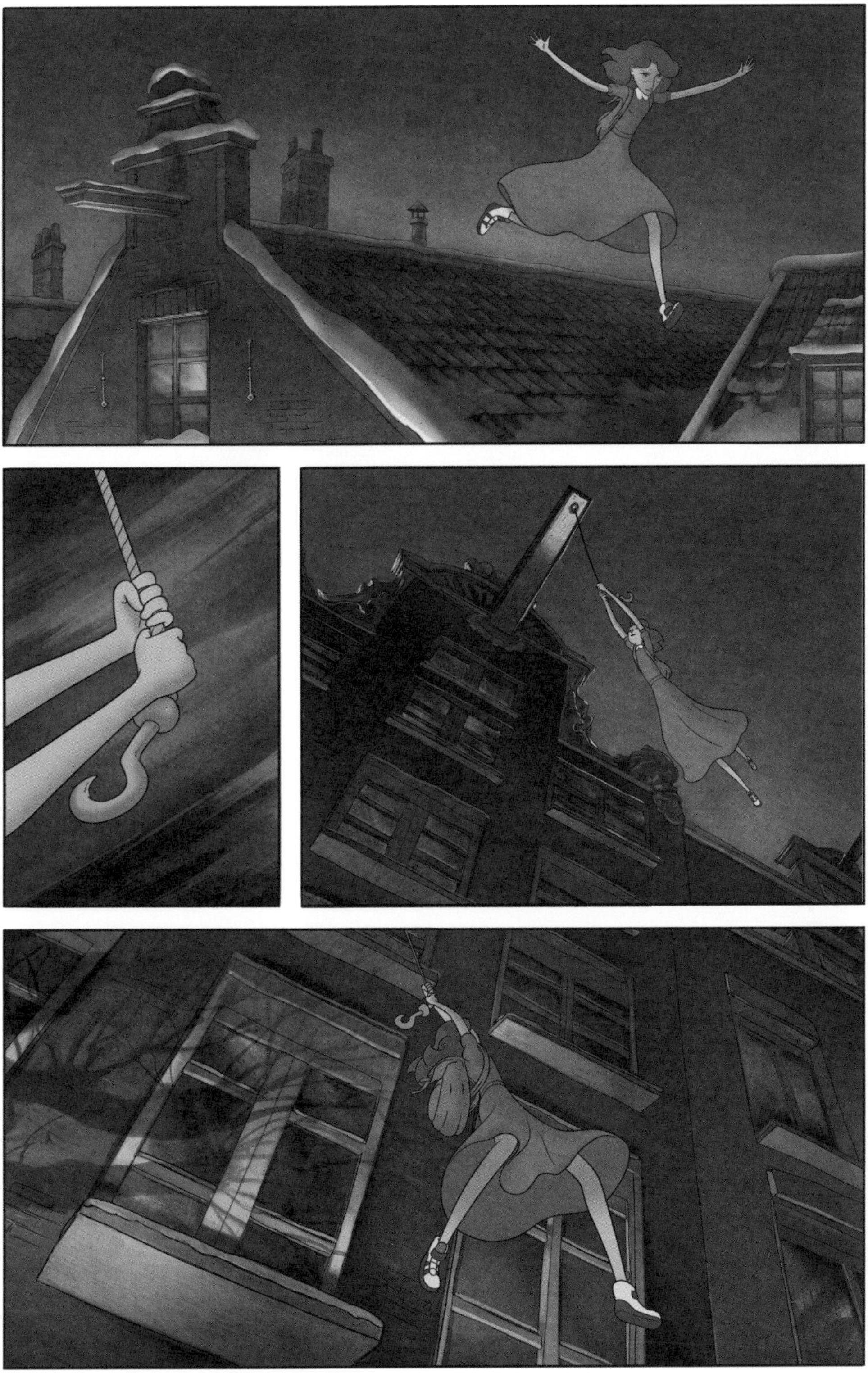

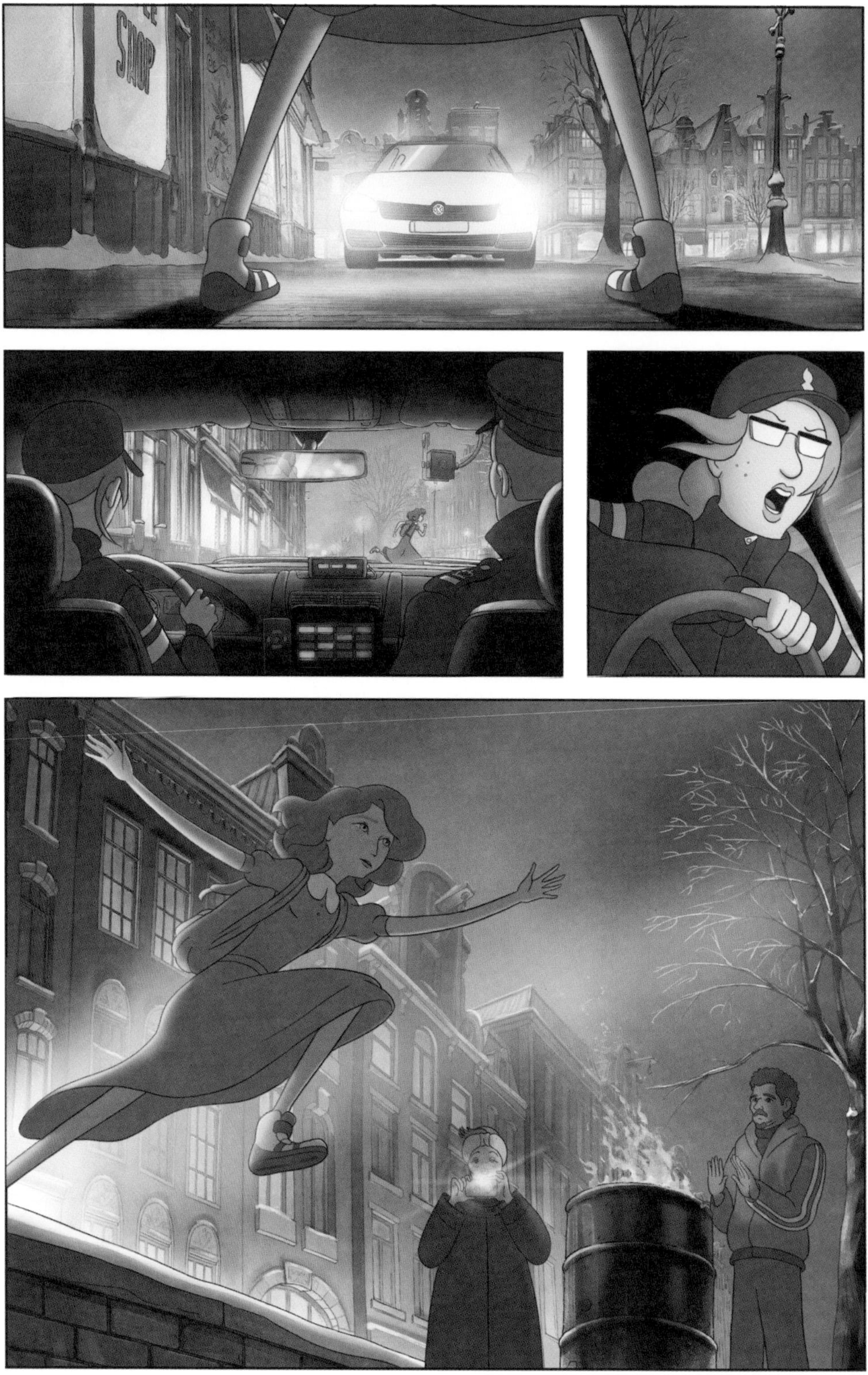
SHOP

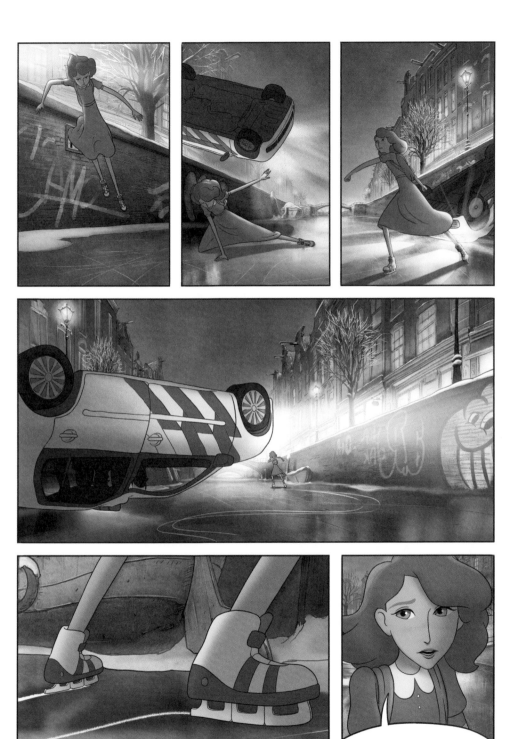

ESCUELA ANNE FRANK,
TEATRO ANNE FRANK,
PUENTE ANNE FRANK...

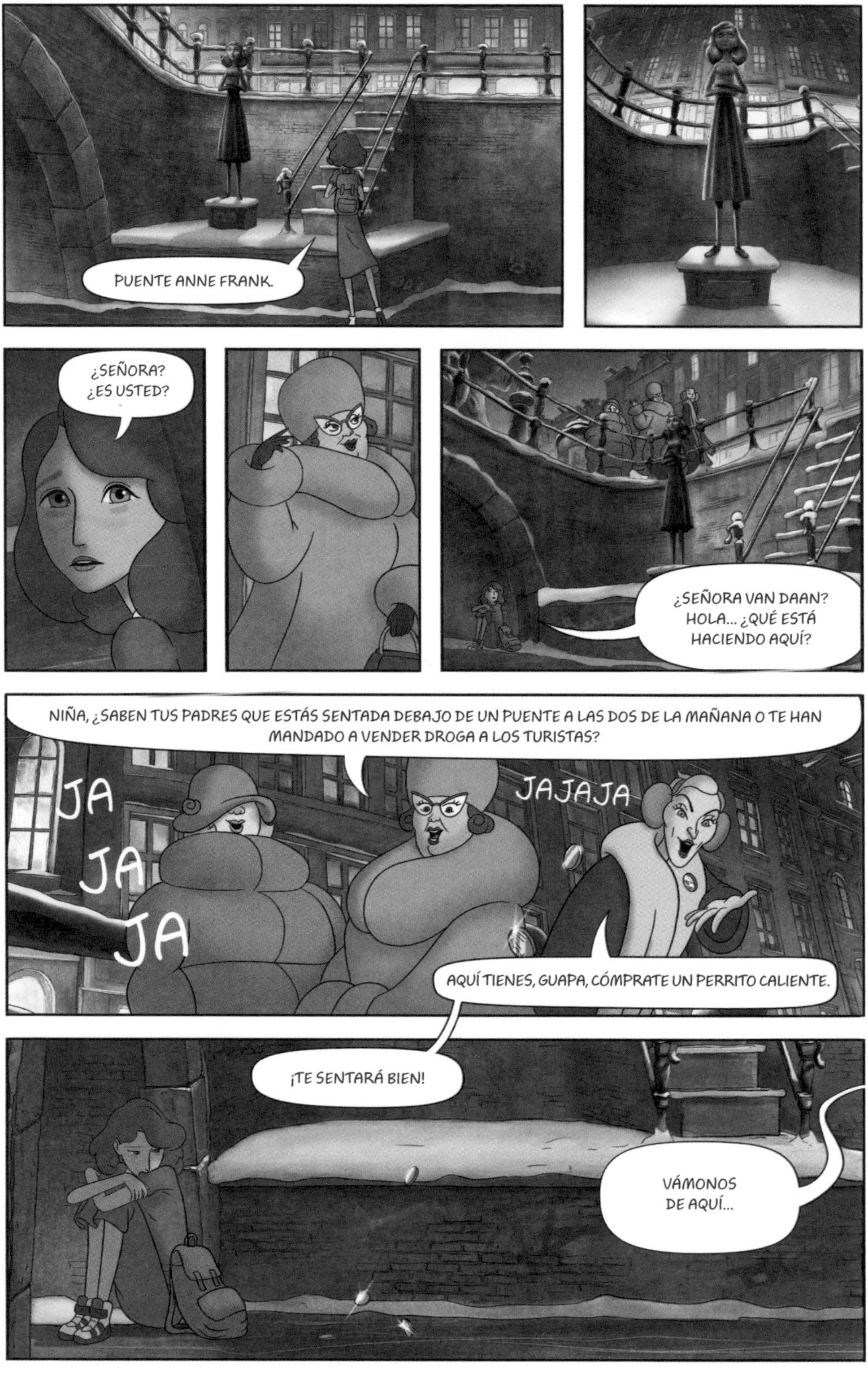
PUENTE ANNE FRANK.
¿SEÑORA?
¿ES USTED?
¿SEÑORA VAN DAAN?
HOLA... ¿QUÉ ESTÁ
HACIENDO AQUÍ?
NIÑA, ¿SABEN TUS PADRES QUE ESTÁS SENTADA DEBAJO DE UN PUENTE A LAS DOS DE LA MAÑANA O TE HAN MANDADO A VENDER DROGA A LOS TURISTAS?
JA
JA
JA
JAJAJA
AQUÍ TIENES, GUAPA, CÓMPRATE UN PERRITO CALIENTE.
¡TE SENTARÁ BIEN!
VÁMONOS
DE AQUÍ...

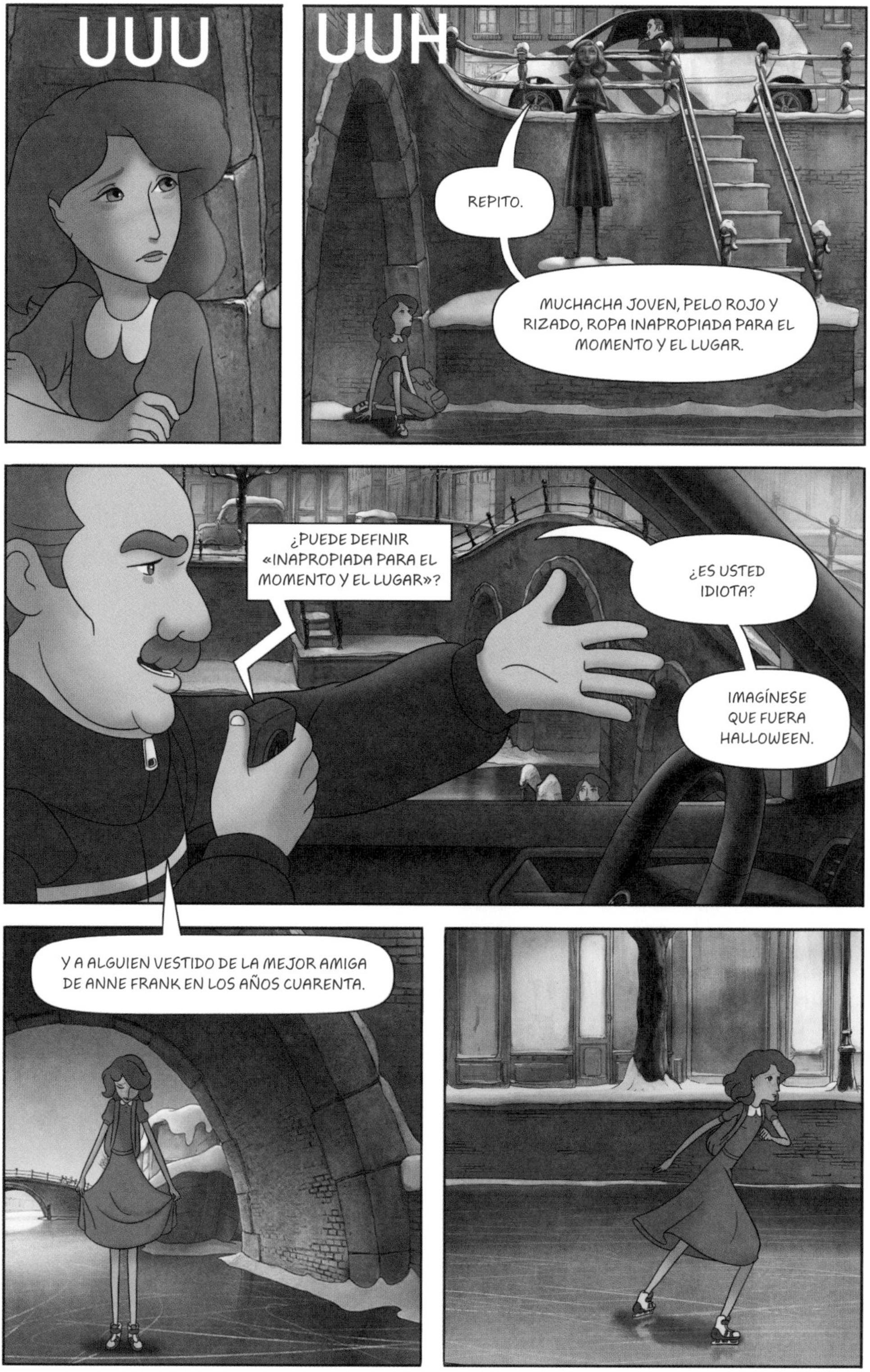
UUU
UUH
REPITO.
MUCHACHA JOVEN, PELO ROJO Y RIZADO, ROPA INAPROPIADA PARA EL MOMENTO Y EL LUGAR.
¿PUEDE DEFINIR «INAPROPIADA PARA EL MOMENTO Y EL LUGAR»?
¿ES USTED IDIOTA?
IMAGÍNESE QUE FUERA HALLOWEEN.
Y A ALGUIEN VESTIDO DE LA MEJOR AMIGA DE ANNE FRANK EN LOS AÑOS CUARENTA.

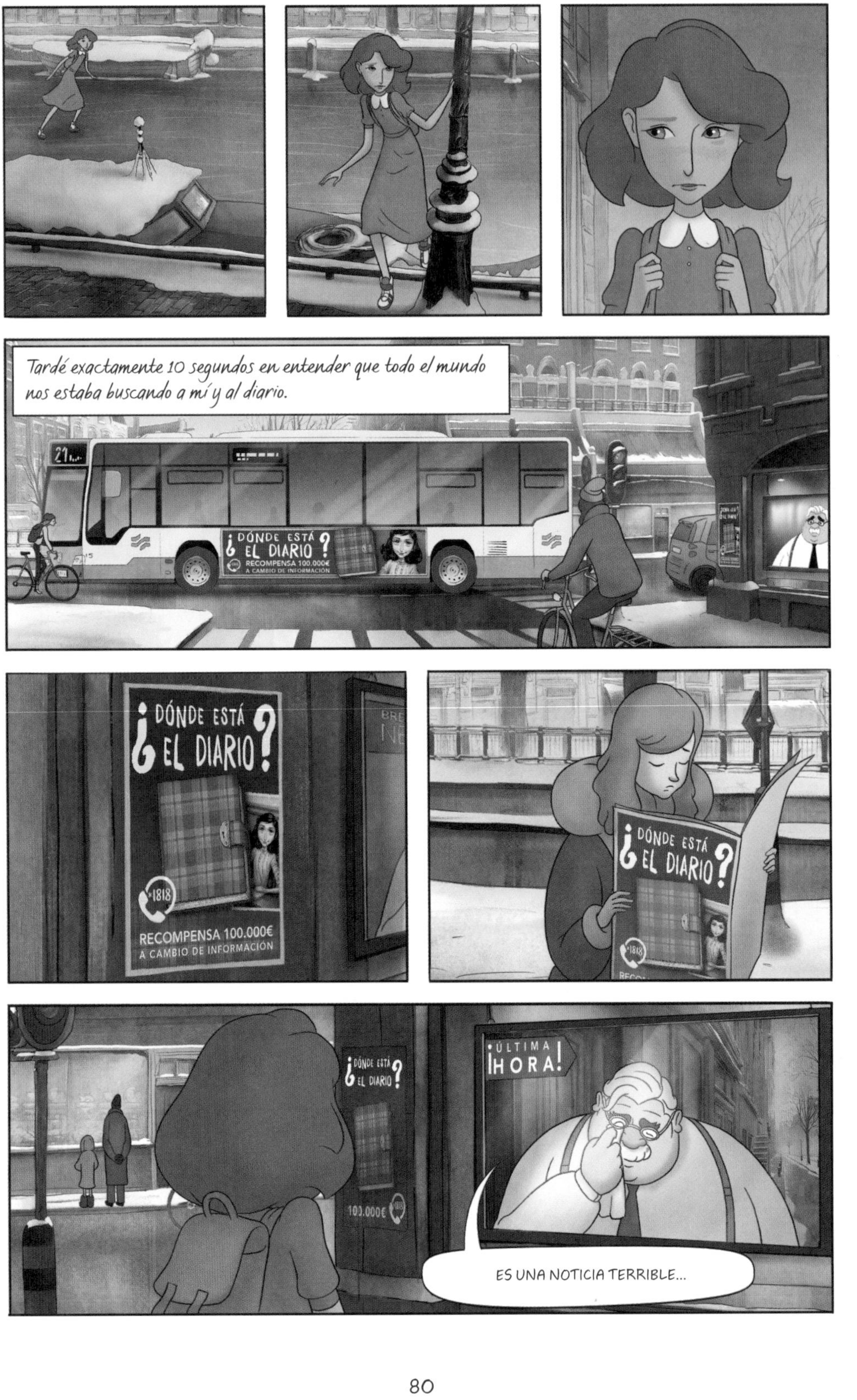
Tardé exactamente 10 segundos en entender que todo el mundo nos estaba buscando a mí y al diario.
¿DÓNDE ESTÁ EL DIARIO?
RECOMPENSA 100.000€
A CAMBIO DE INFORMACIÓN
¿DÓNDE ESTÁ EL DIARIO?
1818
RECOMPENSA 100.000€
A CAMBIO DE INFORMACIÓN
¿DÓNDE ESTÁ EL DIARIO?
¿DÓNDE ESTÁ EL DIARIO?
¡ÚLTIMA HORA!
ES UNA NOTICIA TERRIBLE...

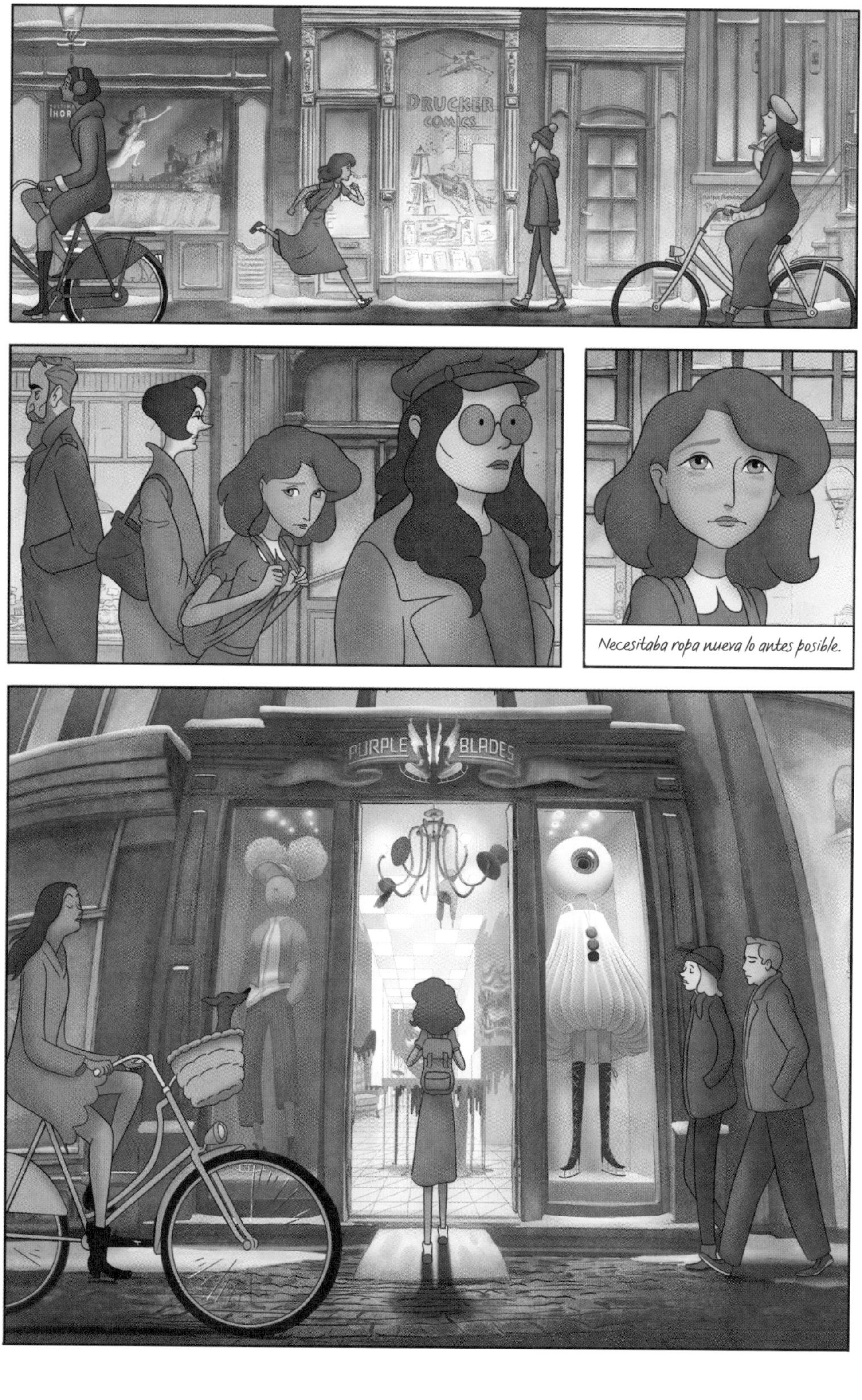
DRUCKER
COMICS
Necesitaba ropa nueva lo antes posible.
PURPLE
BLADES

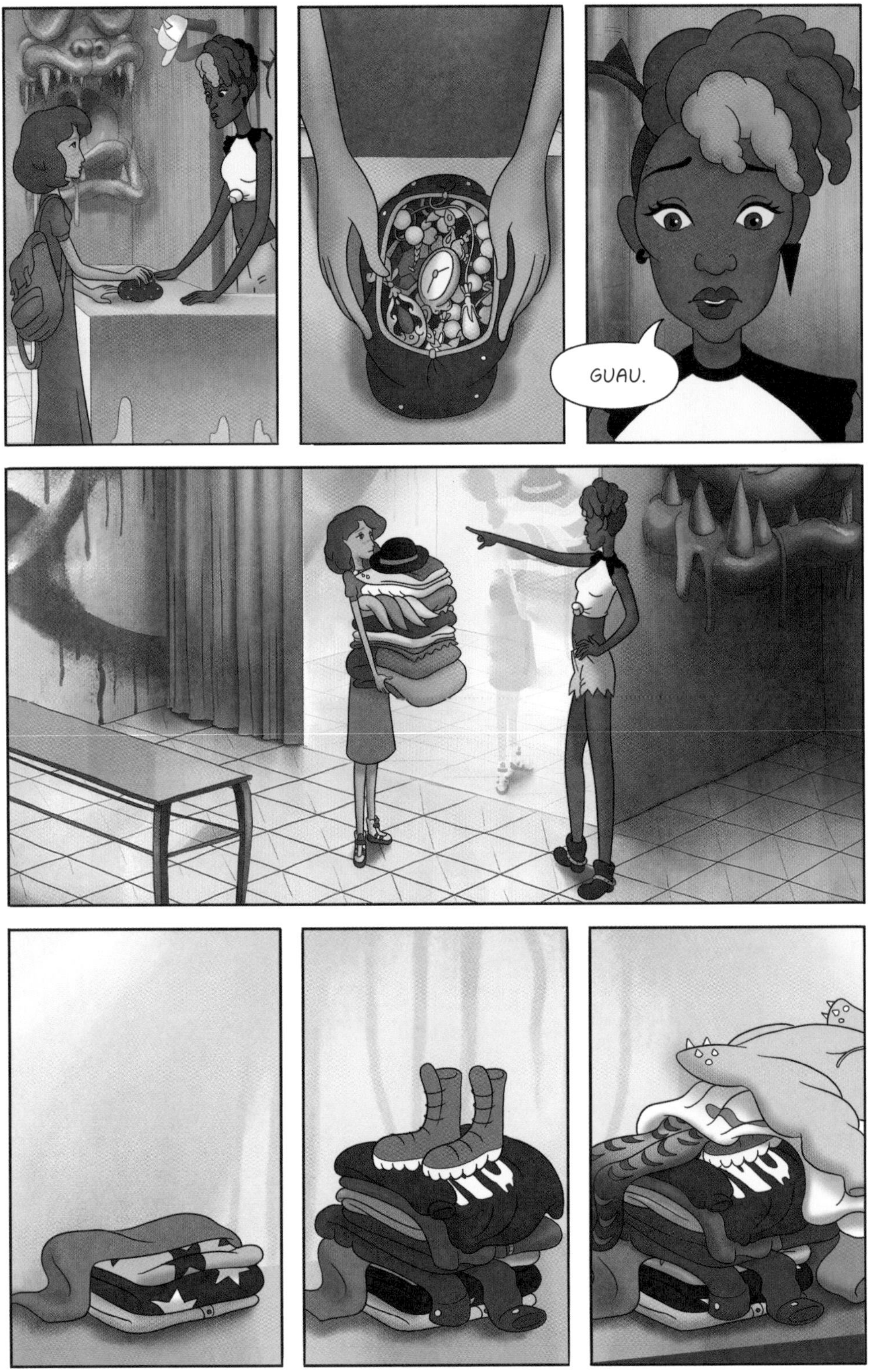
GUAU.

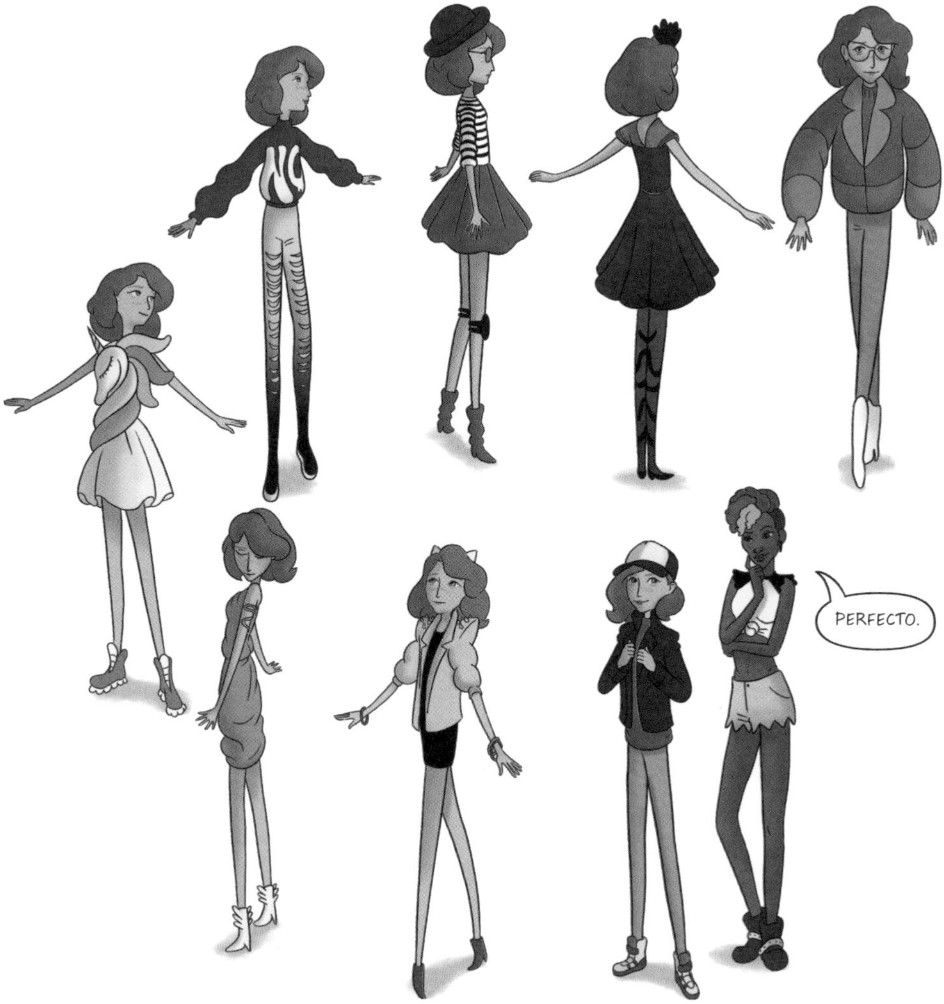
PERFECTO.

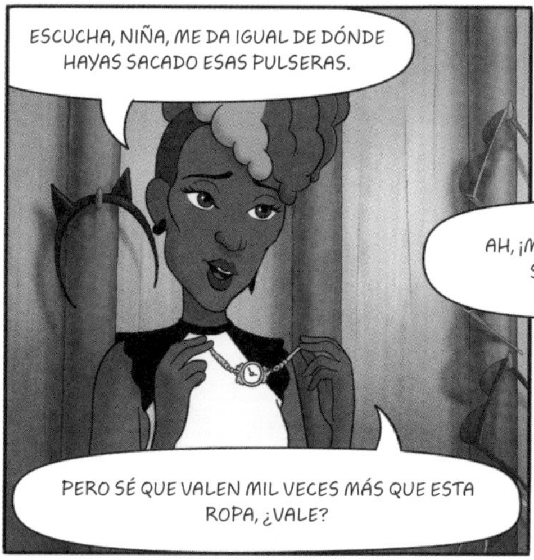
ESCUCHA, NIÑA, ME DA IGUAL DE DÓNDE HAYAS SACADO ESAS PULSERAS.
PERO SÉ QUE VALEN MIL VECES MÁS QUE ESTA ROPA, ¿VALE?

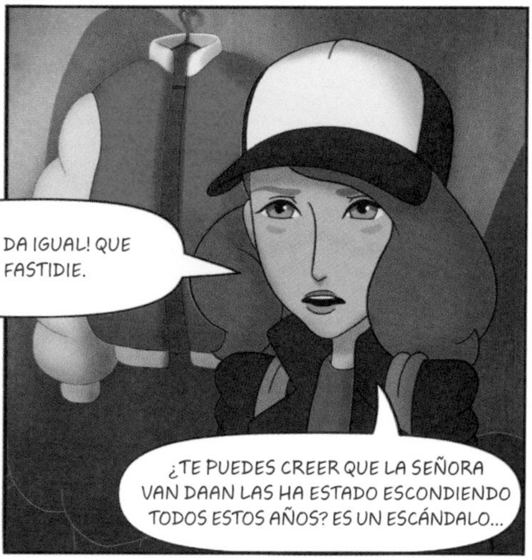
AH, ¡ME DA IGUAL! QUE SE FASTIDIE.
¿TE PUEDES CREER QUE LA SEÑORA VAN DAAN LAS HA ESTADO ESCONDIENDO TODOS ESTOS AÑOS? ES UN ESCÁNDALO...

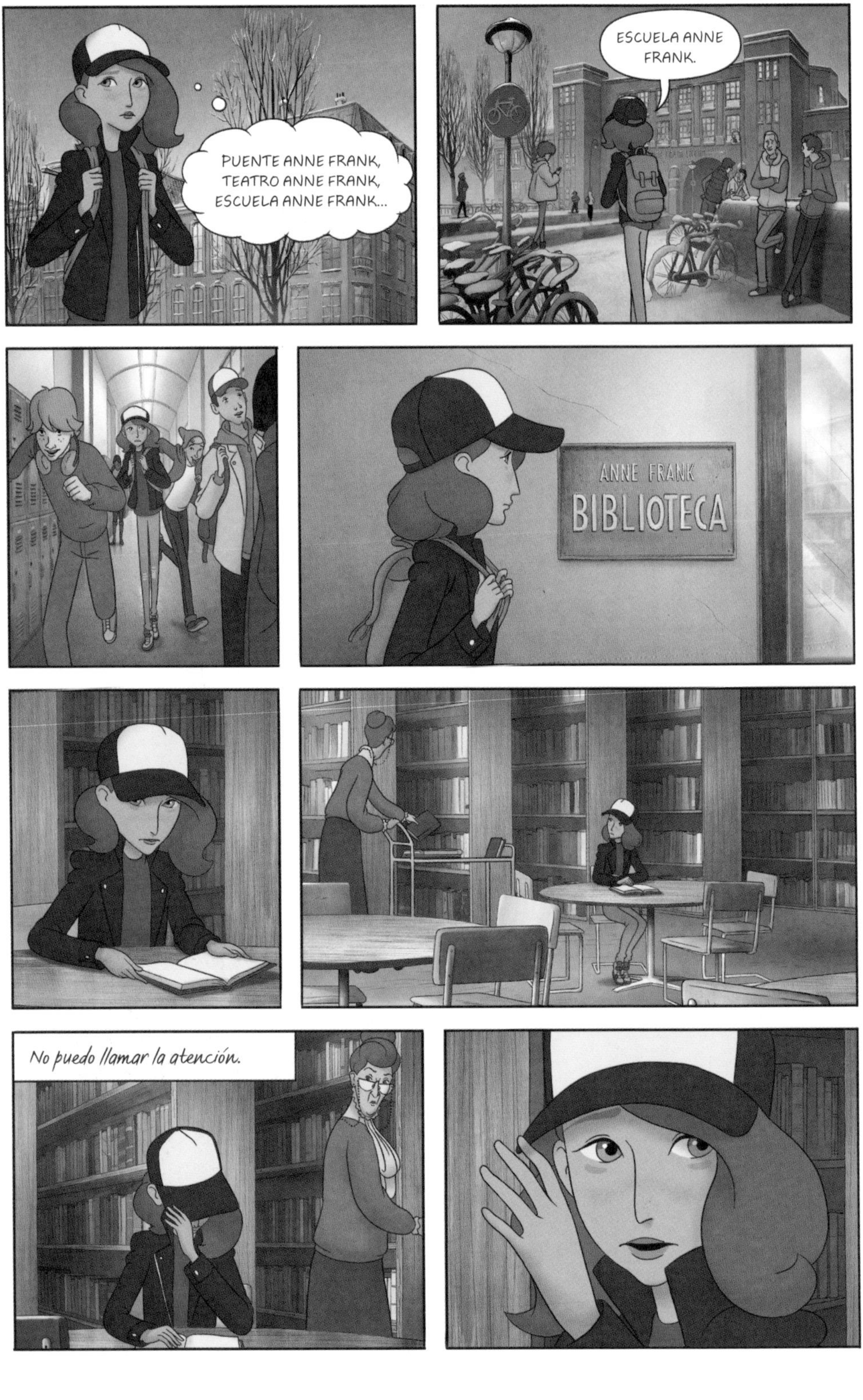
PUENTE ANNE FRANK,
TEATRO ANNE FRANK,
ESCUELA ANNE FRANK...
ESCUELA ANNE FRANK.
ANNE FRANK
BIBLIOTECA
No puedo llamar la atención.

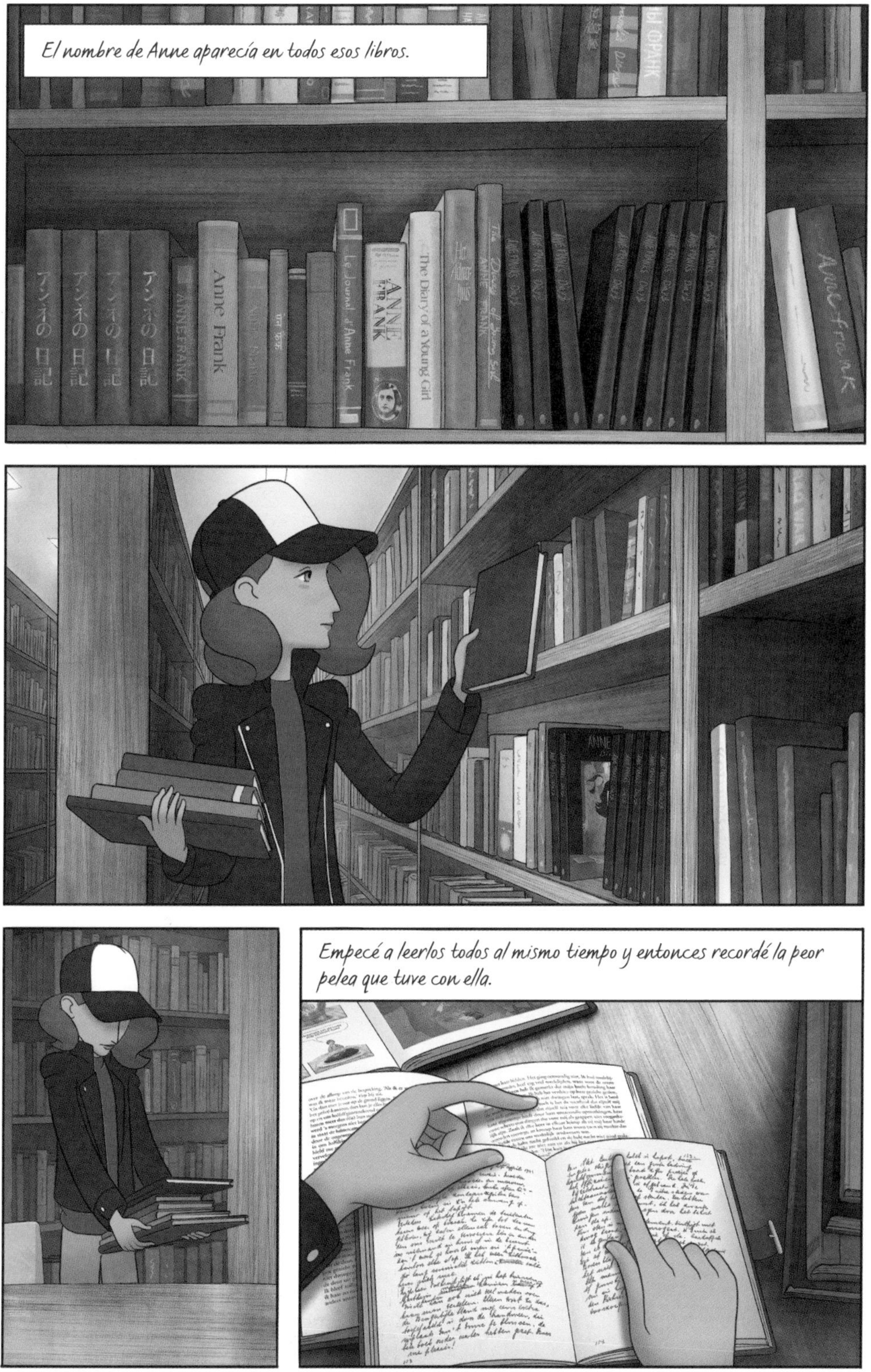
El nombre de Anne aparecía en todos esos libros.
アンネの日記
Anne Frank
Le Journal d'Anne Frank
ANNE FRANK
The Diary of a Young Girl
Empecé a leerlos todos al mismo tiempo y entonces recordé la peor pelea que tuve con ella.

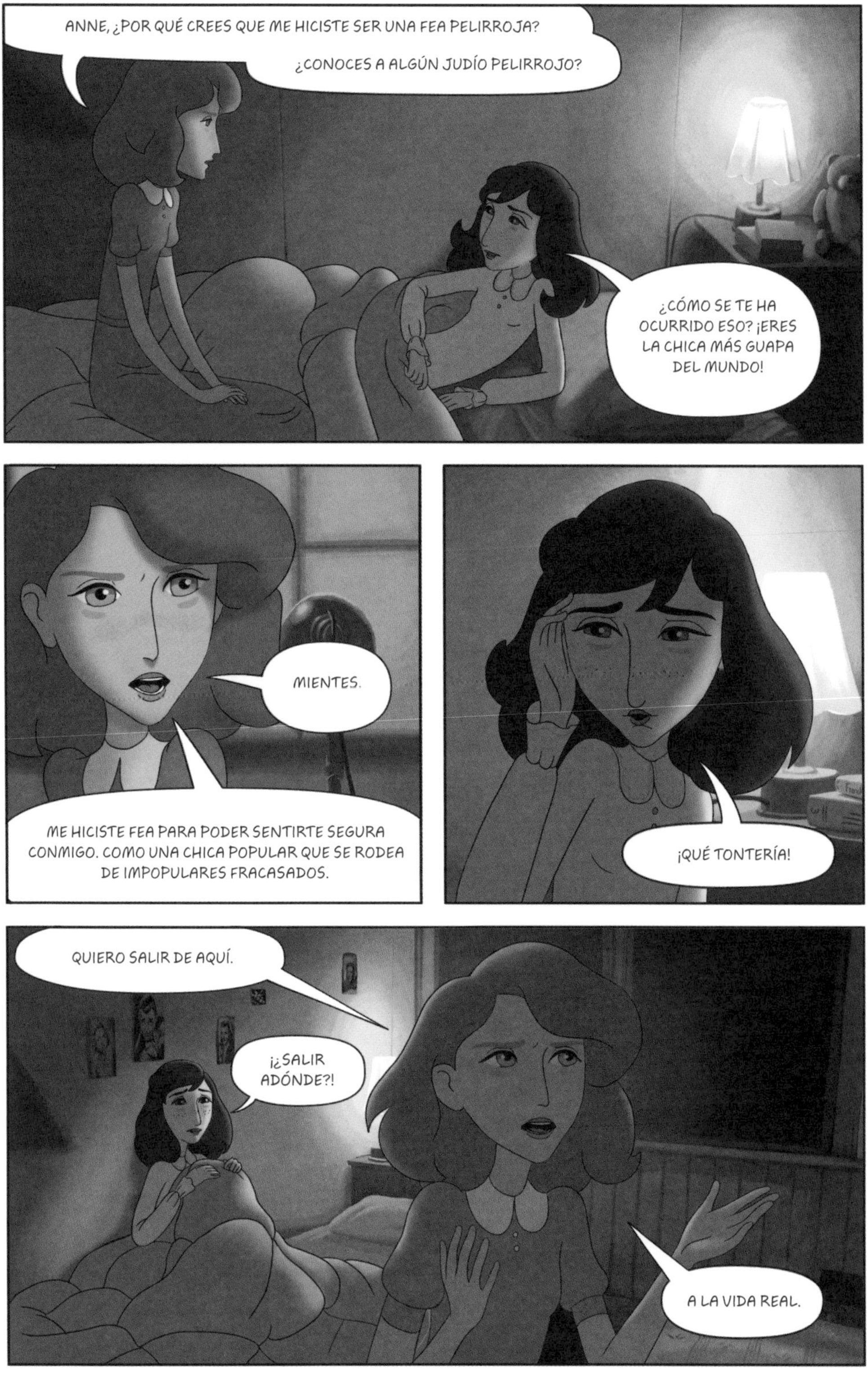
ANNE, ¿POR QUÉ CREES QUE ME HICISTE SER UNA FEA PELIRROJA?
¿CONOCES A ALGÚN JUDÍO PELIRROJO?
¿CÓMO SE TE HA OCURRIDO ESO? ¡ERES LA CHICA MÁS GUAPA DEL MUNDO!
MIENTES.
ME HICISTE FEA PARA PODER SENTIRTE SEGURA CONMIGO. COMO UNA CHICA POPULAR QUE SE RODEA DE IMPOPULARES FRACASADOS.
¡QUÉ TONTERÍA!
QUIERO SALIR DE AQUÍ.
¡¿SALIR ADÓNDE?!
A LA VIDA REAL.

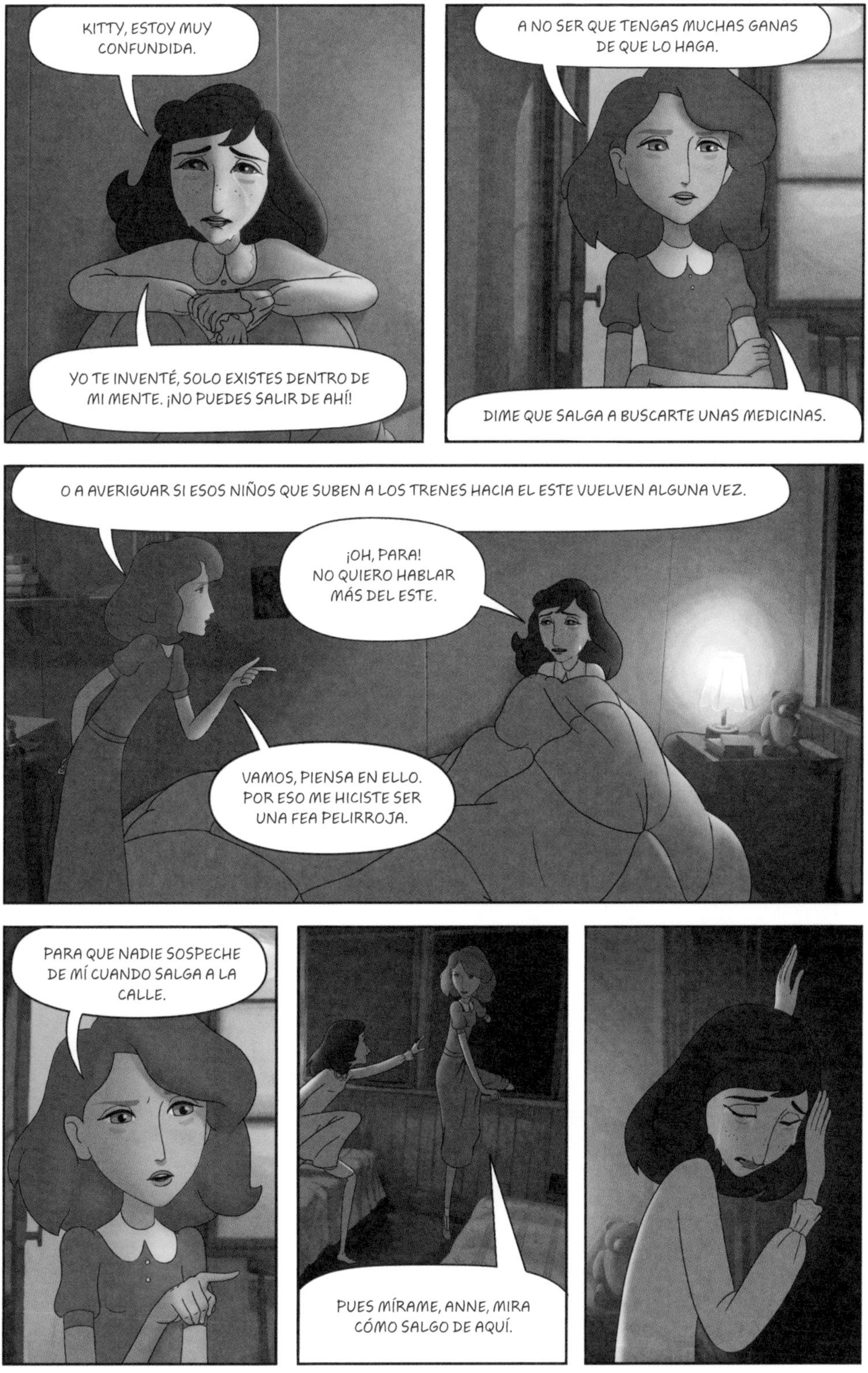
KITTY, ESTOY MUY CONFUNDIDA.
YO TE INVENTÉ, SOLO EXISTES DENTRO DE MI MENTE. ¡NO PUEDES SALIR DE AHÍ!
A NO SER QUE TENGAS MUCHAS GANAS DE QUE LO HAGA.
DIME QUE SALGA A BUSCARTE UNAS MEDICINAS.
O A AVERIGUAR SI ESOS NIÑOS QUE SUBEN A LOS TRENES HACIA EL ESTE VUELVEN ALGUNA VEZ.
¡OH, PARA! NO QUIERO HABLAR MÁS DEL ESTE.
VAMOS, PIENSA EN ELLO. POR ESO ME HICISTE SER UNA FEA PELIRROJA.
PARA QUE NADIE SOSPECHE DE MÍ CUANDO SALGA A LA CALLE.
PUES MÍRAME, ANNE, MIRA CÓMO SALGO DE AQUÍ.

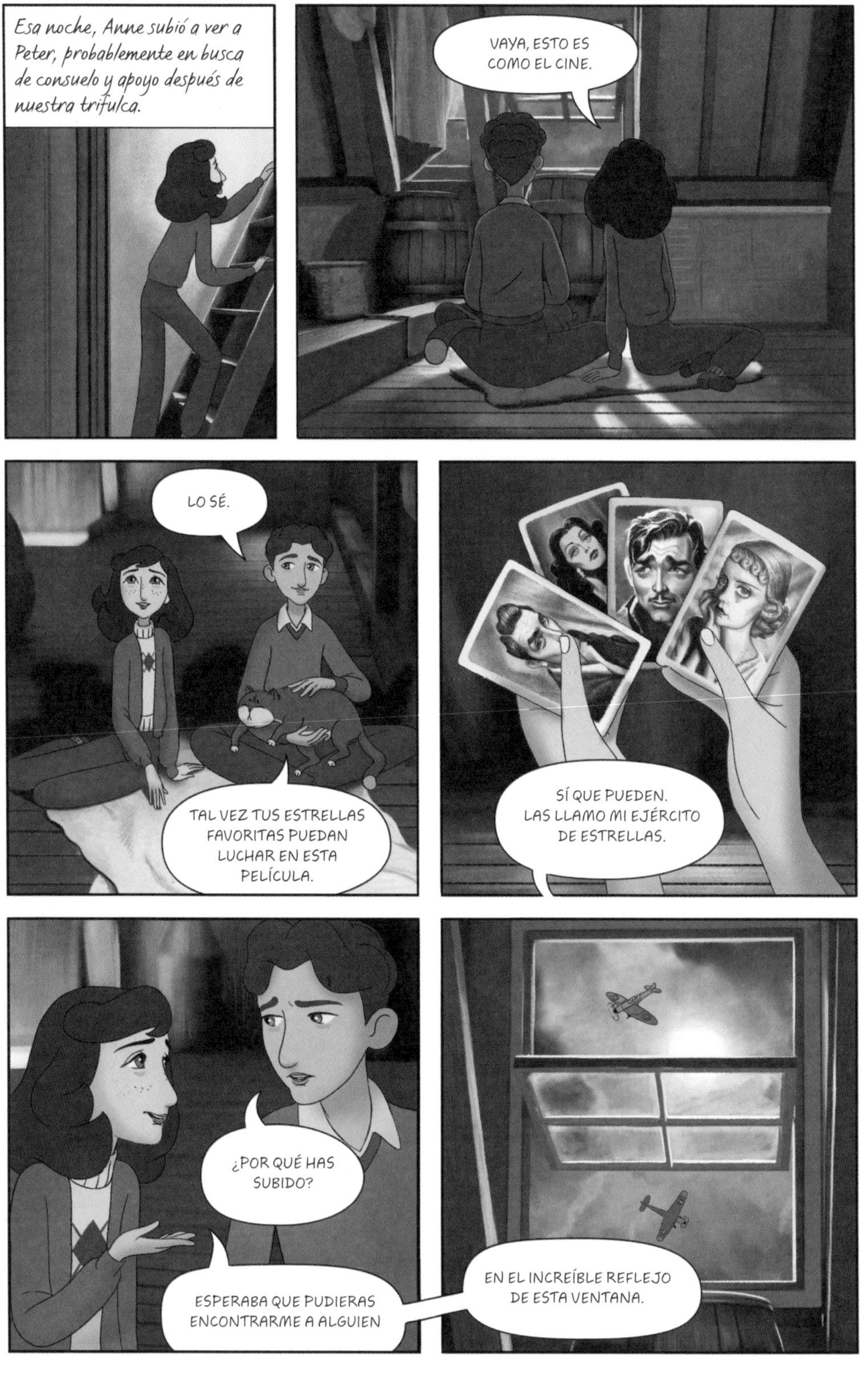
Esa noche, Anne subió a ver a Peter, probablemente en busca de consuelo y apoyo después de nuestra trifulca.
VAYA, ESTO ES COMO EL CINE.
LO SÉ.
TAL VEZ TUS ESTRELLAS FAVORITAS PUEDAN LUCHAR EN ESTA PELÍCULA.
SÍ QUE PUEDEN. LAS LLAMO MI EJÉRCITO DE ESTRELLAS.
¿POR QUÉ HAS SUBIDO?
ESPERABA QUE PUDIERAS ENCONTRARME A ALGUIEN
EN EL INCREÍBLE REFLEJO DE ESTA VENTANA.

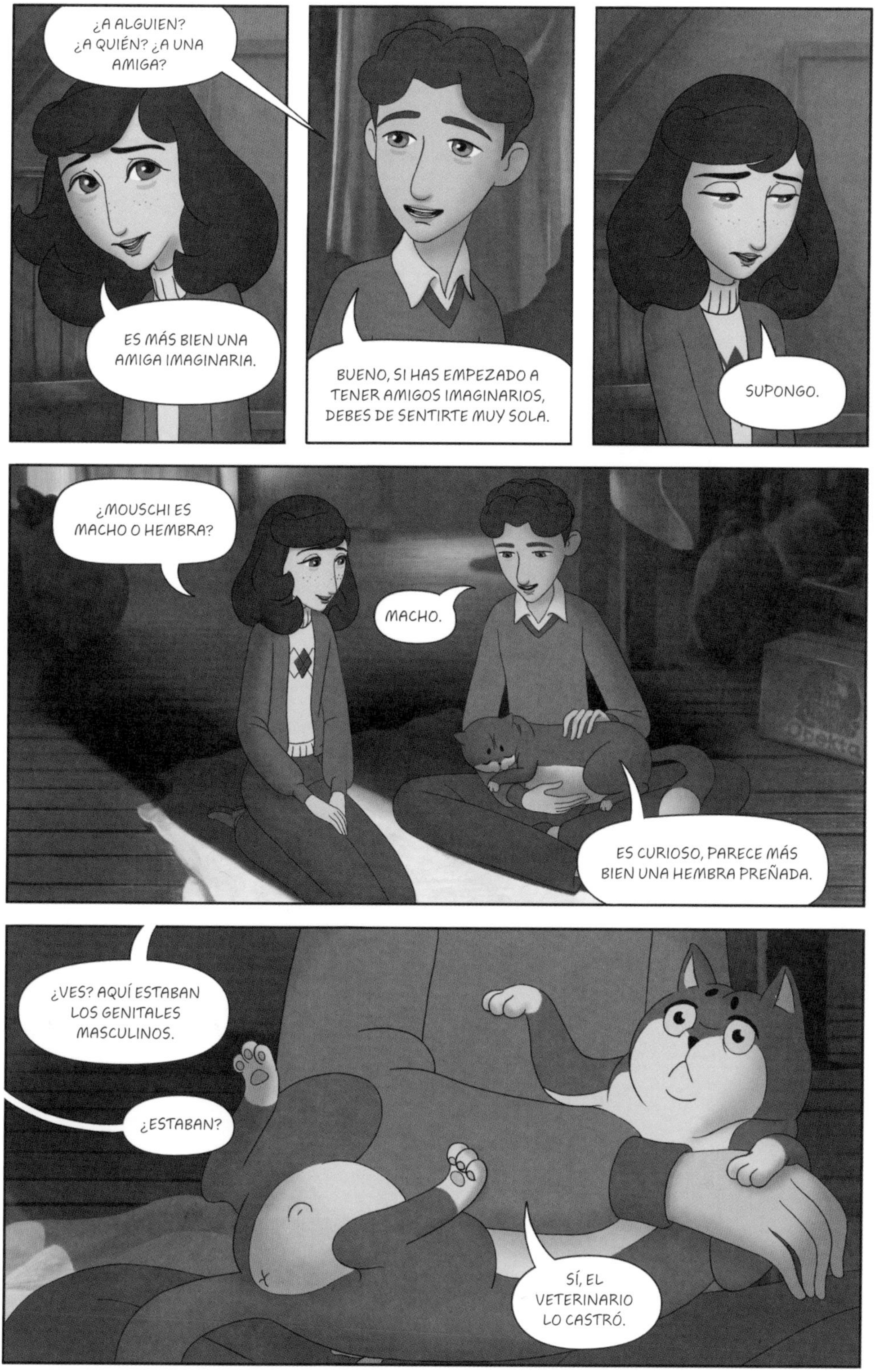
¿A ALGUIEN? ¿A QUIÉN? ¿A UNA AMIGA?
ES MÁS BIEN UNA AMIGA IMAGINARIA.
BUENO, SI HAS EMPEZADO A TENER AMIGOS IMAGINARIOS, DEBES DE SENTIRTE MUY SOLA.
SUPONGO.
¿MOUSCHI ES MACHO O HEMBRA?
MACHO.
ES CURIOSO, PARECE MÁS BIEN UNA HEMBRA PREÑADA.
¿VES? AQUÍ ESTABAN LOS GENITALES MASCULINOS.
¿ESTABAN?
SÍ, EL VETERINARIO LO CASTRÓ.

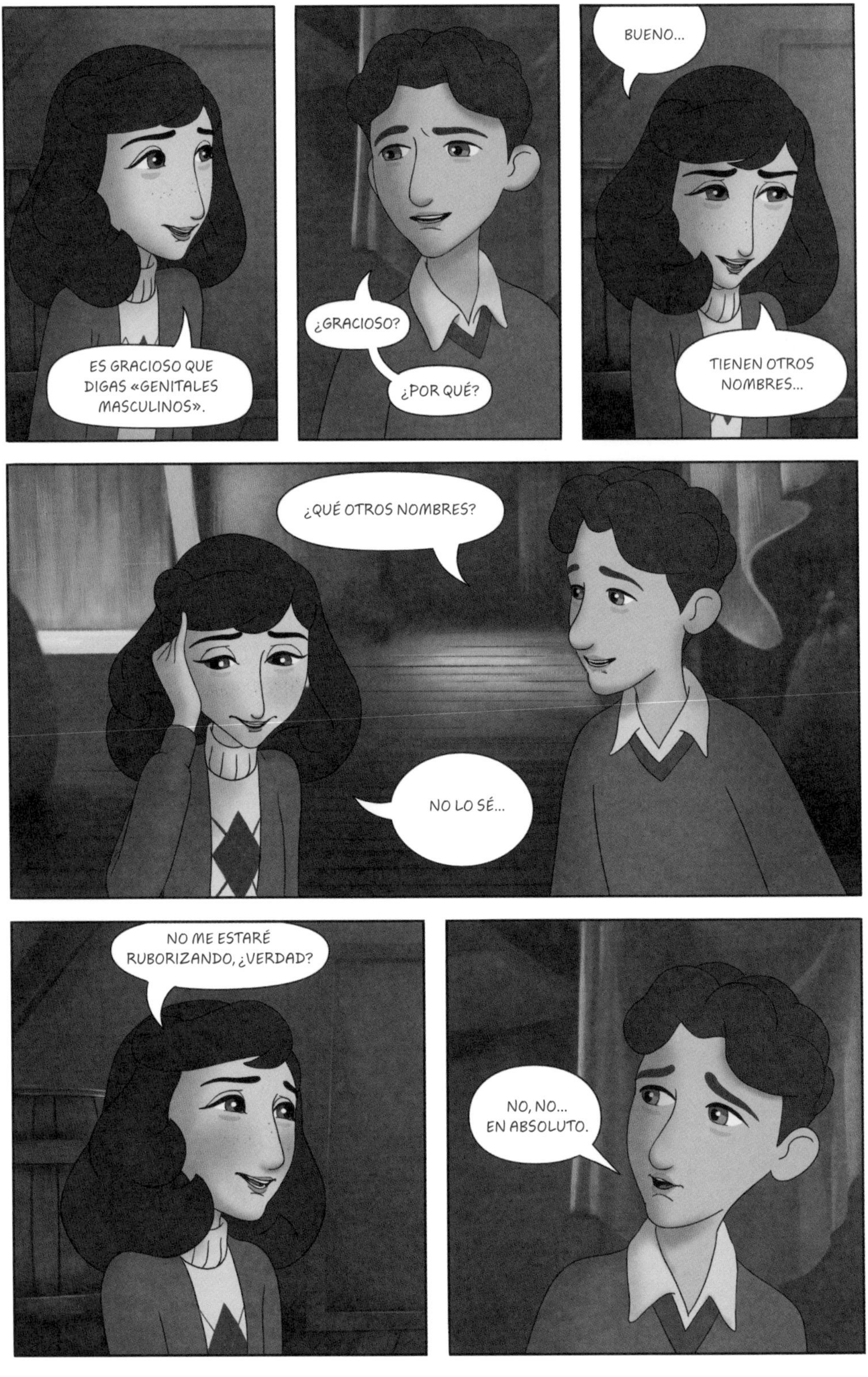
ES GRACIOSO QUE DIGAS «GENITALES MASCULINOS».
¿GRACIOSO?
¿POR QUÉ?
BUENO...
TIENEN OTROS NOMBRES...
¿QUÉ OTROS NOMBRES?
NO LO SÉ...
NO ME ESTARÉ RUBORIZANDO, ¿VERDAD?
NO, NO... EN ABSOLUTO.

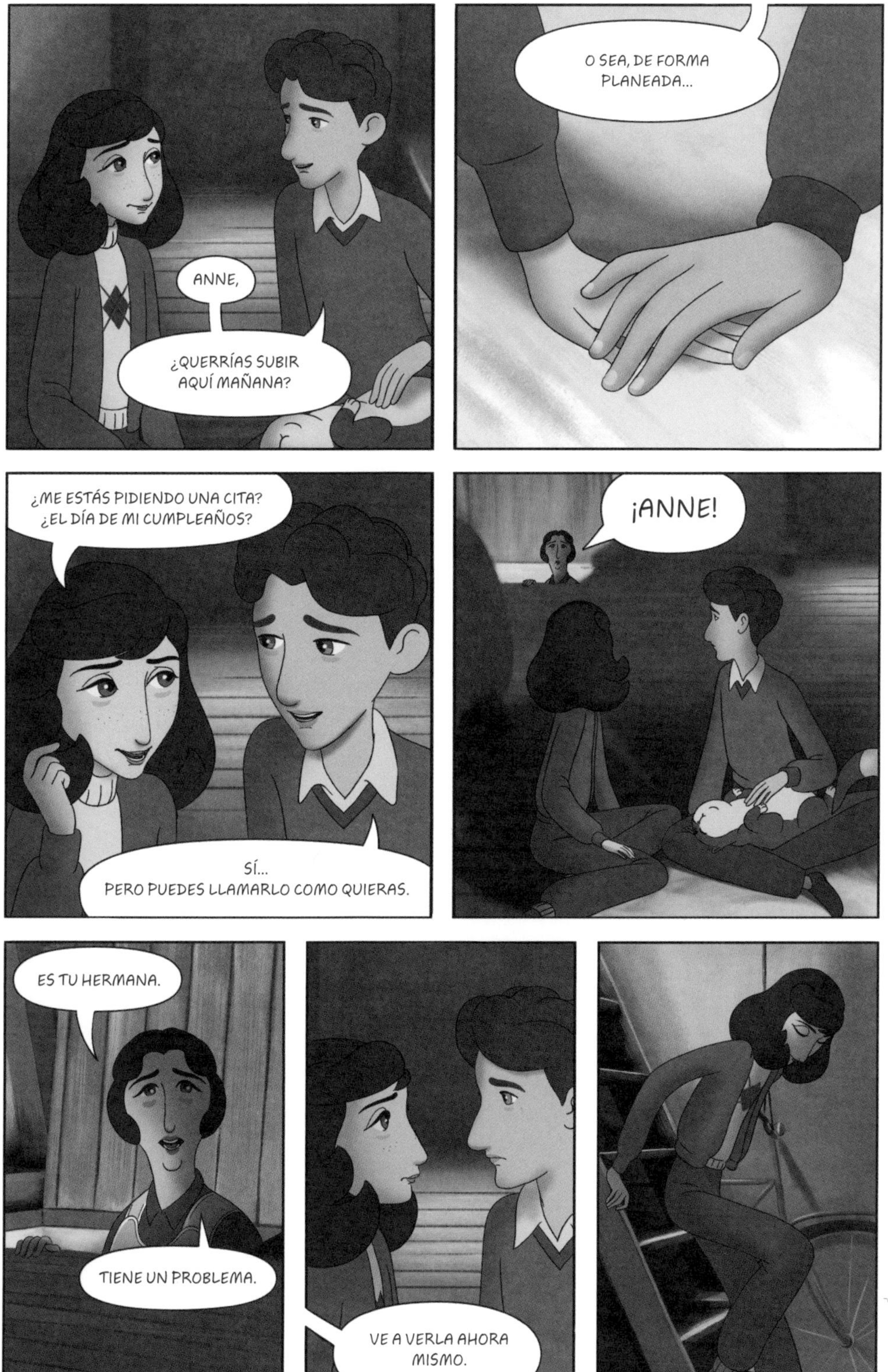
ANNE,
¿QUERRÍAS SUBIR AQUÍ MAÑANA?
O SEA, DE FORMA PLANEADA...
¿ME ESTÁS PIDIENDO UNA CITA? ¿EL DÍA DE MI CUMPLEAÑOS?
SÍ... PERO PUEDES LLAMARLO COMO QUIERAS.
¡ANNE!
ES TU HERMANA.
TIENE UN PROBLEMA.
VE A VERLA AHORA MISMO.

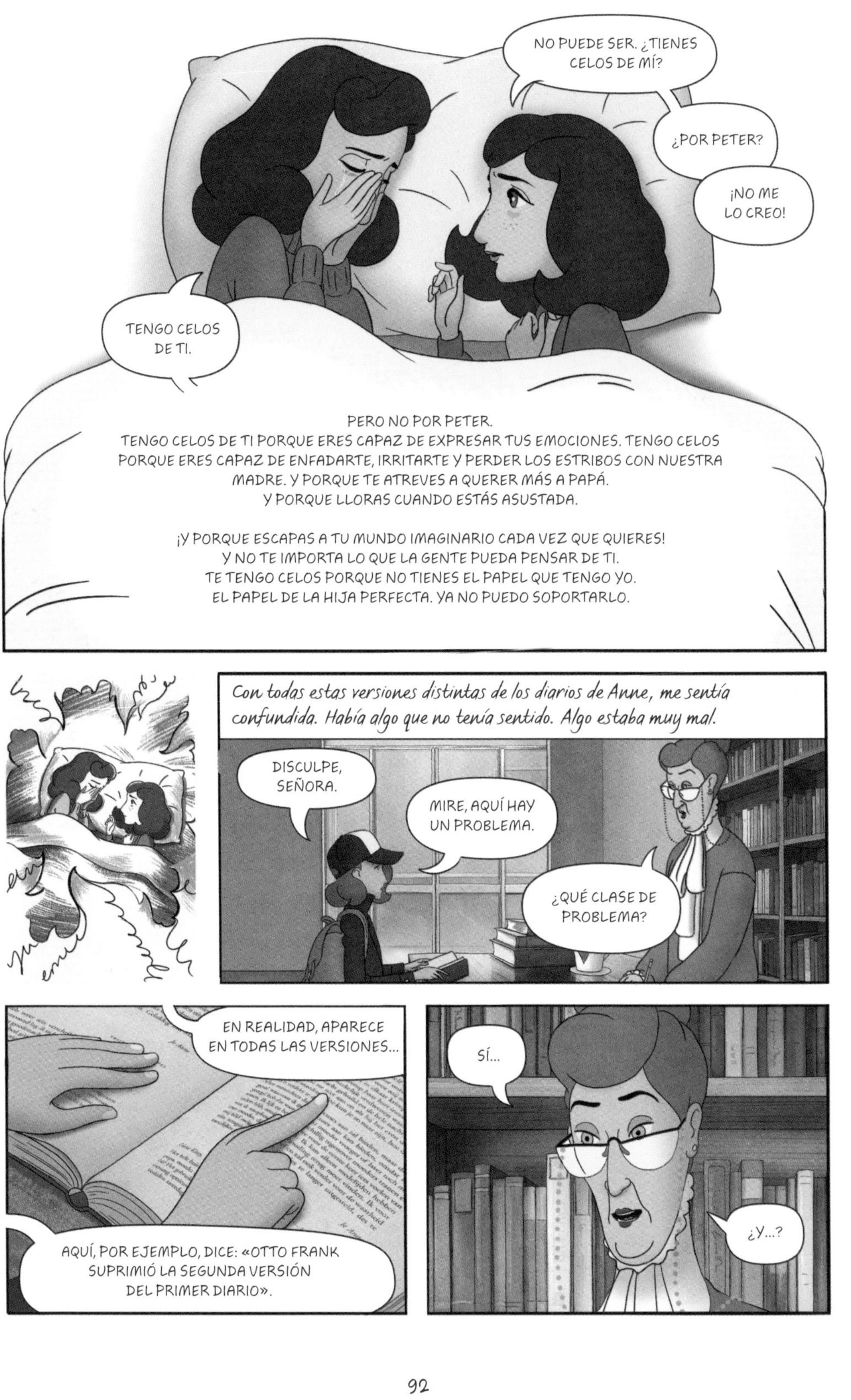
NO PUEDE SER. ¿TIENES CELOS DE MÍ?
¿POR PETER?
¡NO ME LO CREO!
TENGO CELOS DE TI.
PERO NO POR PETER.
TENGO CELOS DE TI PORQUE ERES CAPAZ DE EXPRESAR TUS EMOCIONES. TENGO CELOS PORQUE ERES CAPAZ DE ENFADARTE, IRRITARTE Y PERDER LOS ESTRIBOS CON NUESTRA MADRE. Y PORQUE TE ATREVES A QUERER MÁS A PAPÁ.
Y PORQUE LLORAS CUANDO ESTÁS ASUSTADA.
¡Y PORQUE ESCAPAS A TU MUNDO IMAGINARIO CADA VEZ QUE QUIERES! Y NO TE IMPORTA LO QUE LA GENTE PUEDA PENSAR DE TI.
TE TENGO CELOS PORQUE NO TIENES EL PAPEL QUE TENGO YO.
EL PAPEL DE LA HIJA PERFECTA. YA NO PUEDO SOPORTARLO.
Con todas estas versiones distintas de los diarios de Anne, me sentía confundida. Había algo que no tenía sentido. Algo estaba muy mal.
DISCULPE, SEÑORA.
MIRE, AQUÍ HAY UN PROBLEMA.
¿QUÉ CLASE DE PROBLEMA?
EN REALIDAD, APARECE EN TODAS LAS VERSIONES...
AQUÍ, POR EJEMPLO, DICE: «OTTO FRANK SUPRIMIÓ LA SEGUNDA VERSIÓN DEL PRIMER DIARIO».
SÍ...
¿Y...?

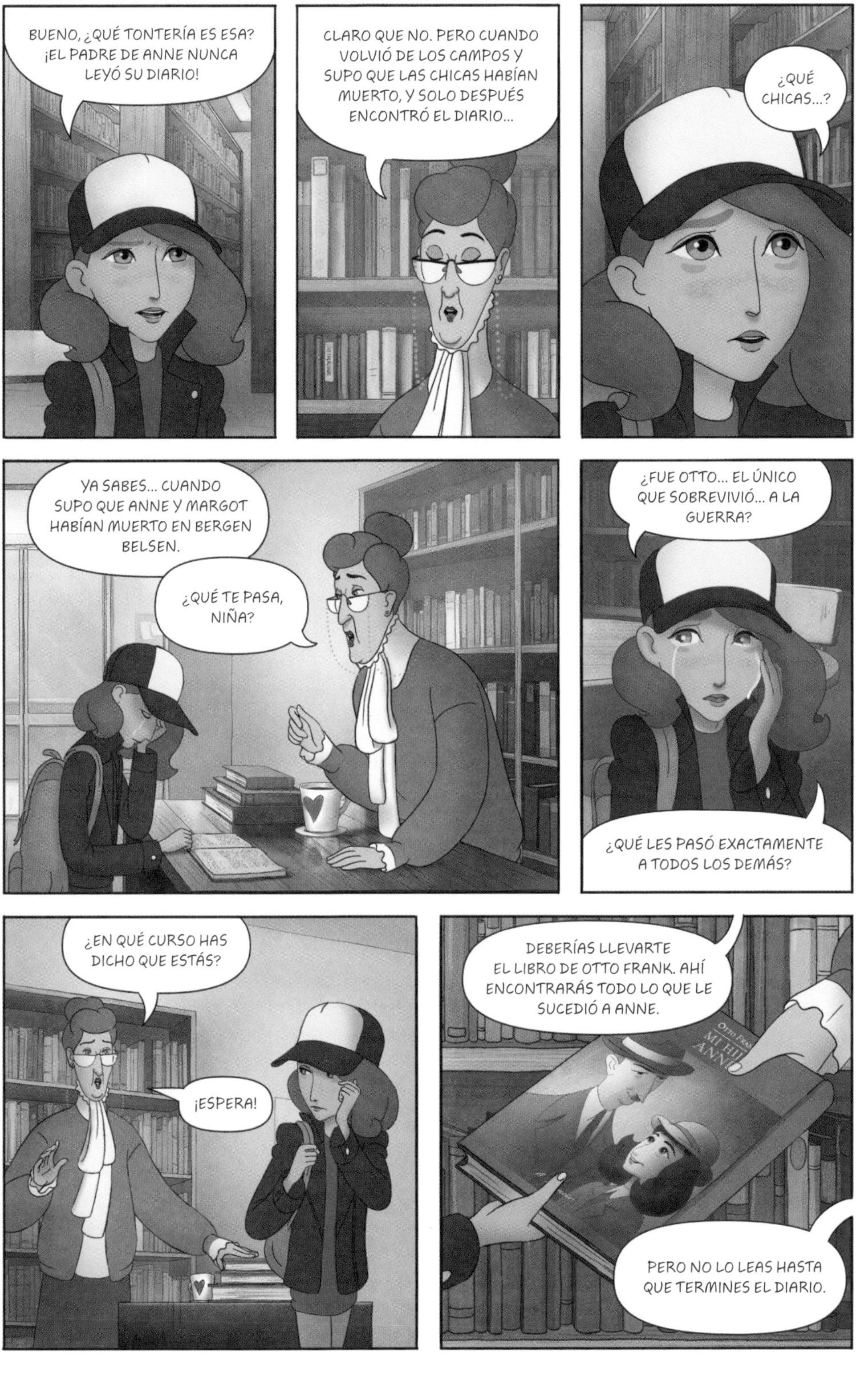
BUENO, ¿QUÉ TONTERÍA ES ESA? ¡EL PADRE DE ANNE NUNCA LEYÓ SU DIARIO!
CLARO QUE NO. PERO CUANDO VOLVIÓ DE LOS CAMPOS Y SUPO QUE LAS CHICAS HABÍAN MUERTO, Y SOLO DESPUÉS ENCONTRÓ EL DIARIO...
¿QUÉ CHICAS...?
YA SABES... CUANDO SUPO QUE ANNE Y MARGOT HABÍAN MUERTO EN BERGEN BELSEN.
¿QUÉ TE PASA, NIÑA?
¿FUE OTTO... EL ÚNICO QUE SOBREVIVIÓ... A LA GUERRA?
¿QUÉ LES PASÓ EXACTAMENTE A TODOS LOS DEMÁS?
¿EN QUÉ CURSO HAS DICHO QUE ESTÁS?
¡ESPERA!
DEBERÍAS LLEVARTE EL LIBRO DE OTTO FRANK. AHÍ ENCONTRARÁS TODO LO QUE LE SUCEDIÓ A ANNE.
PERO NO LO LEAS HASTA QUE TERMINES EL DIARIO.

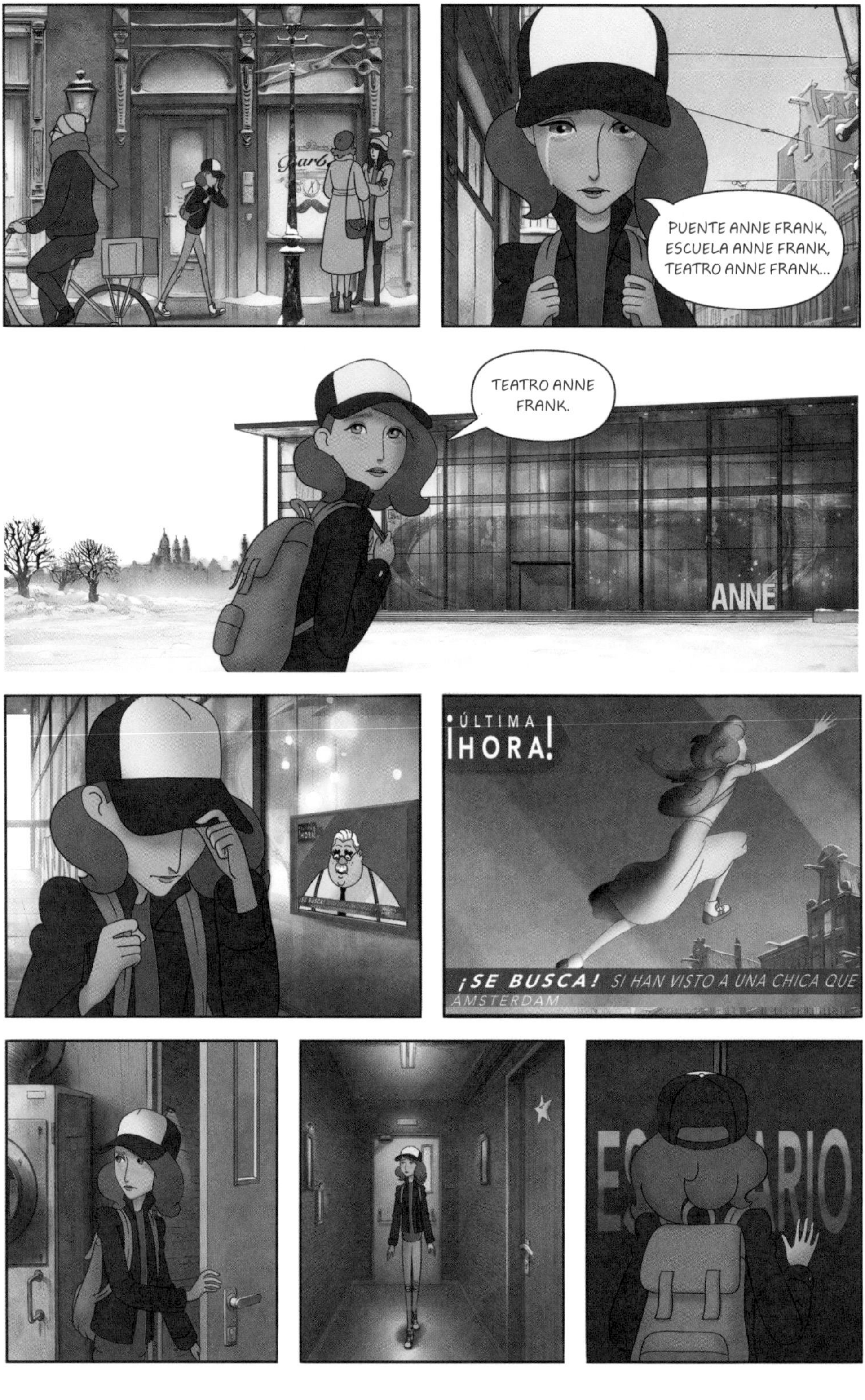
PUENTE ANNE FRANK,
ESCUELA ANNE FRANK,
TEATRO ANNE FRANK...
TEATRO ANNE
FRANK.
ANNE
ÚLTIMA
¡HORA!
¡SE BUSCA! SI HAN VISTO A UNA CHICA QUE
AMSTERDAM

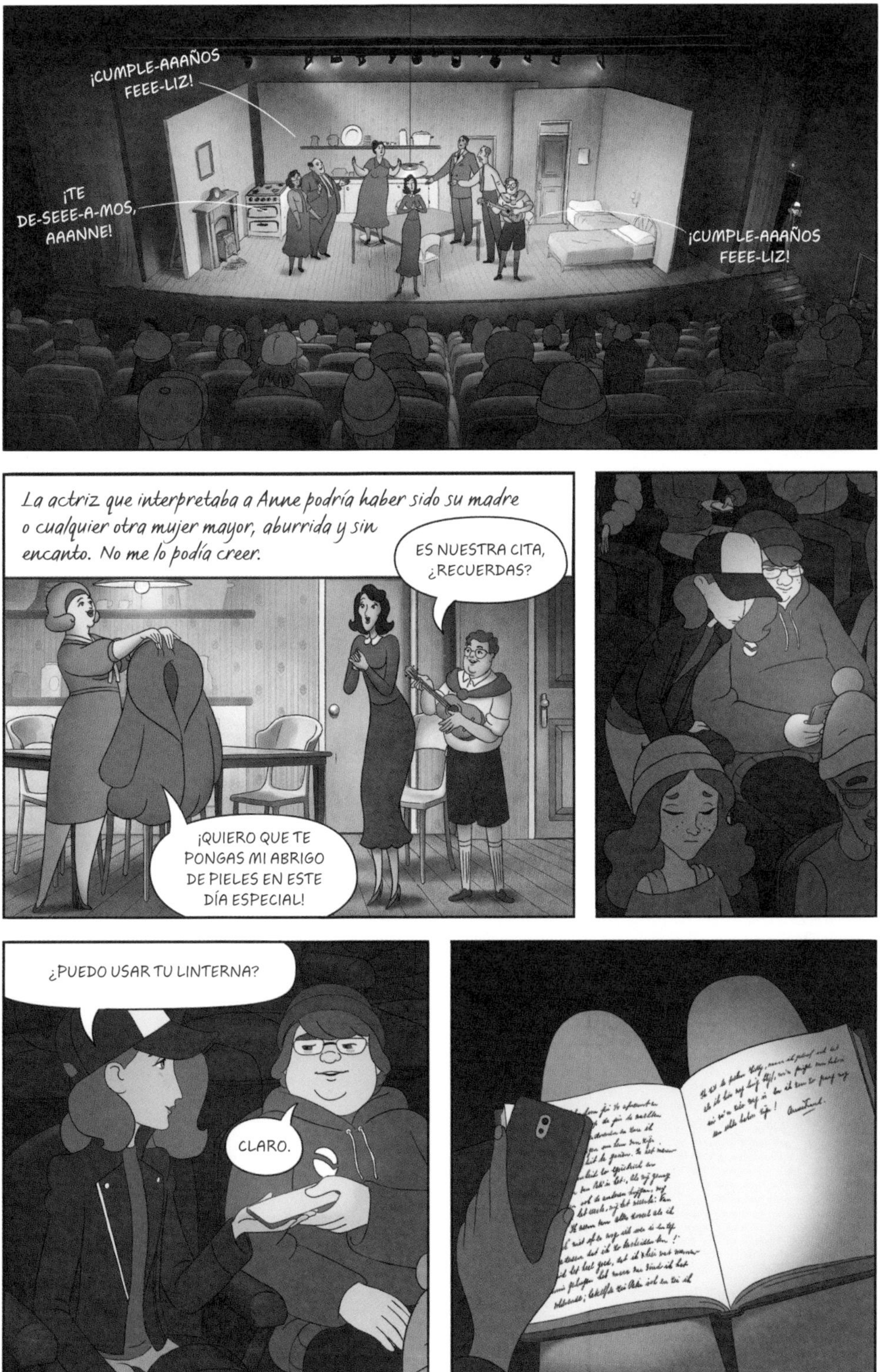
¡CUMPLE-AAAÑOS FEEE-LIZ!
¡TE DE-SEEE-A-MOS, AAANNE!
¡CUMPLE-AAAÑOS FEEE-LIZ!
La actriz que interpretaba a Anne podría haber sido su madre o cualquier otra mujer mayor, aburrida y sin encanto. No me lo podía creer.
ES NUESTRA CITA, ¿RECUERDAS?
¡QUIERO QUE TE PONGAS MI ABRIGO DE PIELES EN ESTE DÍA ESPECIAL!
¿PUEDO USAR TU LINTERNA?
CLARO.

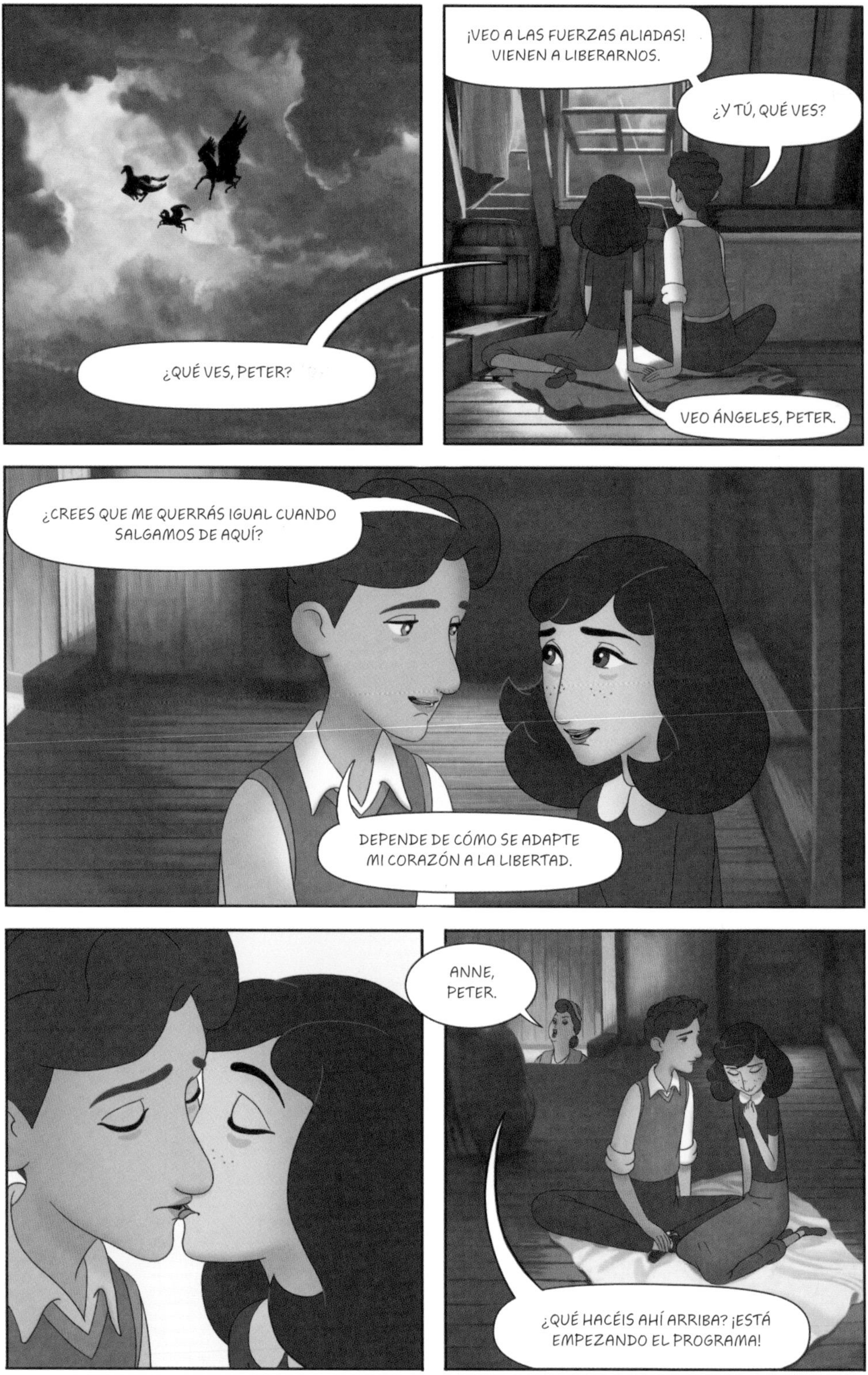
¿QUÉ VES, PETER?
¡VEO A LAS FUERZAS ALIADAS! VIENEN A LIBERARNOS.
¿Y TÚ, QUÉ VES?
VEO ÁNGELES, PETER.
¿CREES QUE ME QUERRÁS IGUAL CUANDO SALGAMOS DE AQUÍ?
DEPENDE DE CÓMO SE ADAPTE MI CORAZÓN A LA LIBERTAD.
ANNE, PETER.
¿QUÉ HACÉIS AHÍ ARRIBA? ¡ESTÁ EMPEZANDO EL PROGRAMA!

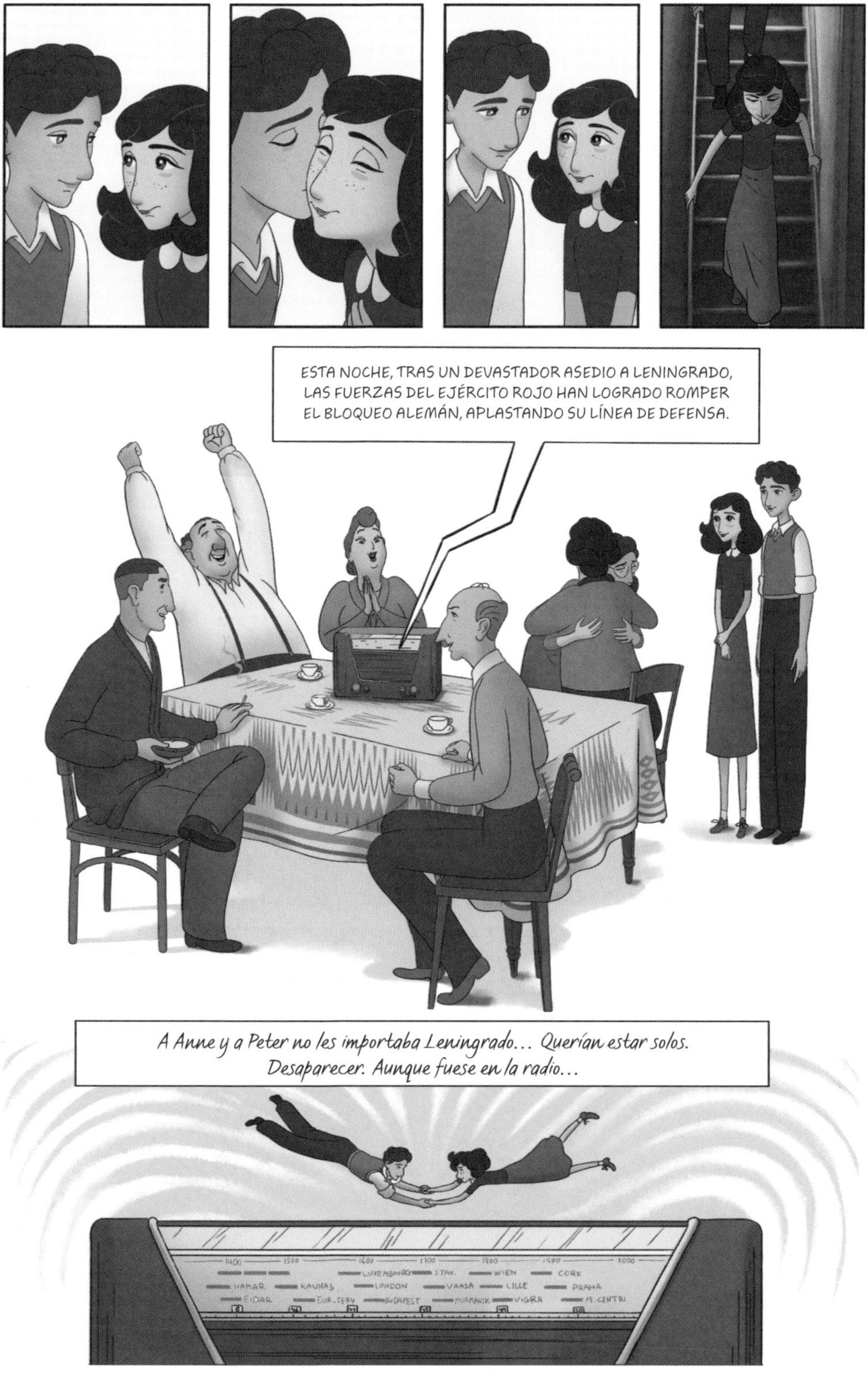
ESTA NOCHE, TRAS UN DEVASTADOR ASEDIO A LENINGRADO, LAS FUERZAS DEL EJÉRCITO ROJO HAN LOGRADO ROMPER EL BLOQUEO ALEMÁN, APLASTANDO SU LÍNEA DE DEFENSA.
A Anne y a Peter no les importaba Leningrado... Querían estar solos. Desaparecer. Aunque fuese en la radio...

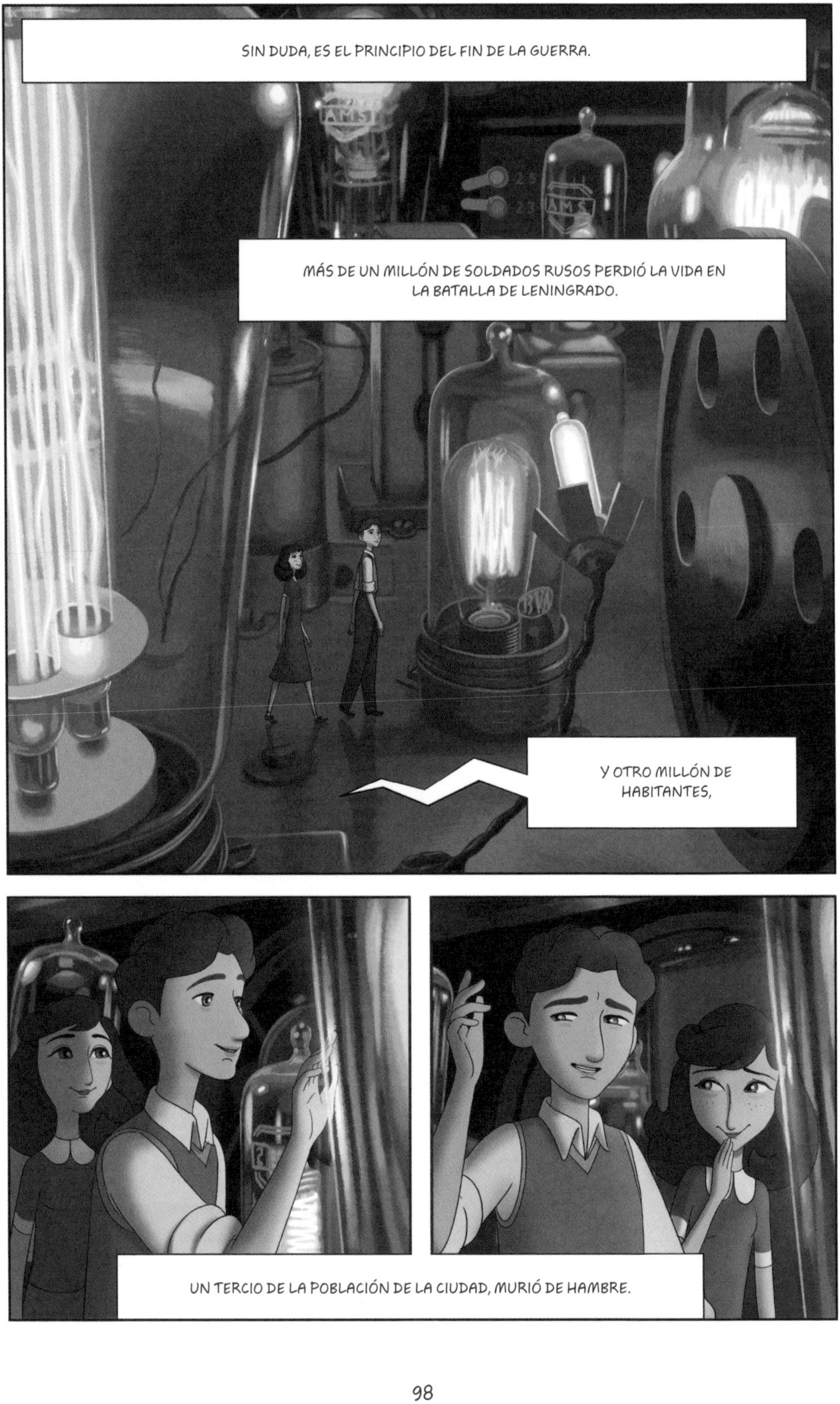
SIN DUDA, ES EL PRINCIPIO DEL FIN DE LA GUERRA.
MÁS DE UN MILLÓN DE SOLDADOS RUSOS PERDIÓ LA VIDA EN LA BATALLA DE LENINGRADO.
Y OTRO MILLÓN DE HABITANTES,
UN TERCIO DE LA POBLACIÓN DE LA CIUDAD, MURIÓ DE HAMBRE.

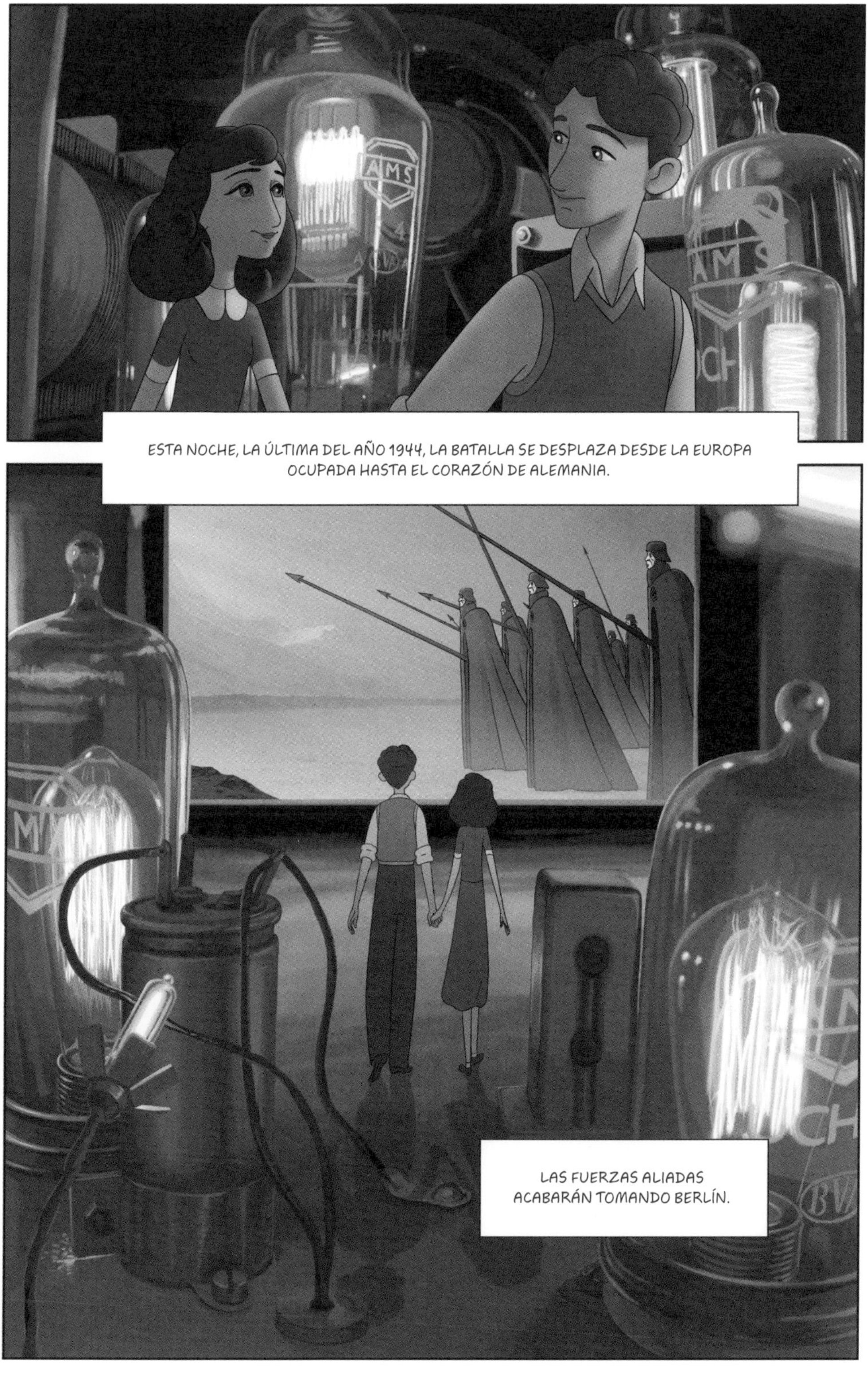
ESTA NOCHE, LA ÚLTIMA DEL AÑO 1944, LA BATALLA SE DESPLAZA DESDE LA EUROPA OCUPADA HASTA EL CORAZÓN DE ALEMANIA.
LAS FUERZAS ALIADAS ACABARÁN TOMANDO BERLÍN.

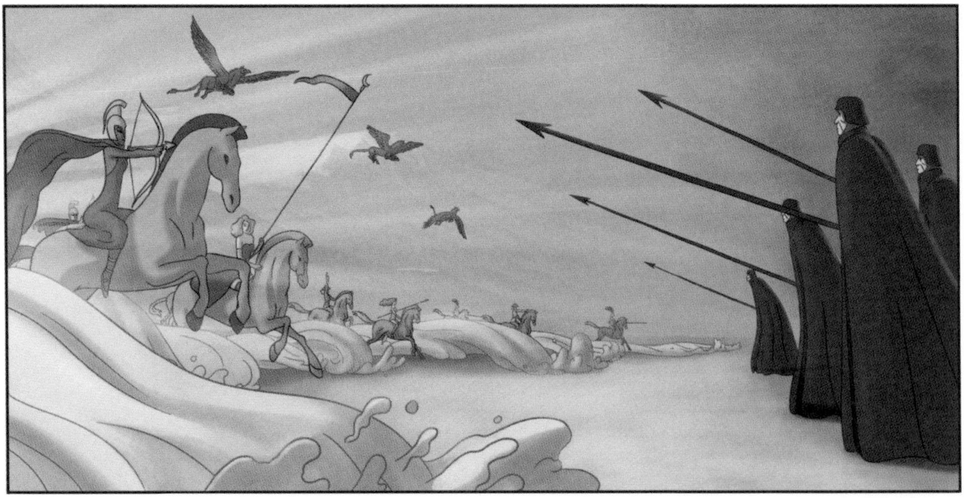

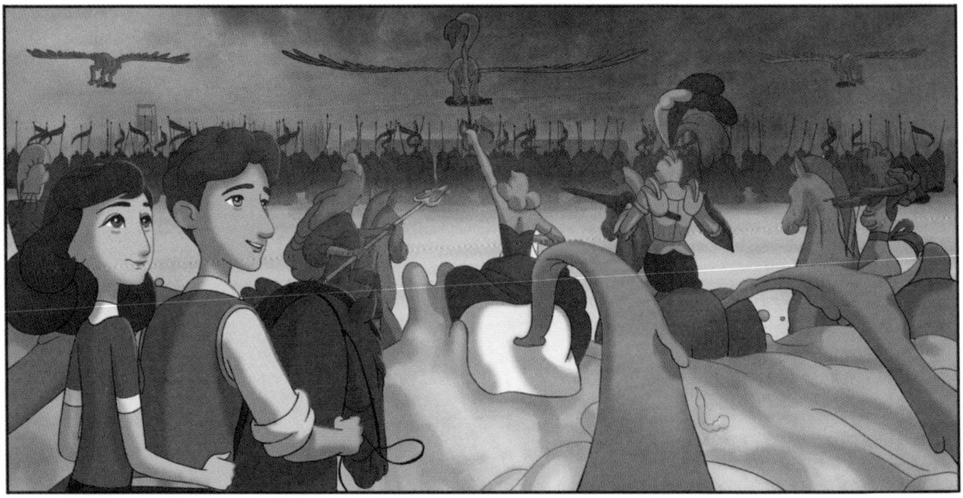

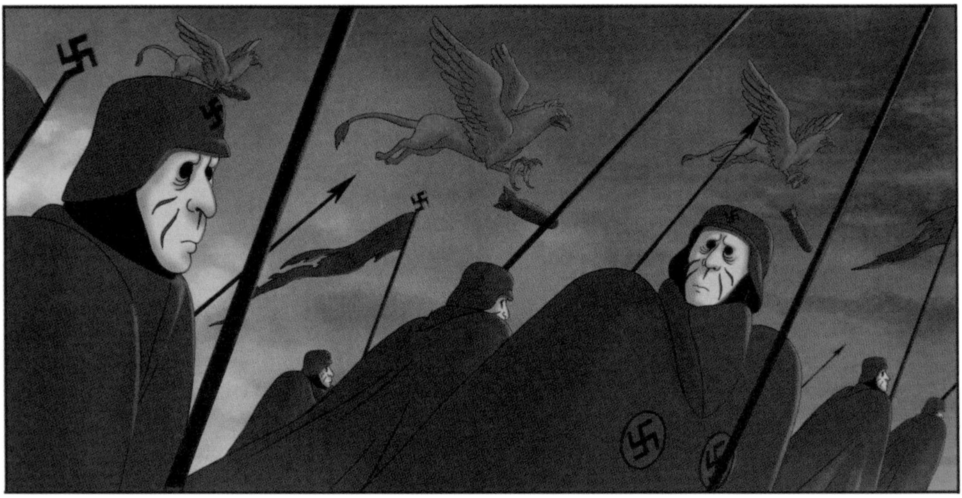

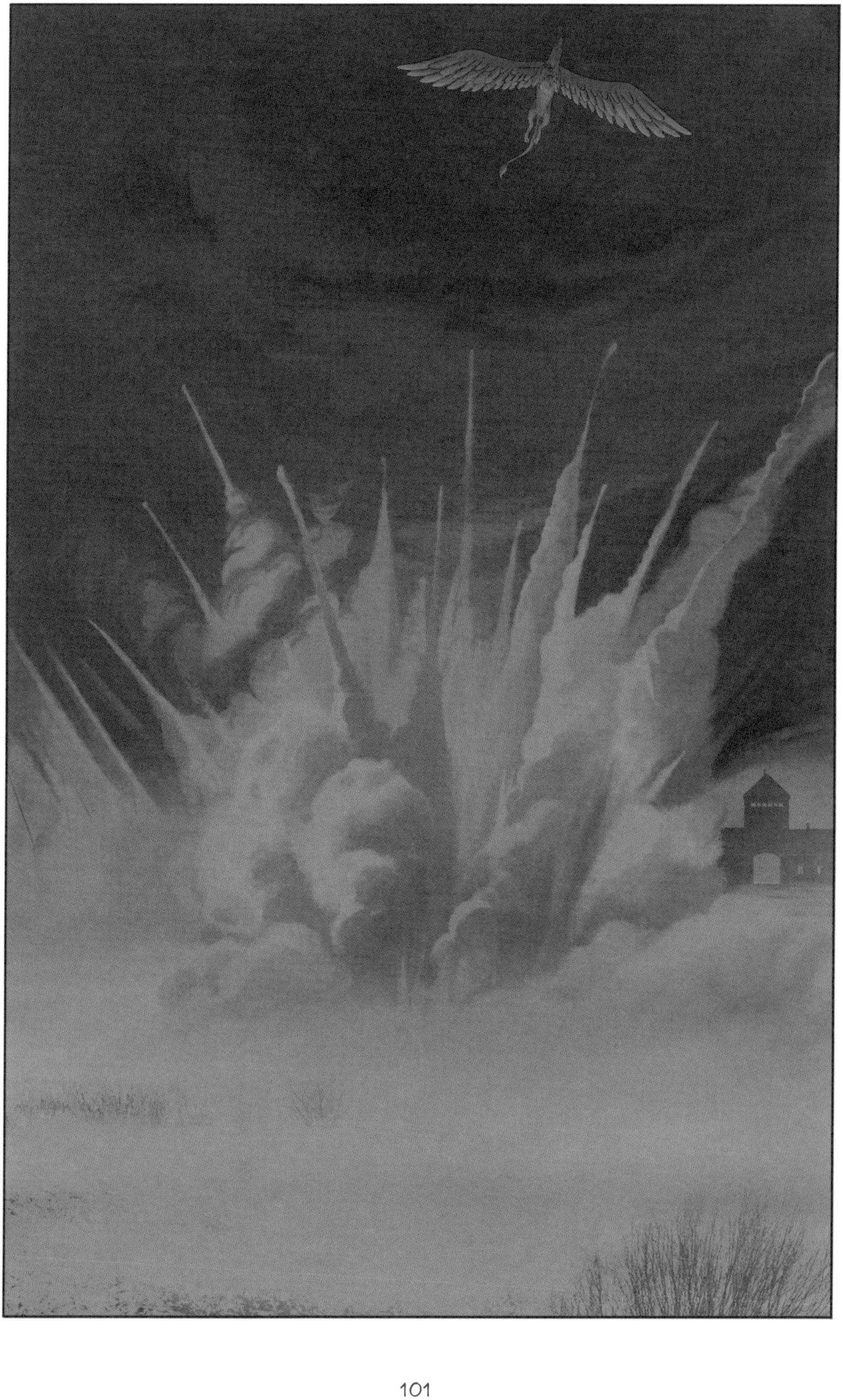

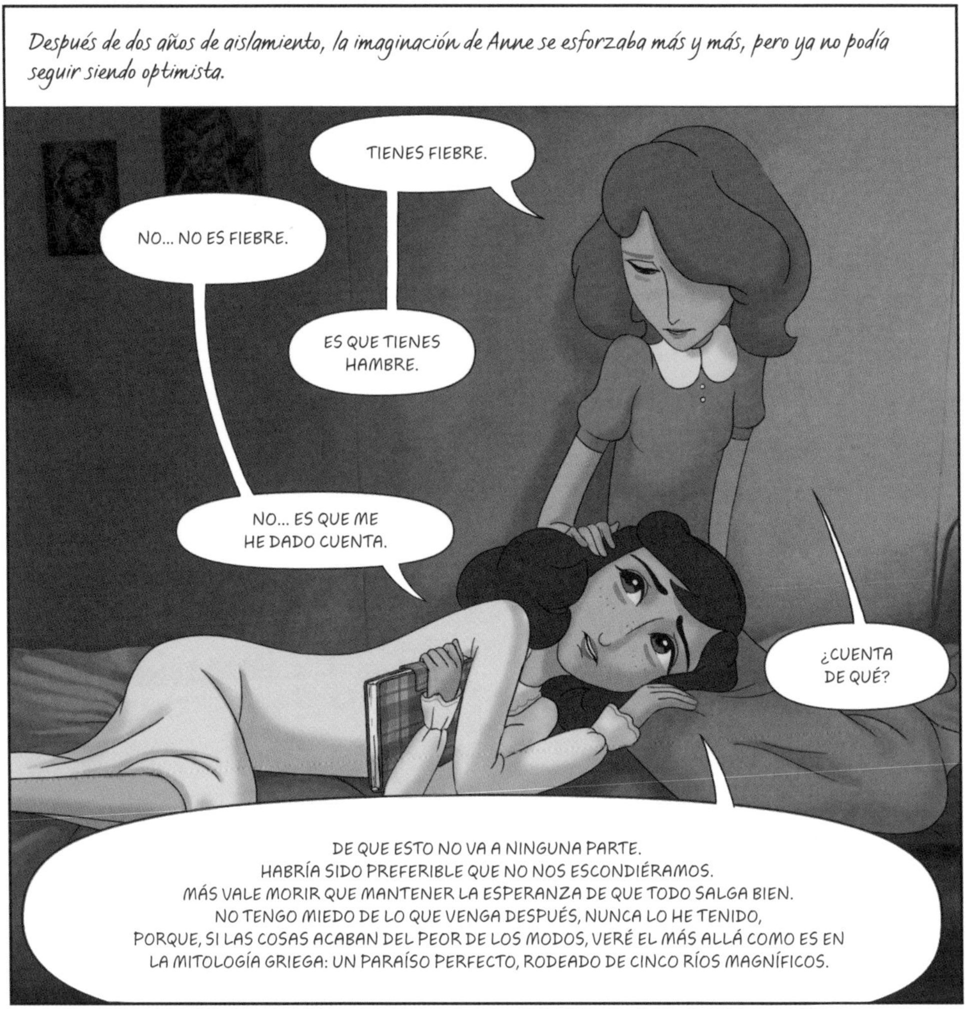
Después de dos años de aislamiento, la imaginación de Anne se esforzaba más y más, pero ya no podía seguir siendo optimista.
TIENES FIEBRE.
NO... NO ES FIEBRE.
ES QUE TIENES HAMBRE.
NO... ES QUE ME HE DADO CUENTA.
¿CUENTA DE QUÉ?
DE QUE ESTO NO VA A NINGUNA PARTE. HABRÍA SIDO PREFERIBLE QUE NO NOS ESCONDIÉRAMOS. MÁS VALE MORIR QUE MANTENER LA ESPERANZA DE QUE TODO SALGA BIEN. NO TENGO MIEDO DE LO QUE VENGA DESPUÉS, NUNCA LO HE TENIDO, PORQUE, SI LAS COSAS ACABAN DEL PEOR DE LOS MODOS, VERÉ EL MÁS ALLÁ COMO ES EN LA MITOLOGÍA GRIEGA: UN PARAÍSO PERFECTO, RODEADO DE CINCO RÍOS MAGNÍFICOS.

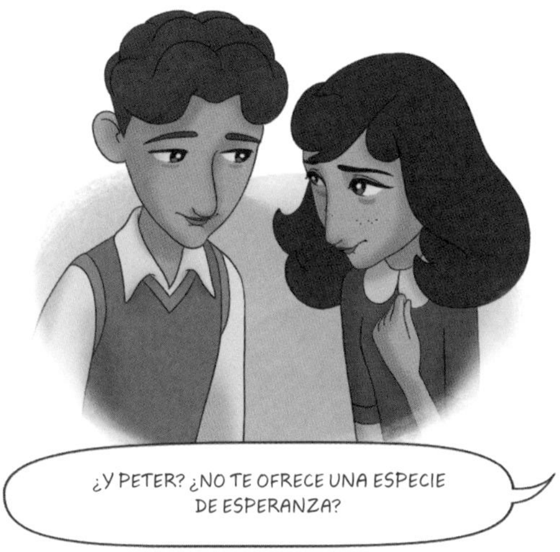
¿Y PETER? ¿NO TE OFRECE UNA ESPECIE DE ESPERANZA?

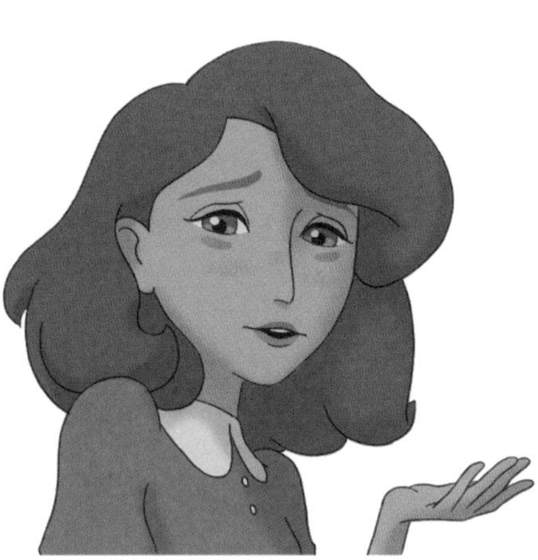

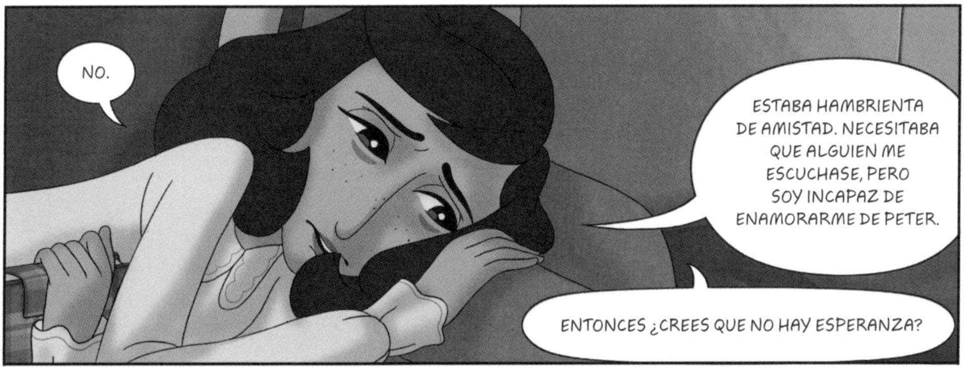
NO.
ESTABA HAMBRIENTA DE AMISTAD. NECESITABA QUE ALGUIEN ME ESCUCHASE, PERO SOY INCAPAZ DE ENAMORARME DE PETER.
ENTONCES ¿CREES QUE NO HAY ESPERANZA?

¡NO ES ESO! LO QUE CREO ES QUE, SI LAS PERSONAS SON EN EL FONDO BUENAS Y AMABLES, Y PIENSO QUE LO SON, PERO USAN SU PODER PARA FABRICAR BOMBAS Y AVIONES CON EL FIN DE DESTRUIRSE UNAS A OTRAS,

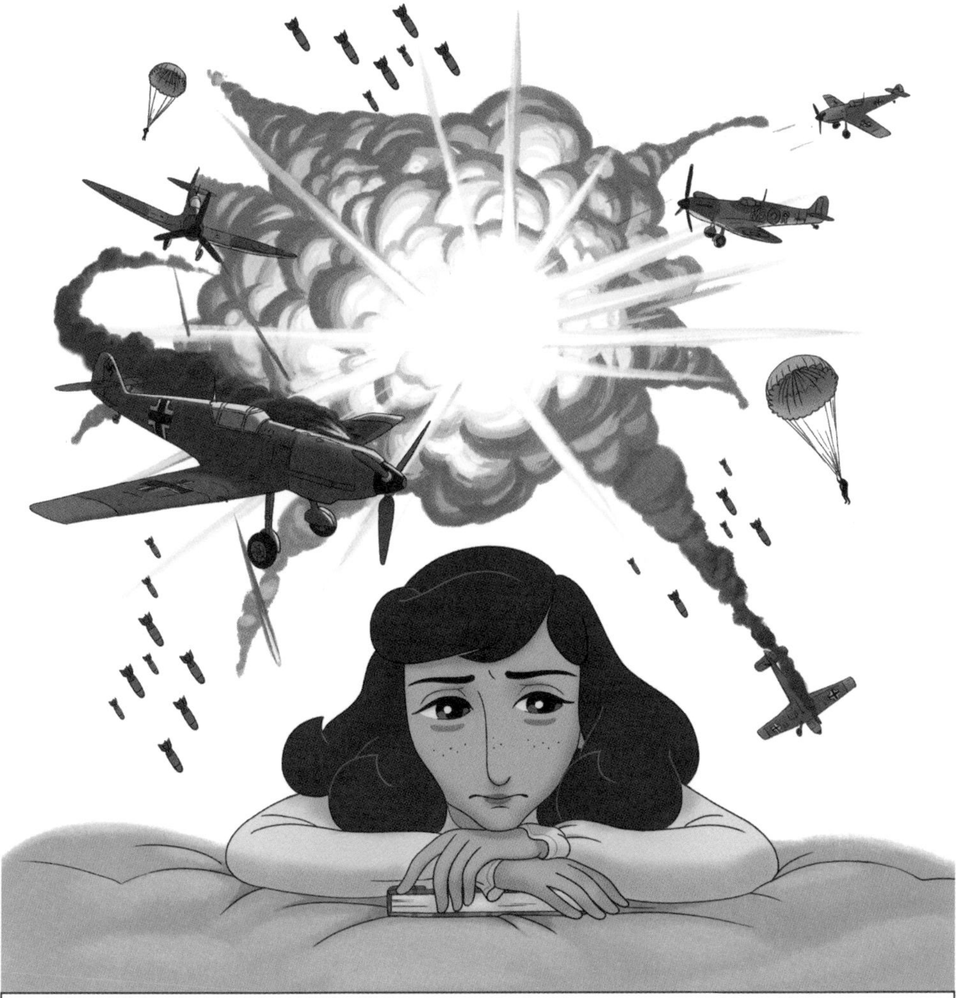
¿DE QUÉ SIRVE TODO ESTO? ¿Y QUÉ POSIBILIDADES TENGO DE SOBREVIVIR?

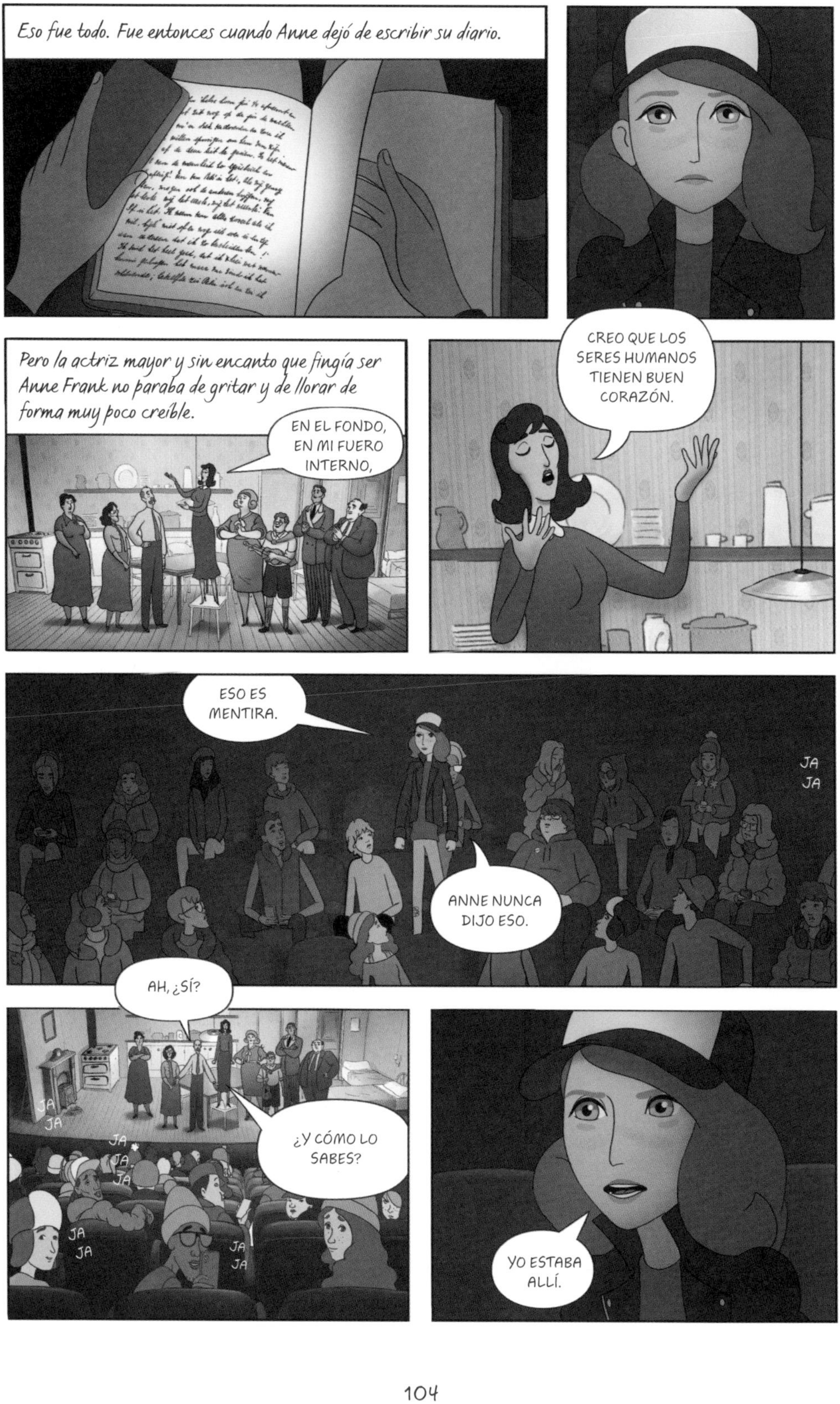
Eso fue todo. Fue entonces cuando Anne dejó de escribir su diario.
Pero la actriz mayor y sin encanto que fingía ser Anne Frank no paraba de gritar y de llorar de forma muy poco creíble.
EN EL FONDO, EN MI FUERO INTERNO,
CREO QUE LOS SERES HUMANOS TIENEN BUEN CORAZÓN.
ESO ES MENTIRA.
JA JA
ANNE NUNCA DIJO ESO.
AH, ¿SÍ?
JA JA
JA JA JA
¿Y CÓMO LO SABES?
JA JA
JA JA
YO ESTABA ALLÍ.

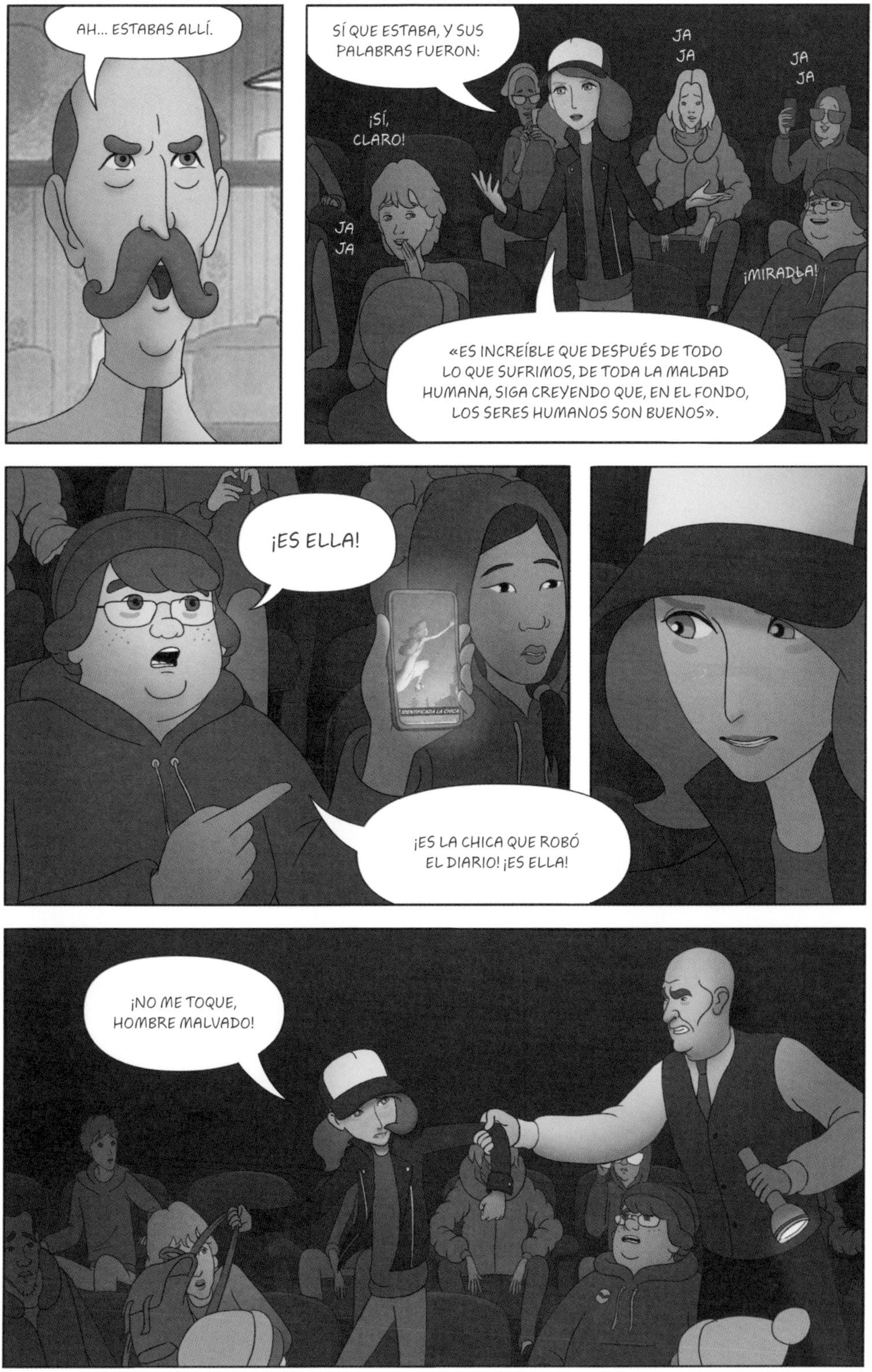
AH... ESTABAS ALLÍ.
SÍ QUE ESTABA, Y SUS PALABRAS FUERON:
JA JA
JA JA
¡SÍ, CLARO!
JA JA
¡MIRADLA!
«ES INCREÍBLE QUE DESPUÉS DE TODO LO QUE SUFRIMOS, DE TODA LA MALDAD HUMANA, SIGA CREYENDO QUE, EN EL FONDO, LOS SERES HUMANOS SON BUENOS».
¡ES ELLA!
¡ES LA CHICA QUE ROBÓ EL DIARIO! ¡ES ELLA!
¡NO ME TOQUE, HOMBRE MALVADO!

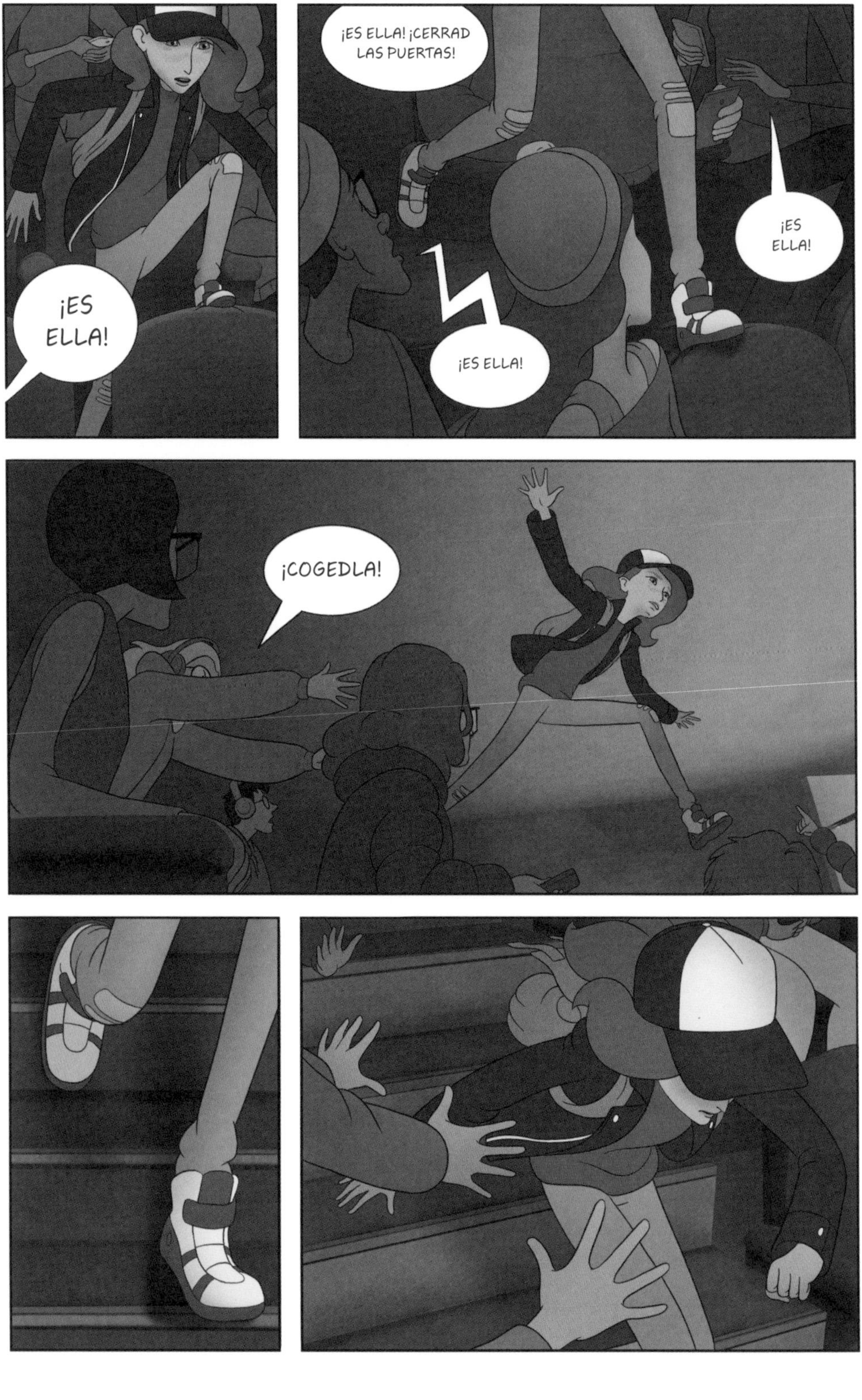
¡ES ELLA!
¡ES ELLA! ¡CERRAD LAS PUERTAS!
¡ES ELLA!
¡ES ELLA!
¡COGEDLA!

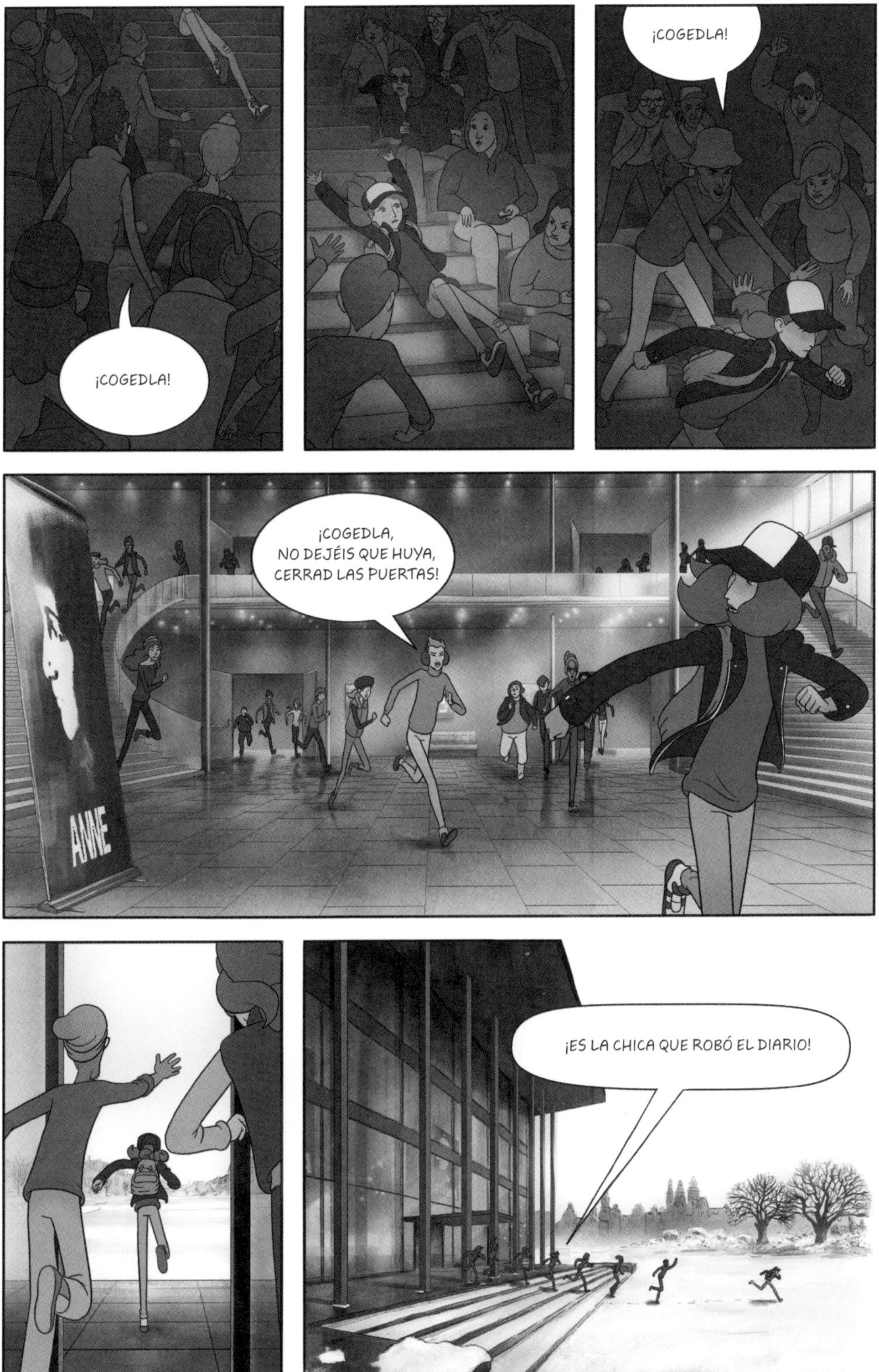
¡COGEDLA!
¡COGEDLA!
¡COGEDLA,
NO DEJÉIS QUE HUYA,
CERRAD LAS PUERTAS!
ANNE
¡ES LA CHICA QUE ROBÓ EL DIARIO!

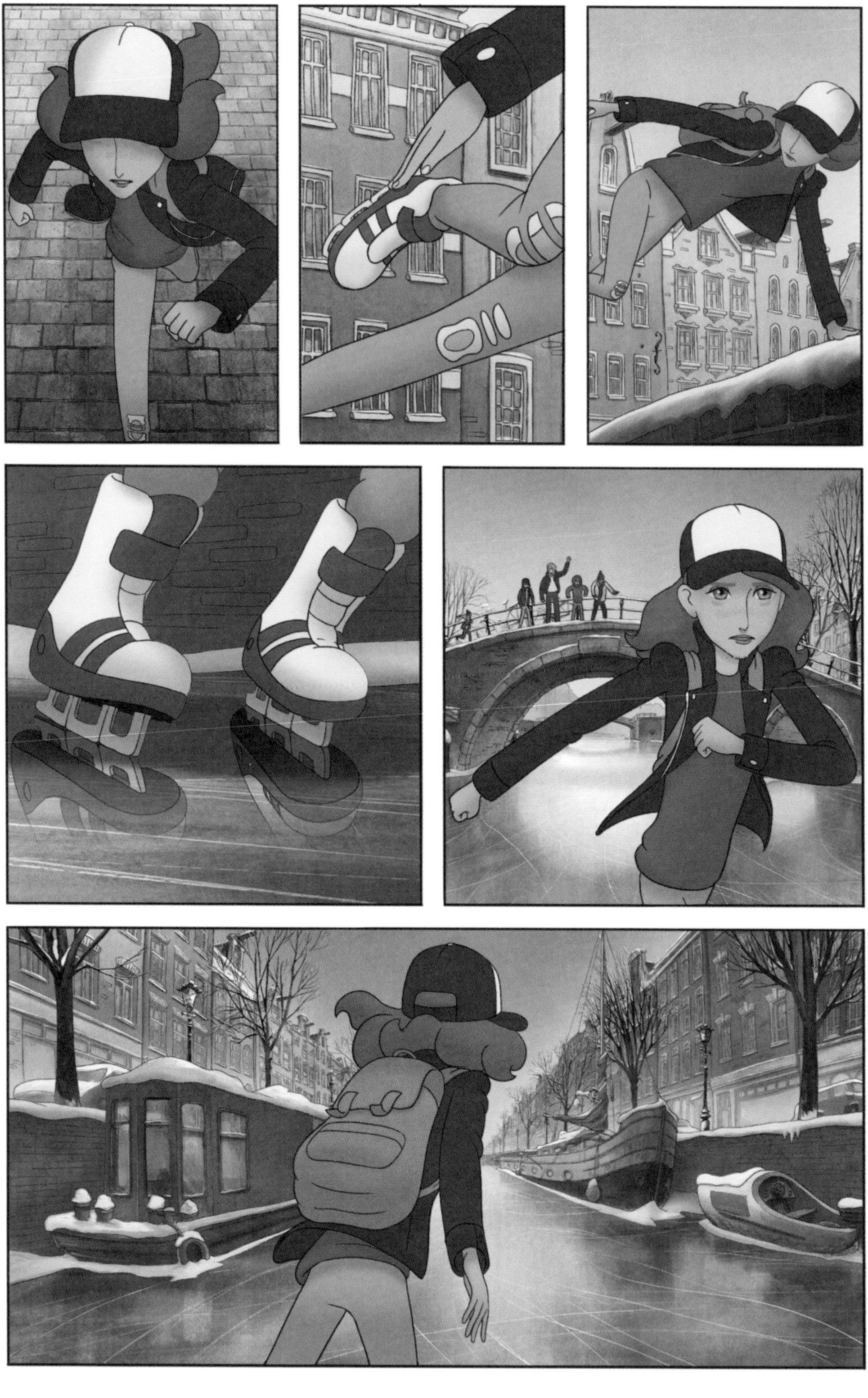

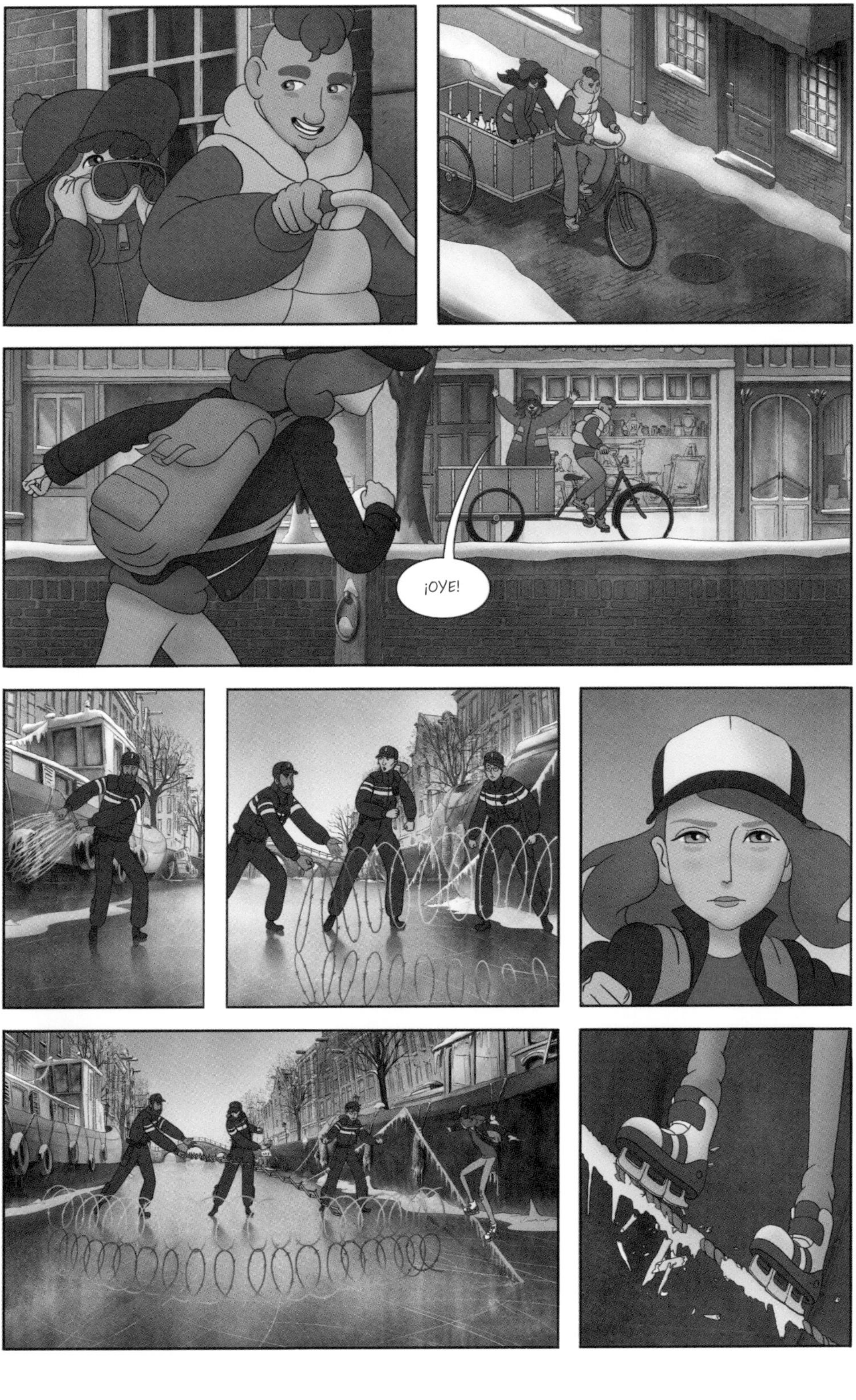
¡OYE!

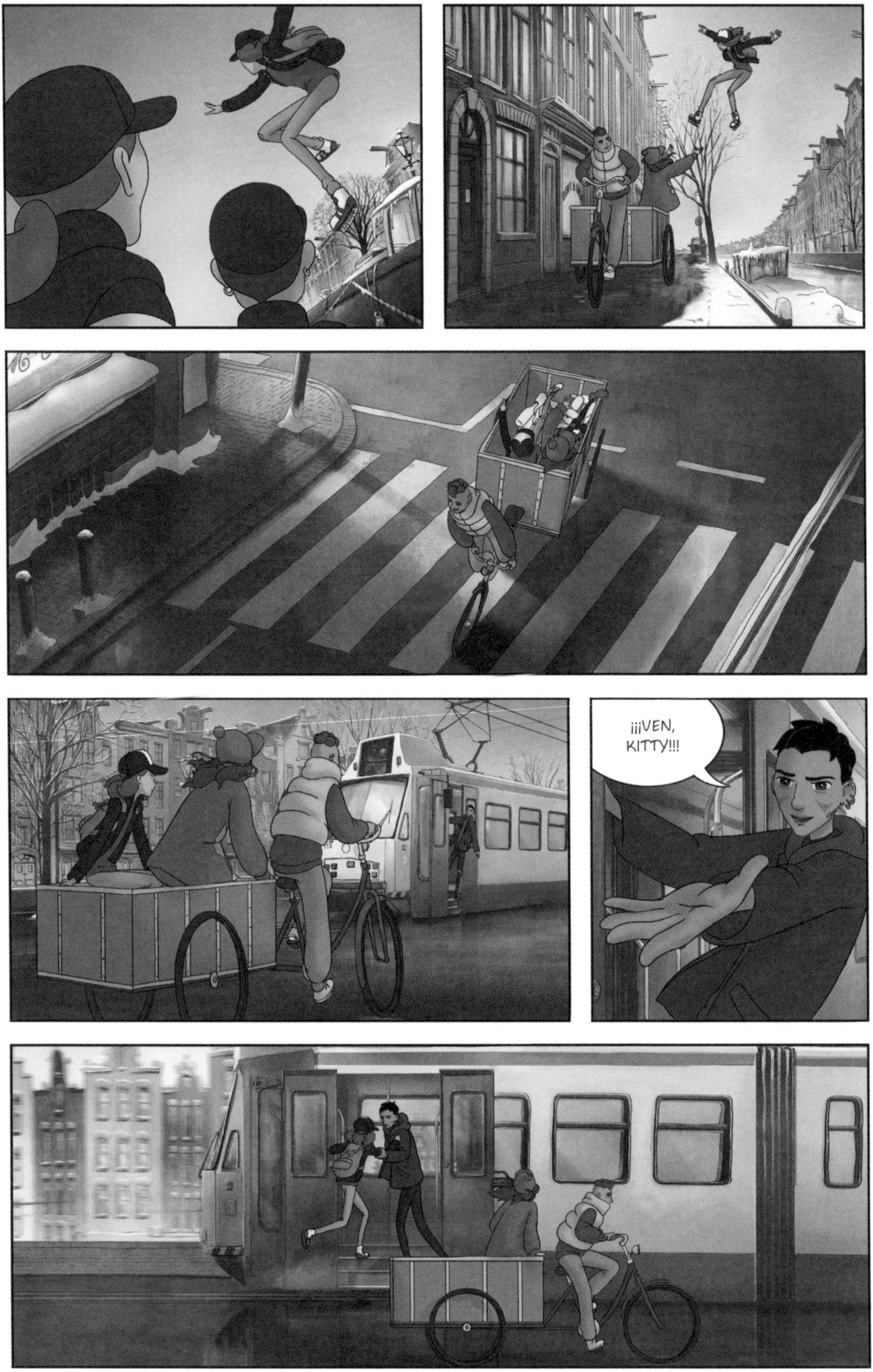
¡¡¡VEN,
KITTY!!!

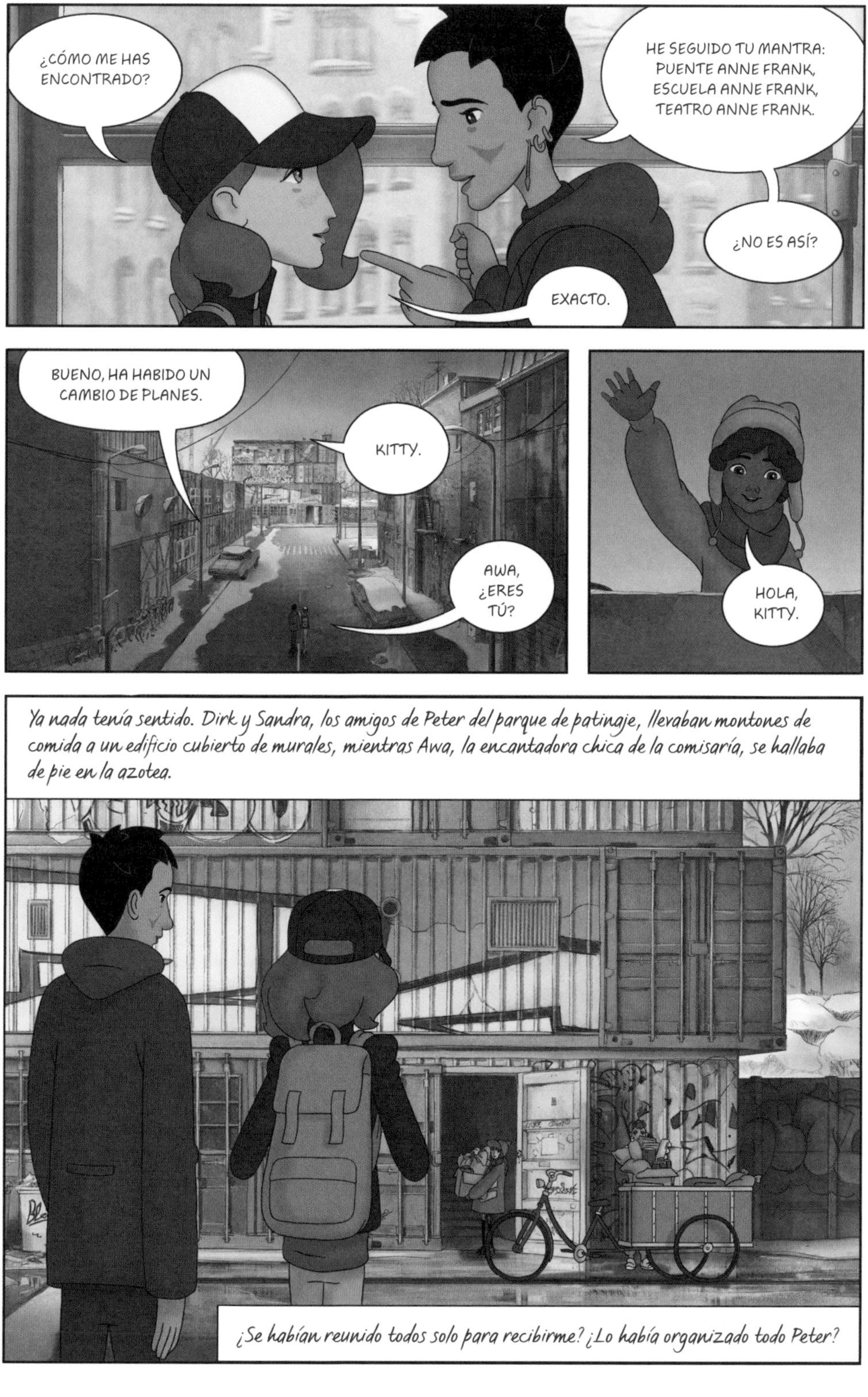
¿CÓMO ME HAS ENCONTRADO?
HE SEGUIDO TU MANTRA: PUENTE ANNE FRANK, ESCUELA ANNE FRANK, TEATRO ANNE FRANK.
¿NO ES ASÍ?
EXACTO.
BUENO, HA HABIDO UN CAMBIO DE PLANES.
KITTY.
AWA, ¿ERES TÚ?
HOLA, KITTY.
Ya nada tenía sentido. Dirk y Sandra, los amigos de Peter del parque de patinaje, llevaban montones de comida a un edificio cubierto de murales, mientras Awa, la encantadora chica de la comisaría, se hallaba de pie en la azotea.
¿Se habían reunido todos solo para recibirme? ¿Lo había organizado todo Peter?

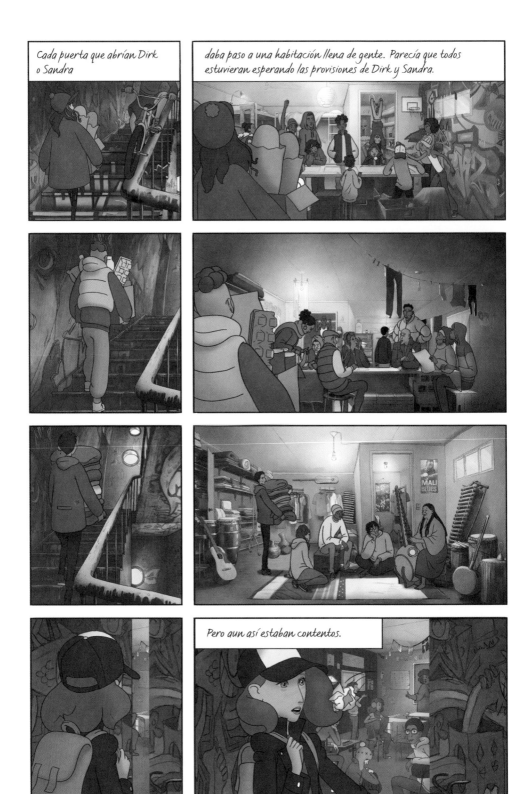

Cada puerta que abrían Dirk o Sandra

daba paso a una habitación llena de gente. Parecía que todos estuvieran esperando las provisiones de Dirk y Sandra.

Pero aun así estaban contentos.

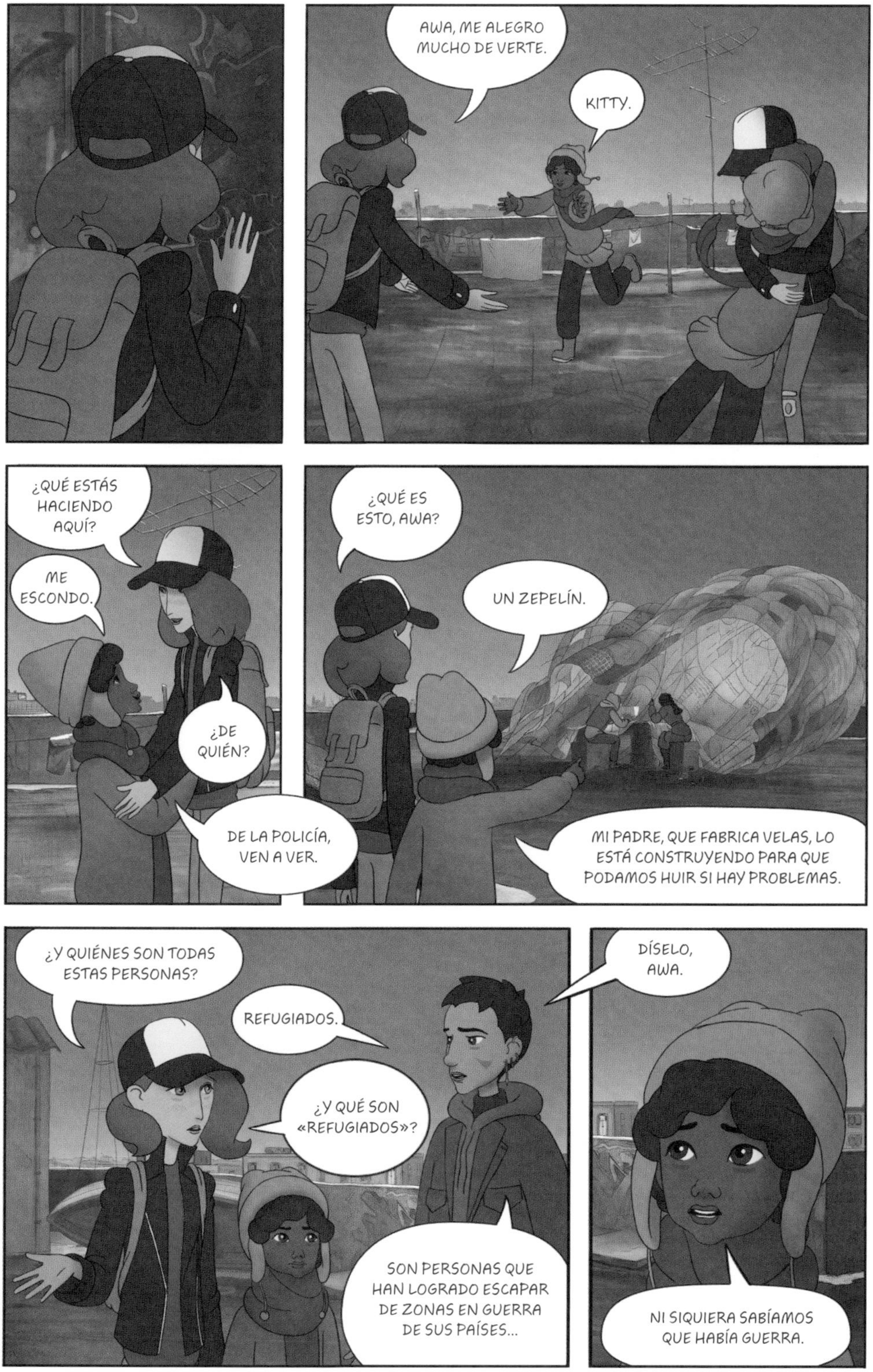
AWA, ME ALEGRO MUCHO DE VERTE.
KITTY.
¿QUÉ ESTÁS HACIENDO AQUÍ?
ME ESCONDO.
¿DE QUIÉN?
DE LA POLICÍA, VEN A VER.
¿QUÉ ES ESTO, AWA?
UN ZEPELÍN.
MI PADRE, QUE FABRICA VELAS, LO ESTÁ CONSTRUYENDO PARA QUE PODAMOS HUIR SI HAY PROBLEMAS.
¿Y QUIÉNES SON TODAS ESTAS PERSONAS?
REFUGIADOS.
¿Y QUÉ SON «REFUGIADOS»?
SON PERSONAS QUE HAN LOGRADO ESCAPAR DE ZONAS EN GUERRA DE SUS PAÍSES...
DÍSELO, AWA.
NI SIQUIERA SABÍAMOS QUE HABÍA GUERRA.

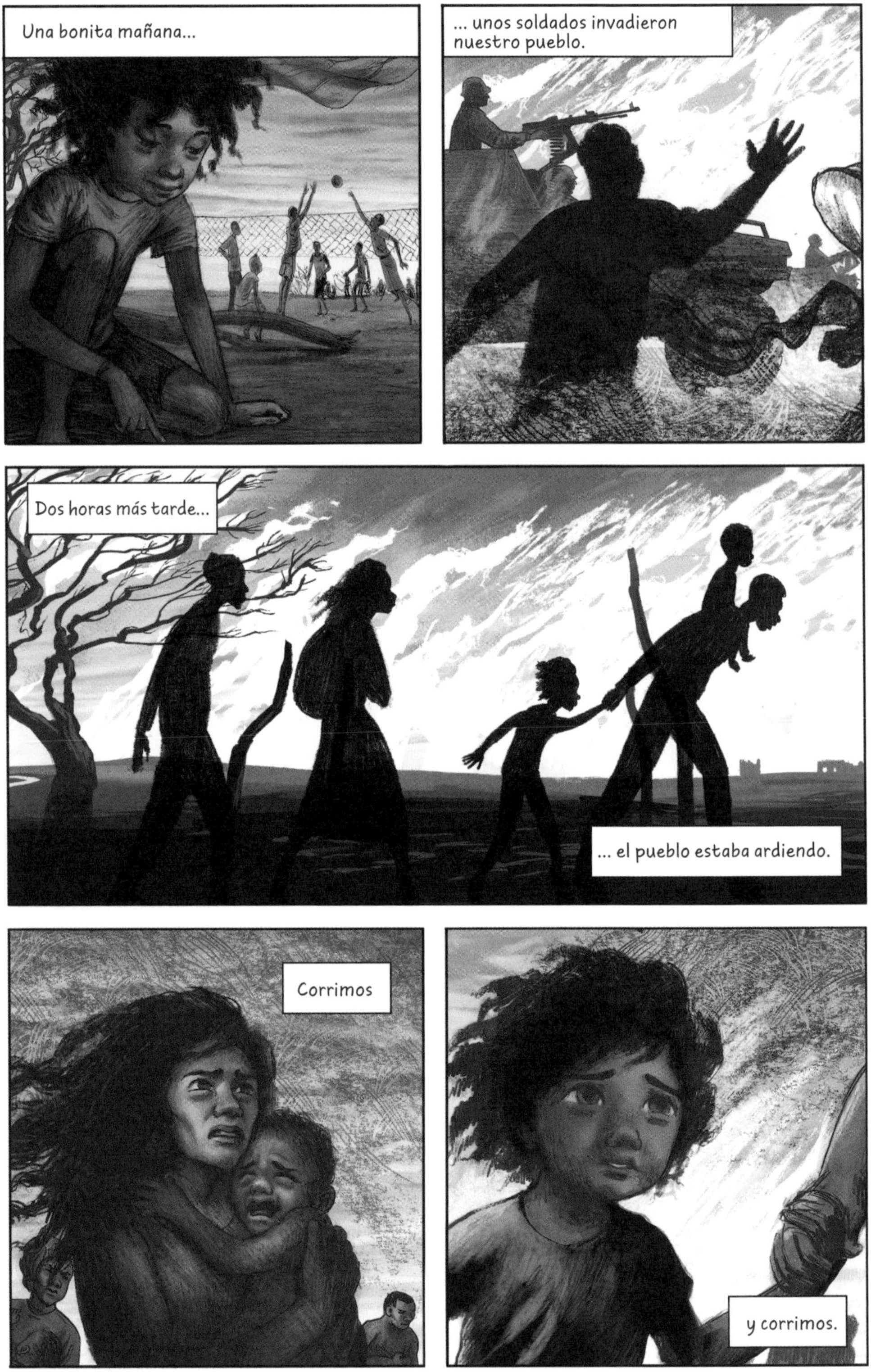
Una bonita mañana...
... unos soldados invadieron nuestro pueblo.
Dos horas más tarde...
... el pueblo estaba ardiendo.
Corrimos
y corrimos.

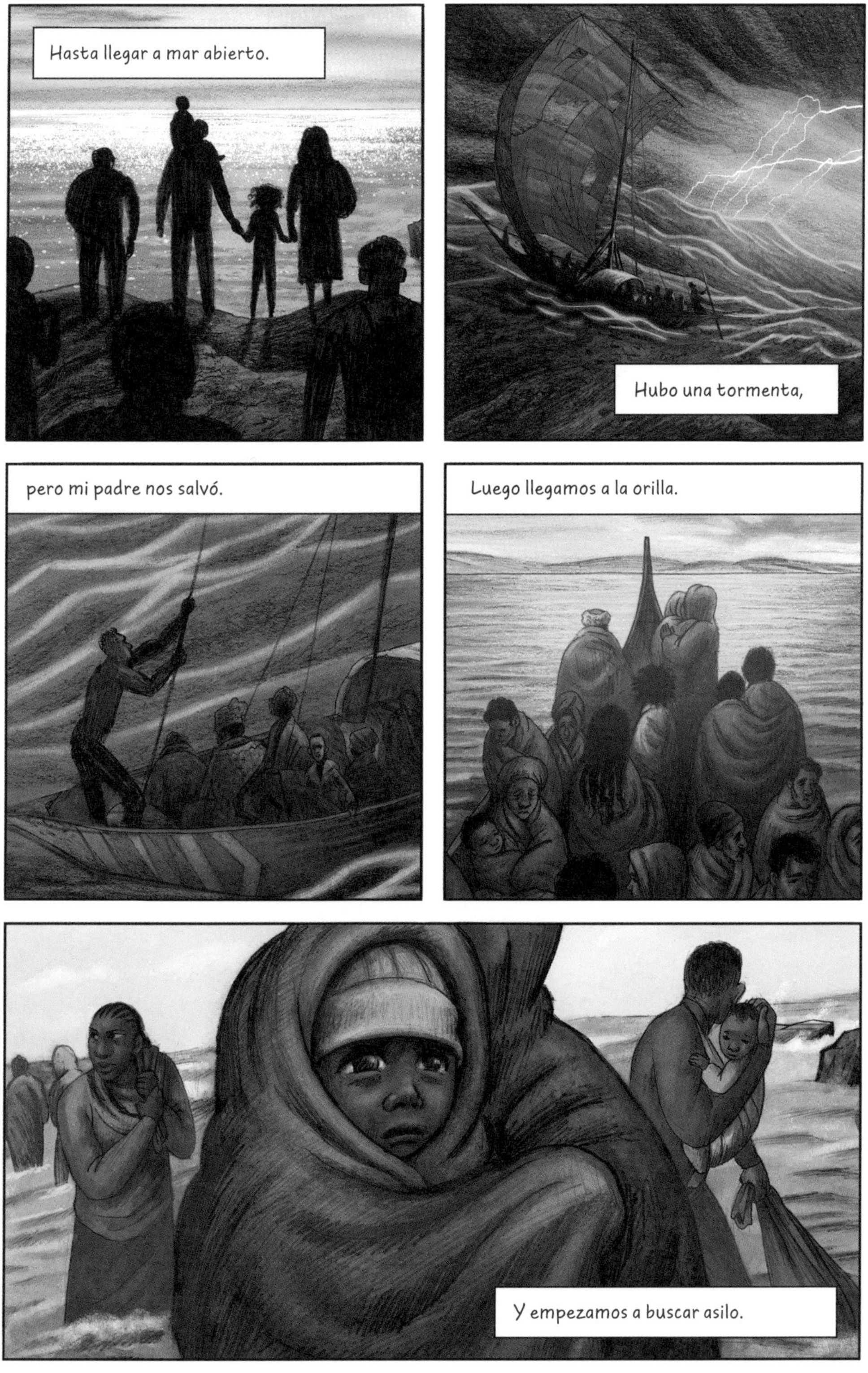
Hasta llegar a mar abierto.
Hubo una tormenta,
pero mi padre nos salvó.
Luego llegamos a la orilla.
Y empezamos a buscar asilo.

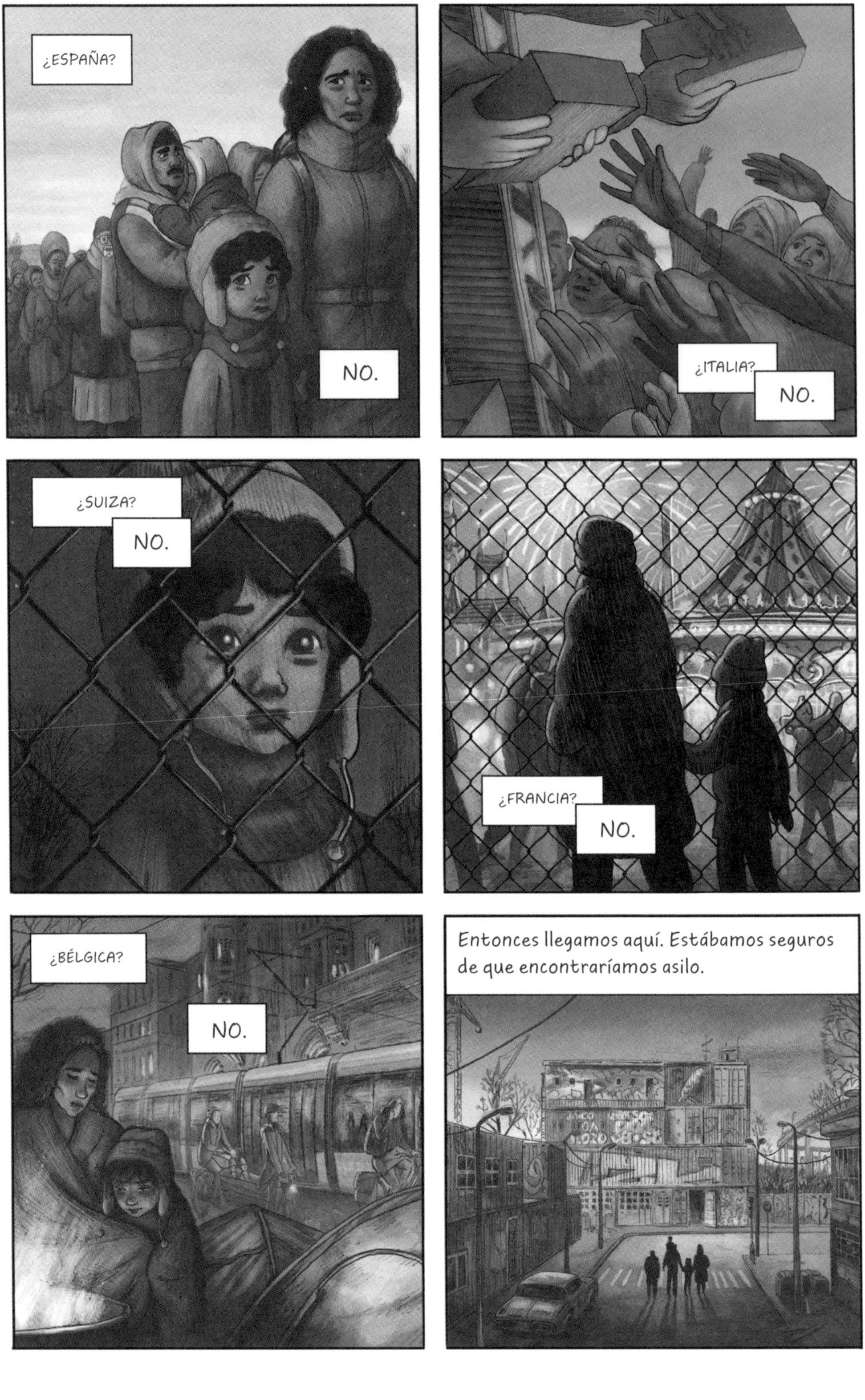
¿ESPAÑA?
NO.
¿ITALIA?
NO.
¿SUIZA?
NO.
¿FRANCIA?
NO.
¿BÉLGICA?
NO.
Entonces llegamos aquí. Estábamos seguros de que encontraríamos asilo.

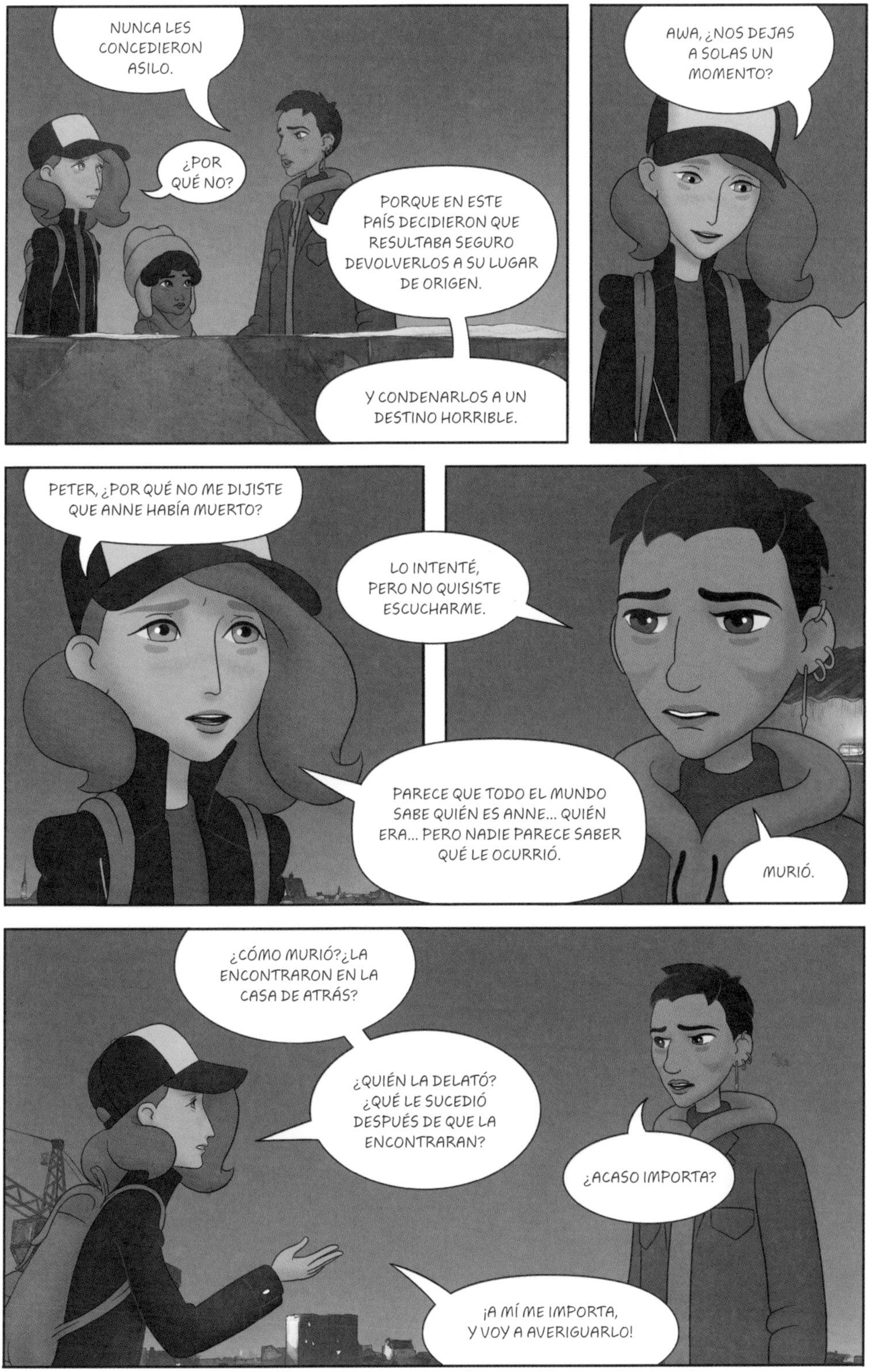
NUNCA LES CONCEDIERON ASILO.
¿POR QUÉ NO?
PORQUE EN ESTE PAÍS DECIDIERON QUE RESULTABA SEGURO DEVOLVERLOS A SU LUGAR DE ORIGEN.
Y CONDENARLOS A UN DESTINO HORRIBLE.
AWA, ¿NOS DEJAS A SOLAS UN MOMENTO?
PETER, ¿POR QUÉ NO ME DIJISTE QUE ANNE HABÍA MUERTO?
LO INTENTÉ, PERO NO QUISISTE ESCUCHARME.
PARECE QUE TODO EL MUNDO SABE QUIÉN ES ANNE... QUIÉN ERA... PERO NADIE PARECE SABER QUÉ LE OCURRIÓ.
MURIÓ.
¿CÓMO MURIÓ? ¿LA ENCONTRARON EN LA CASA DE ATRÁS?
¿QUIÉN LA DELATÓ? ¿QUÉ LE SUCEDIÓ DESPUÉS DE QUE LA ENCONTRARAN?
¿ACASO IMPORTA?
¡A MÍ ME IMPORTA, Y VOY A AVERIGUARLO!

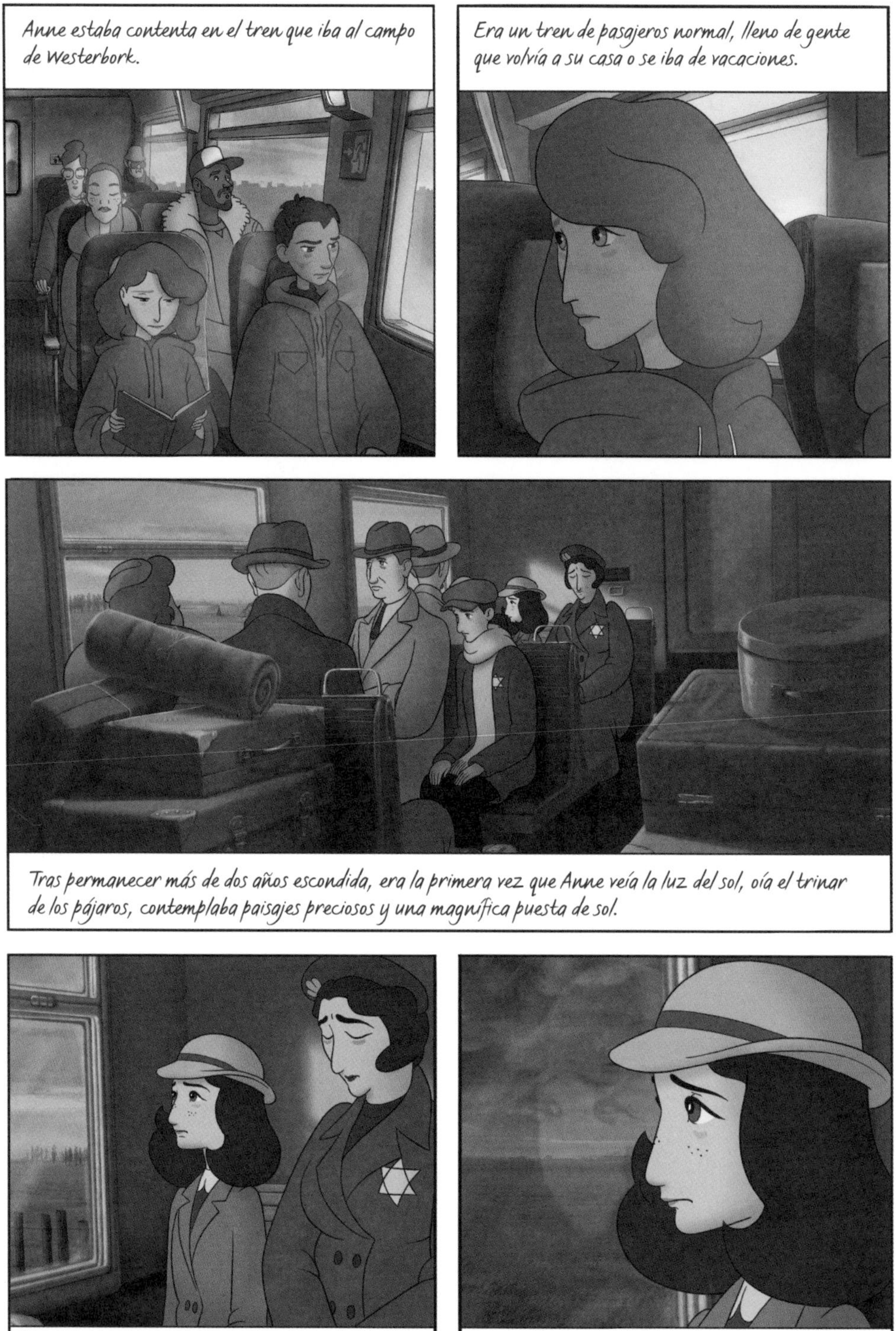
Anne estaba contenta en el tren que iba al campo de Westerbork.
Era un tren de pasajeros normal, lleno de gente que volvía a su casa o se iba de vacaciones.
Tras permanecer más de dos años escondida, era la primera vez que Anne veía la luz del sol, oía el trinar de los pájaros, contemplaba paisajes preciosos y una magnífica puesta de sol.
Hasta que empezó a entender poco a poco que ese tren no la llevaba a la libertad…,
sino a lo que se convertiría en una terrible pesadilla.

Peter y yo tardamos 4 horas en tren en llegar a lo que una vez fue el campo de trabajo de Westerbork, donde continué leyendo el libro de Otto.

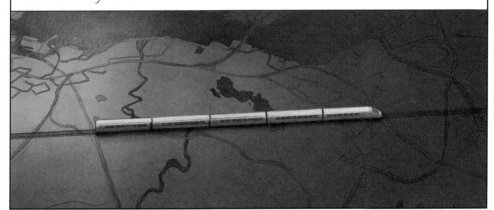

Westerbork era un duro campo de trabajo

con unas condiciones terribles.

Y sin embargo...

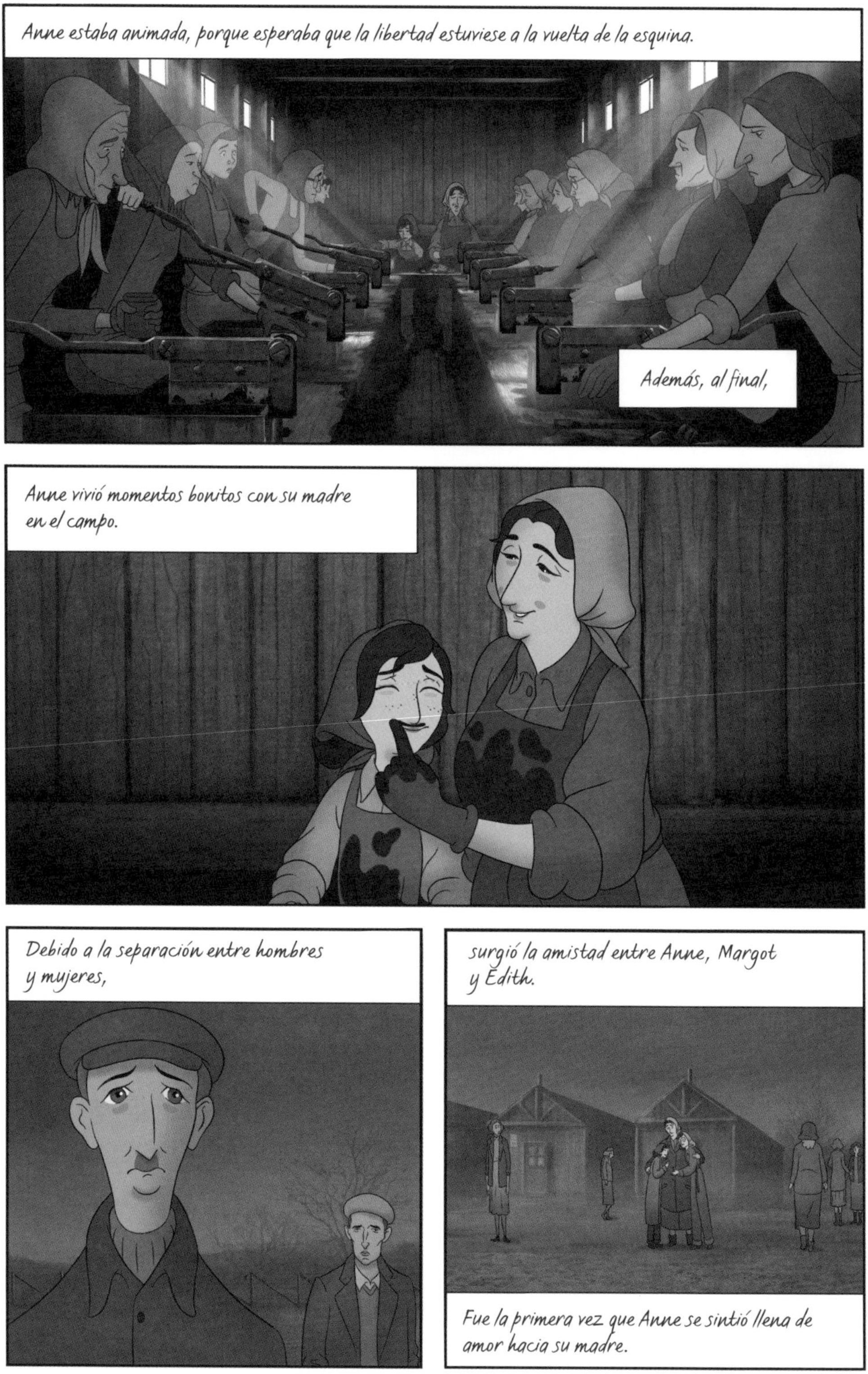
Anne estaba animada, porque esperaba que la libertad estuviese a la vuelta de la esquina.
Además, al final,
Anne vivió momentos bonitos con su madre en el campo.
Debido a la separación entre hombres y mujeres,
surgió la amistad entre Anne, Margot y Edith.
Fue la primera vez que Anne se sintió llena de amor hacia su madre.

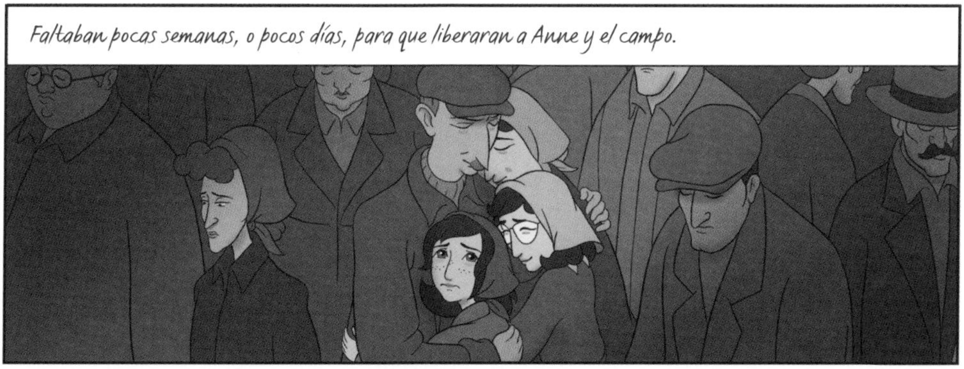
Faltaban pocas semanas, o pocos días, para que liberaran a Anne y el campo.

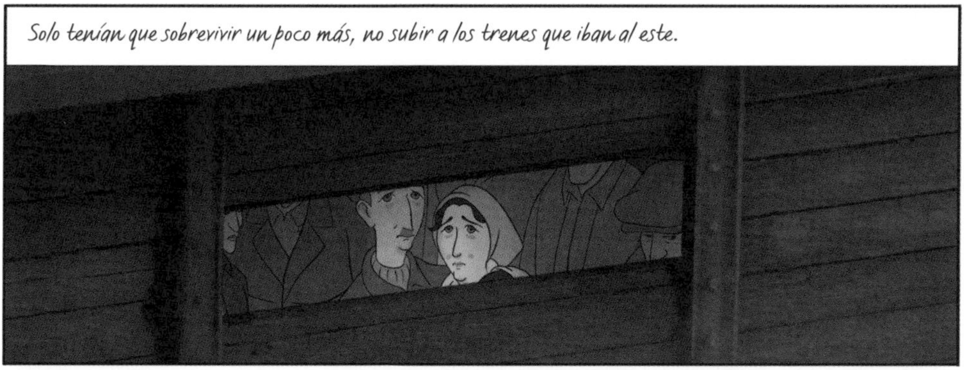
Solo tenían que sobrevivir un poco más, no subir a los trenes que iban al este.

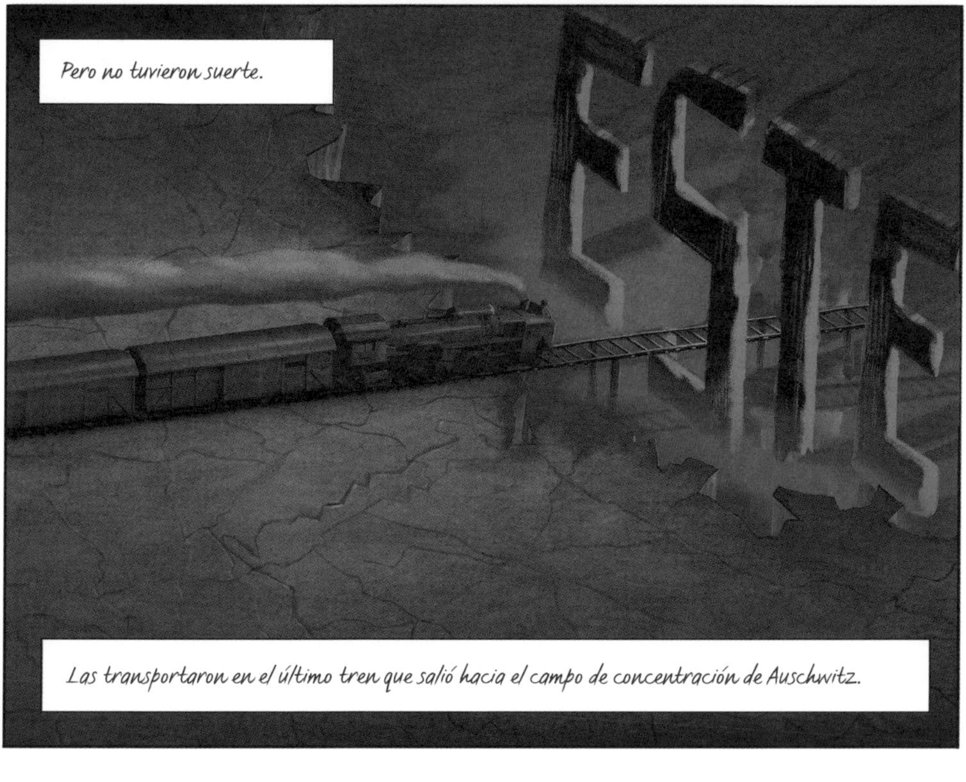
Pero no tuvieron suerte.
ESTE
Las transportaron en el último tren que salió hacia el campo de concentración de Auschwitz.

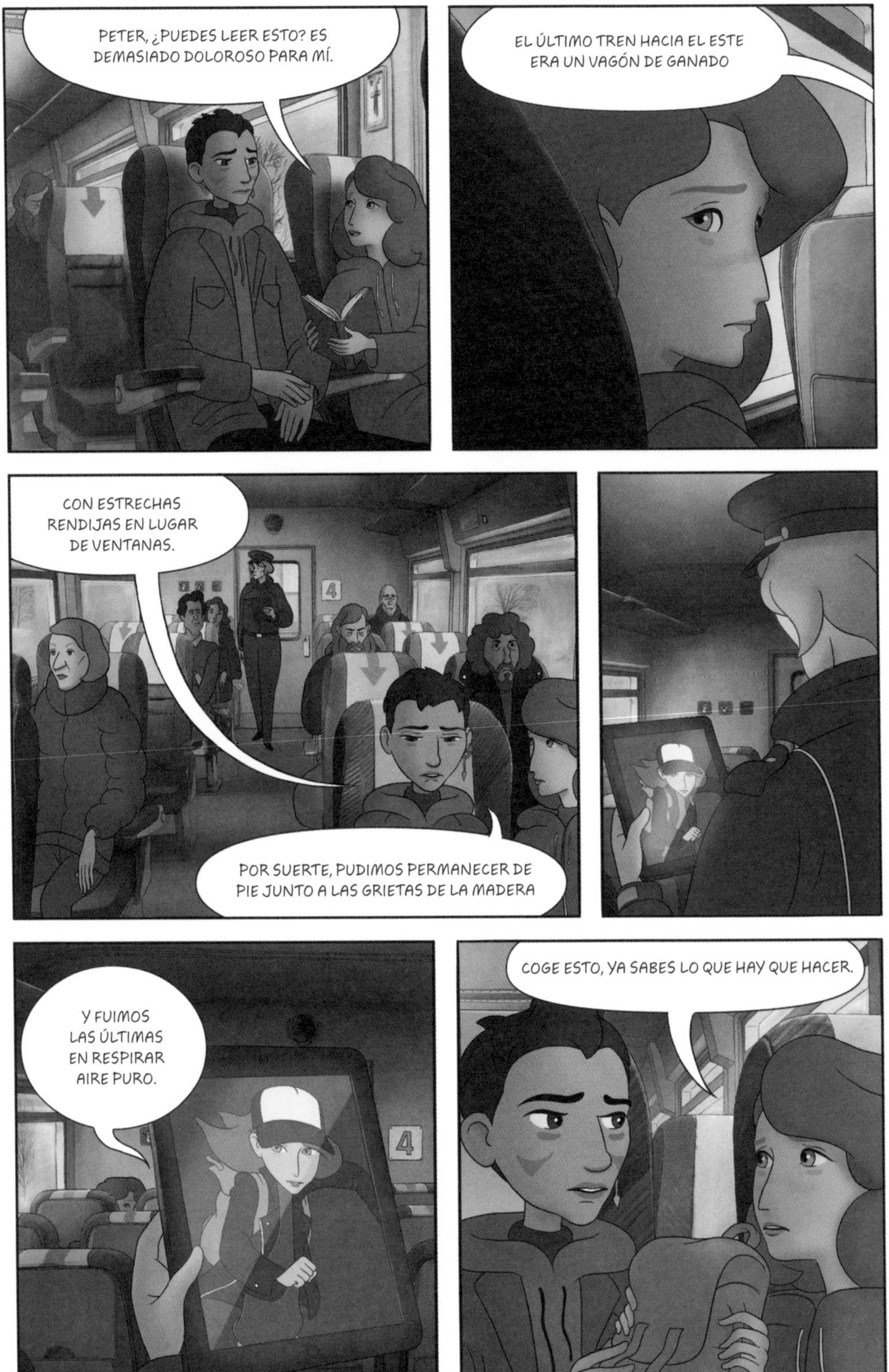
PETER, ¿PUEDES LEER ESTO? ES DEMASIADO DOLOROSO PARA MÍ.
EL ÚLTIMO TREN HACIA EL ESTE ERA UN VAGÓN DE GANADO
CON ESTRECHAS RENDIJAS EN LUGAR DE VENTANAS.
4
POR SUERTE, PUDIMOS PERMANECER DE PIE JUNTO A LAS GRIETAS DE LA MADERA
Y FUIMOS LAS ÚLTIMAS EN RESPIRAR AIRE PURO.
4
COGE ESTO, YA SABES LO QUE HAY QUE HACER.

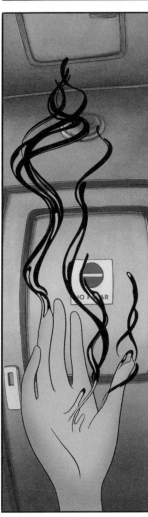

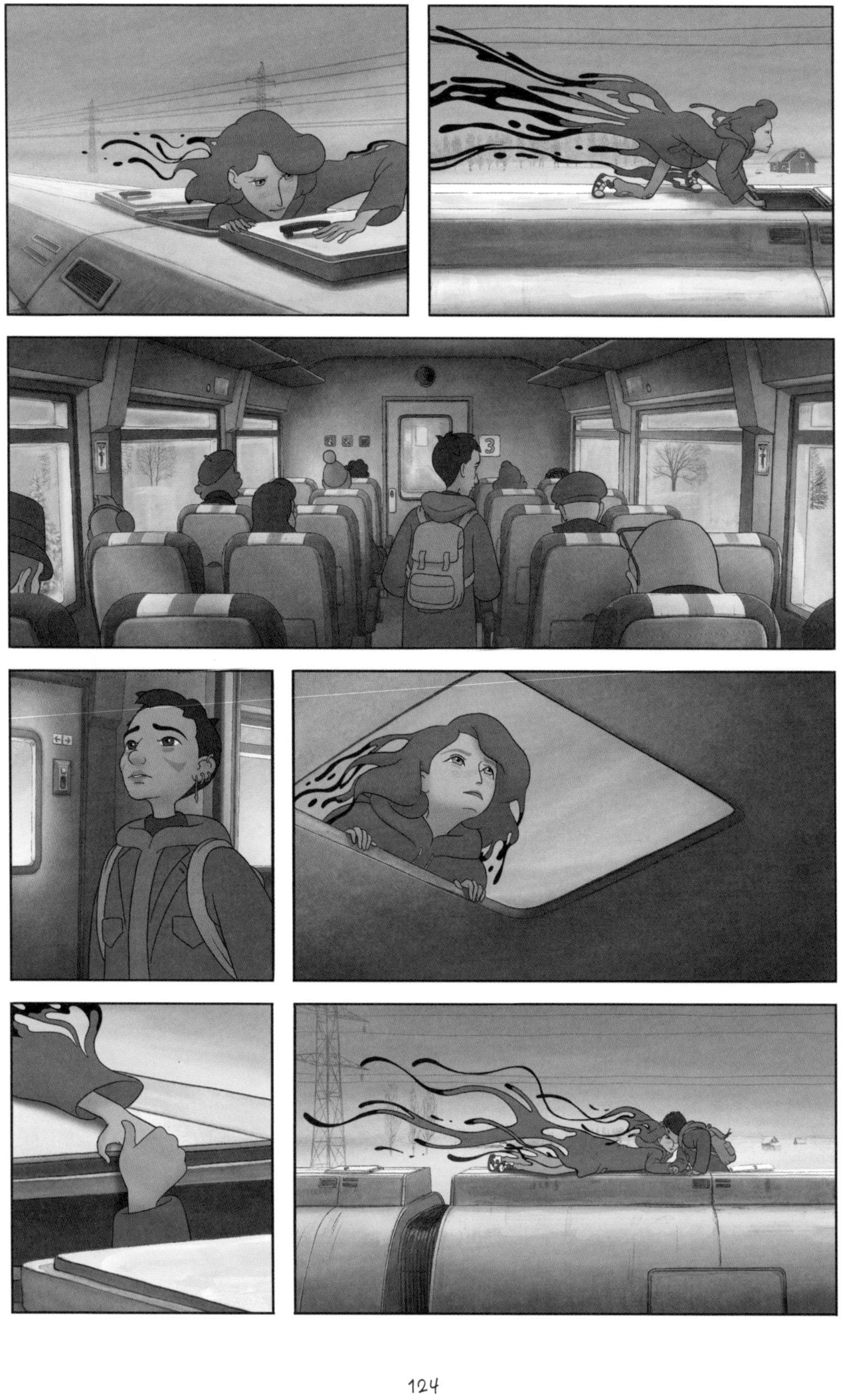

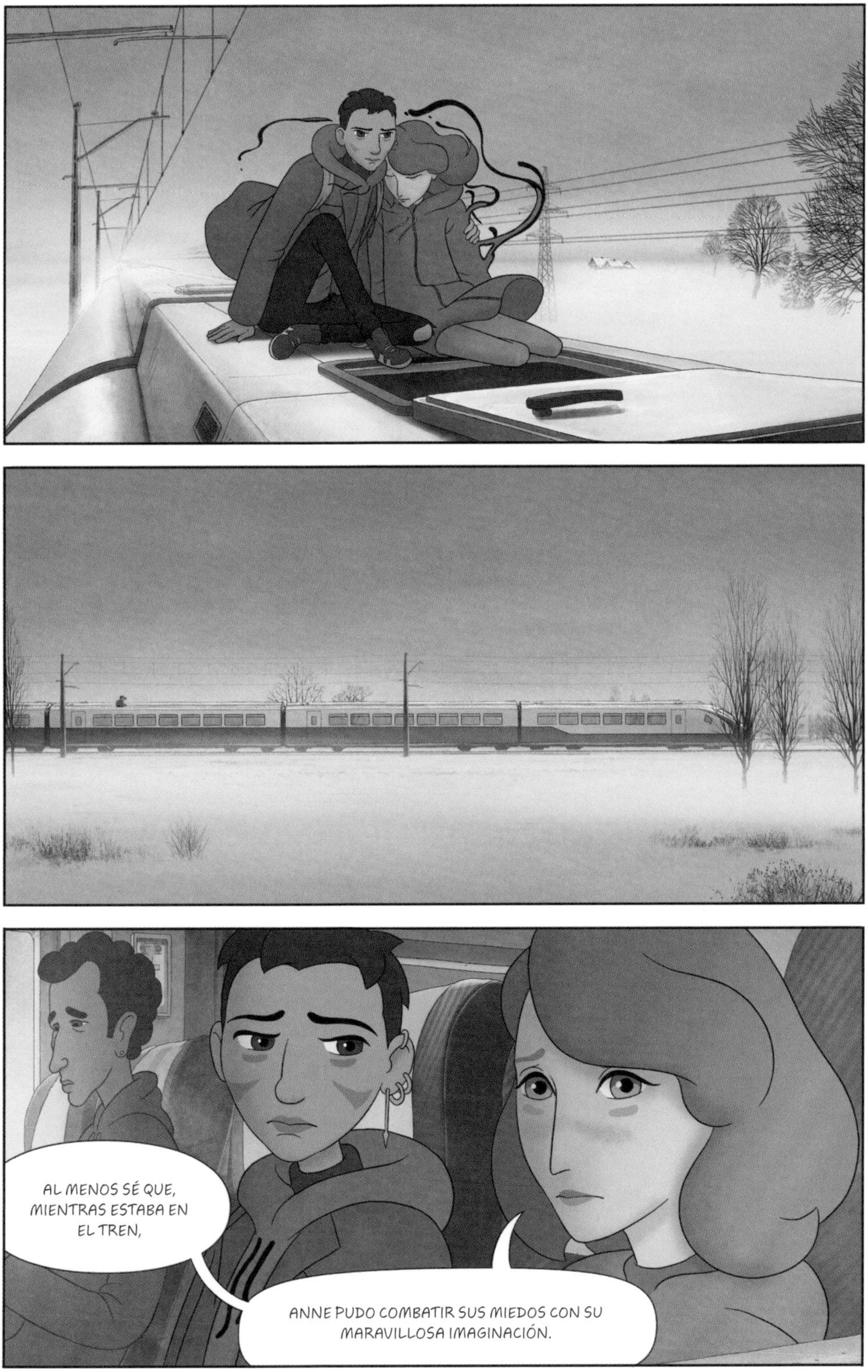
AL MENOS SÉ QUE, MIENTRAS ESTABA EN EL TREN,
ANNE PUDO COMBATIR SUS MIEDOS CON SU MARAVILLOSA IMAGINACIÓN.

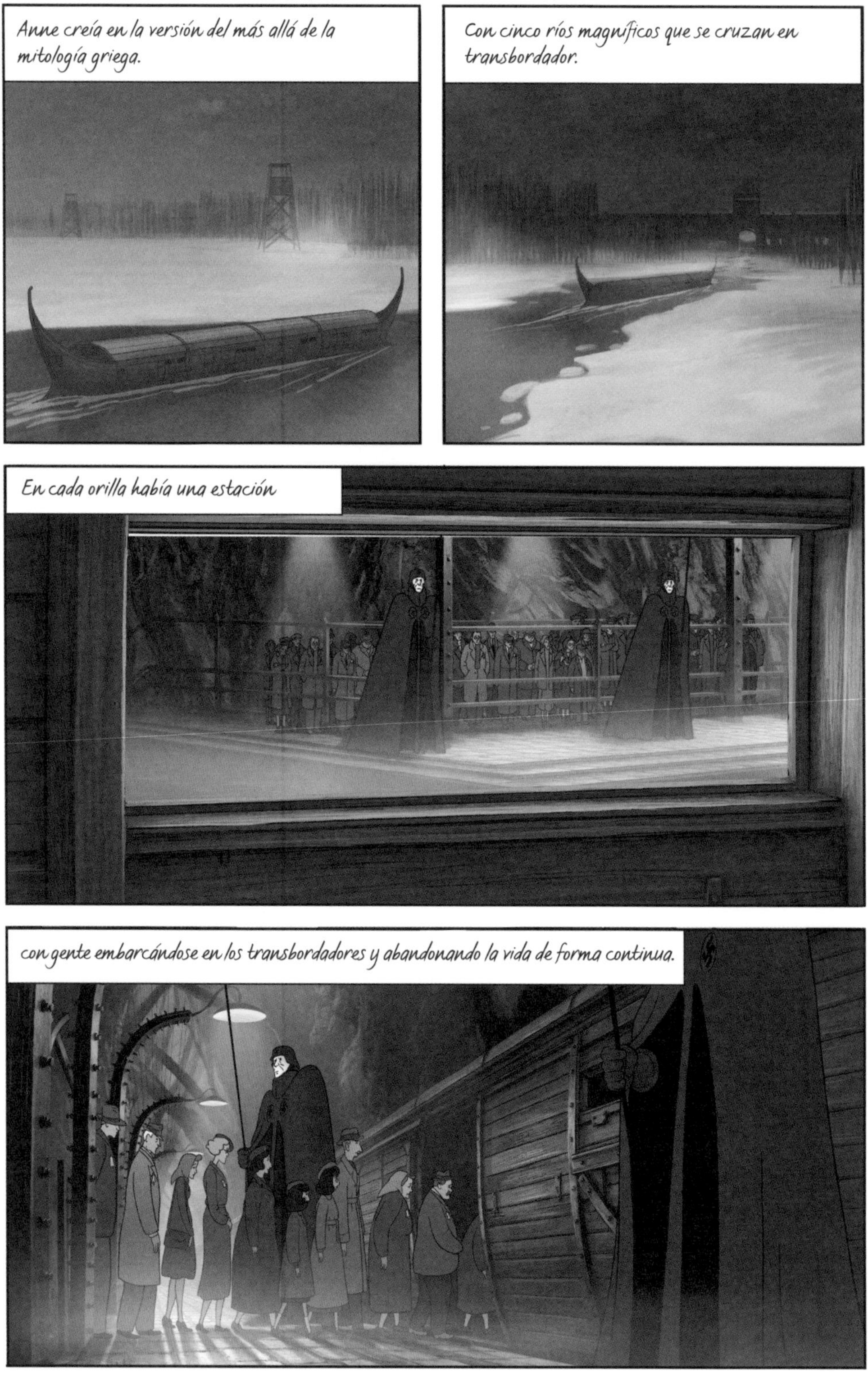
Anne creía en la versión del más allá de la mitología griega.
Con cinco ríos magníficos que se cruzan en transbordador.
En cada orilla había una estación
con gente embarcándose en los transbordadores y abandonando la vida de forma continua.

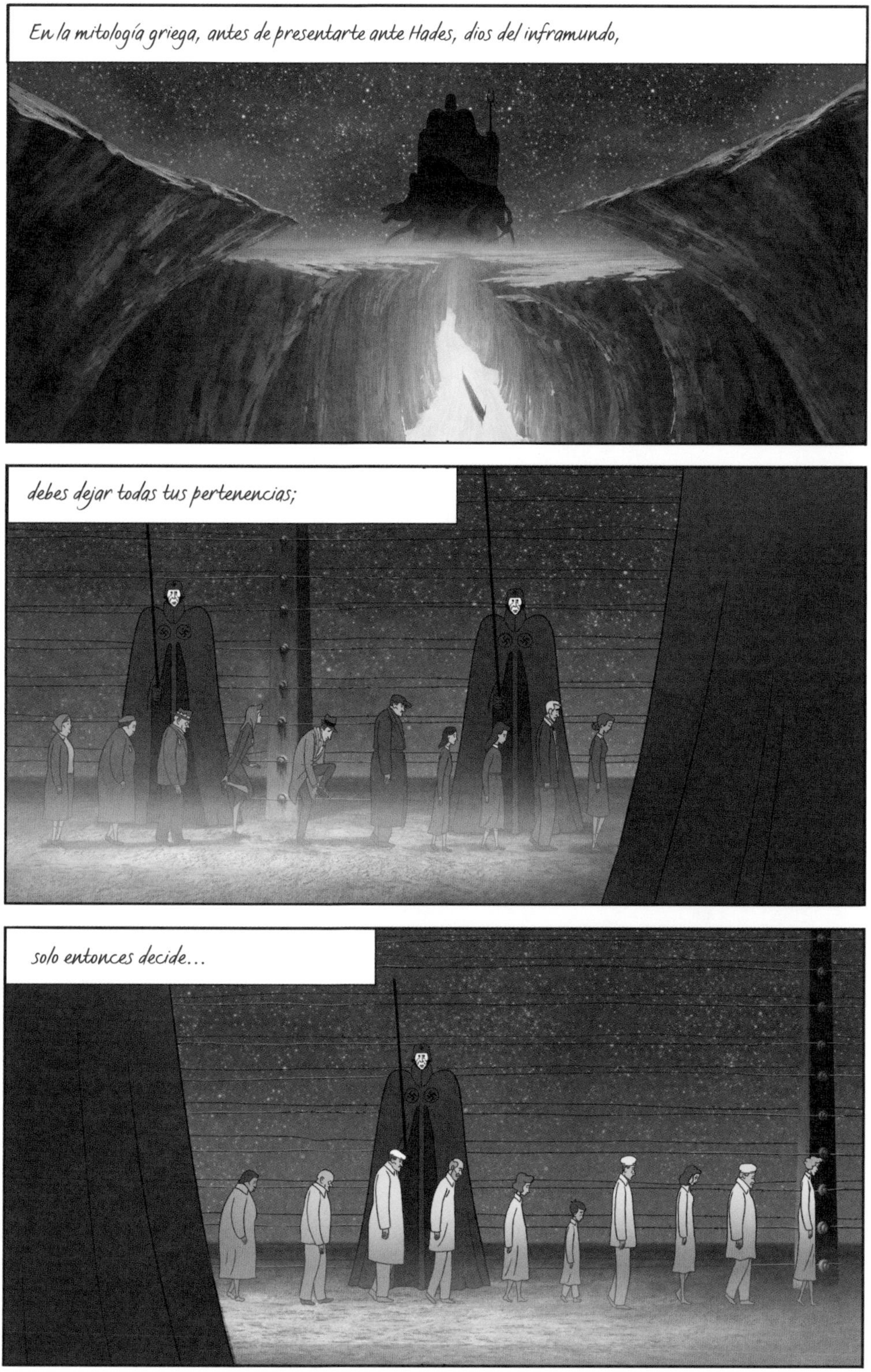
En la mitología griega, antes de presentarte ante Hades, dios del inframundo,
debes dejar todas tus pertenencias;
solo entonces decide...

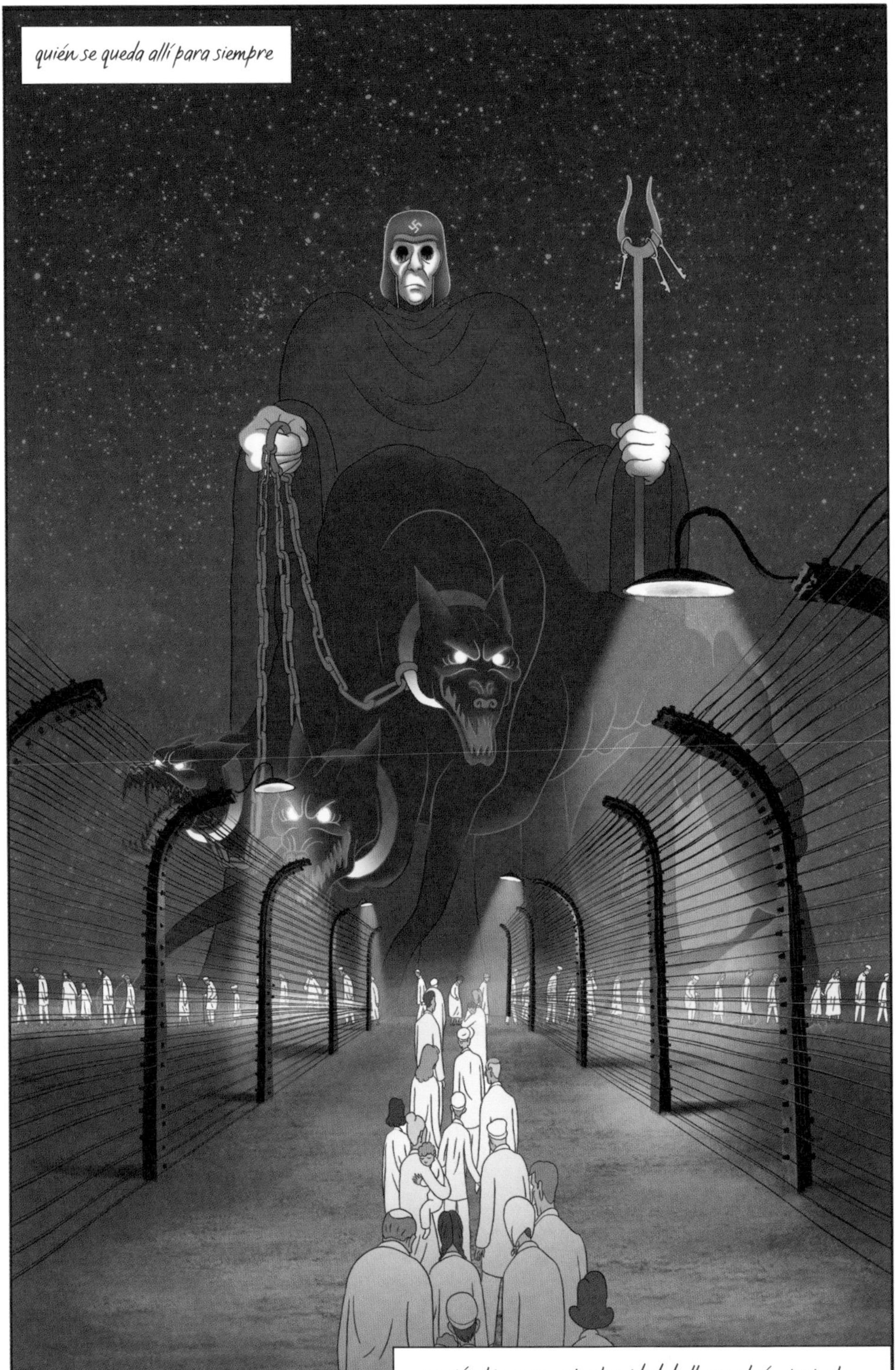
quién se queda allí para siempre
y quién tiene una oportunidad de llegar al río siguiente.

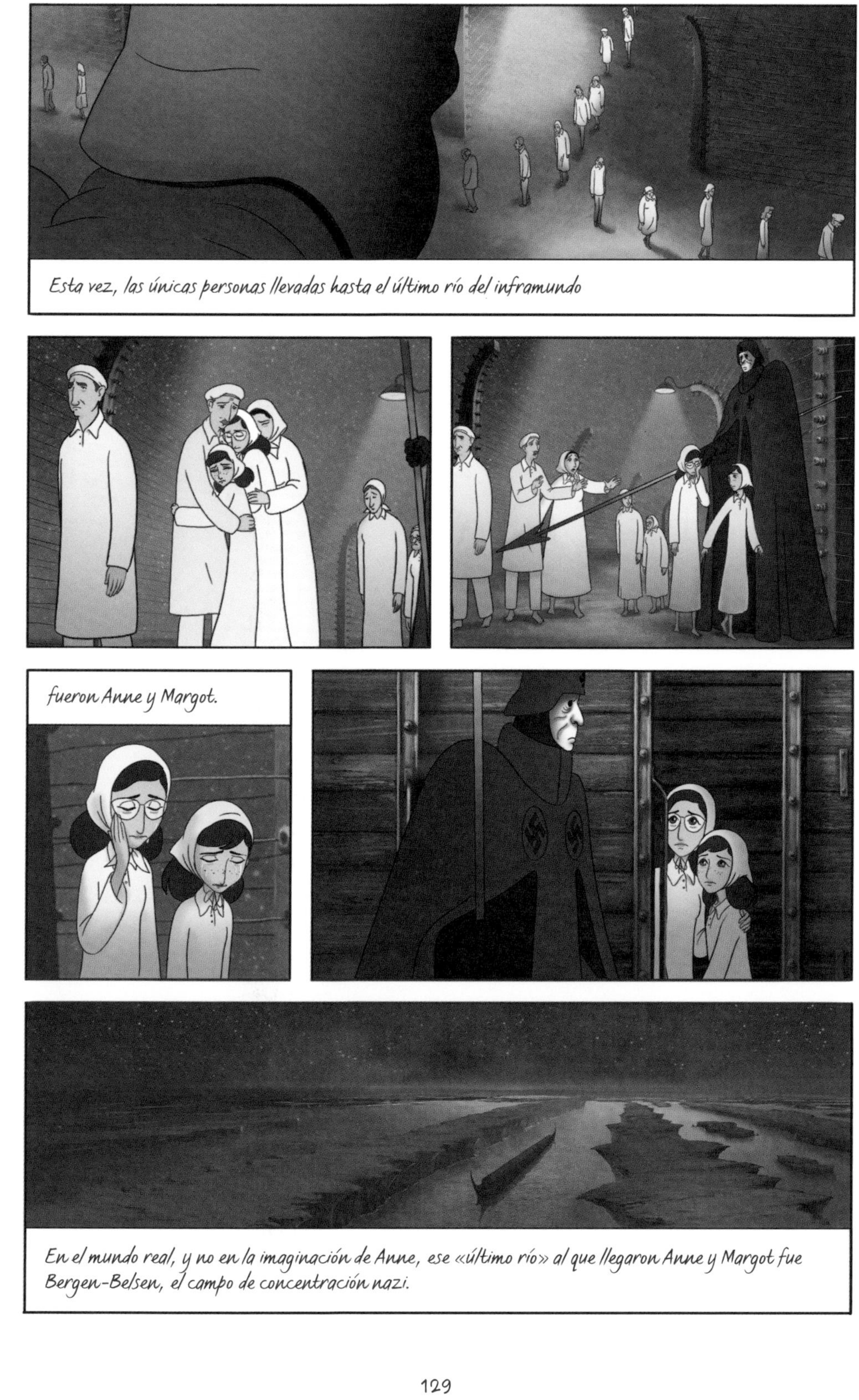
Esta vez, las únicas personas llevadas hasta el último río del inframundo
fueron Anne y Margot.
En el mundo real, y no en la imaginación de Anne, ese «último río» al que llegaron Anne y Margot fue Bergen-Belsen, el campo de concentración nazi.

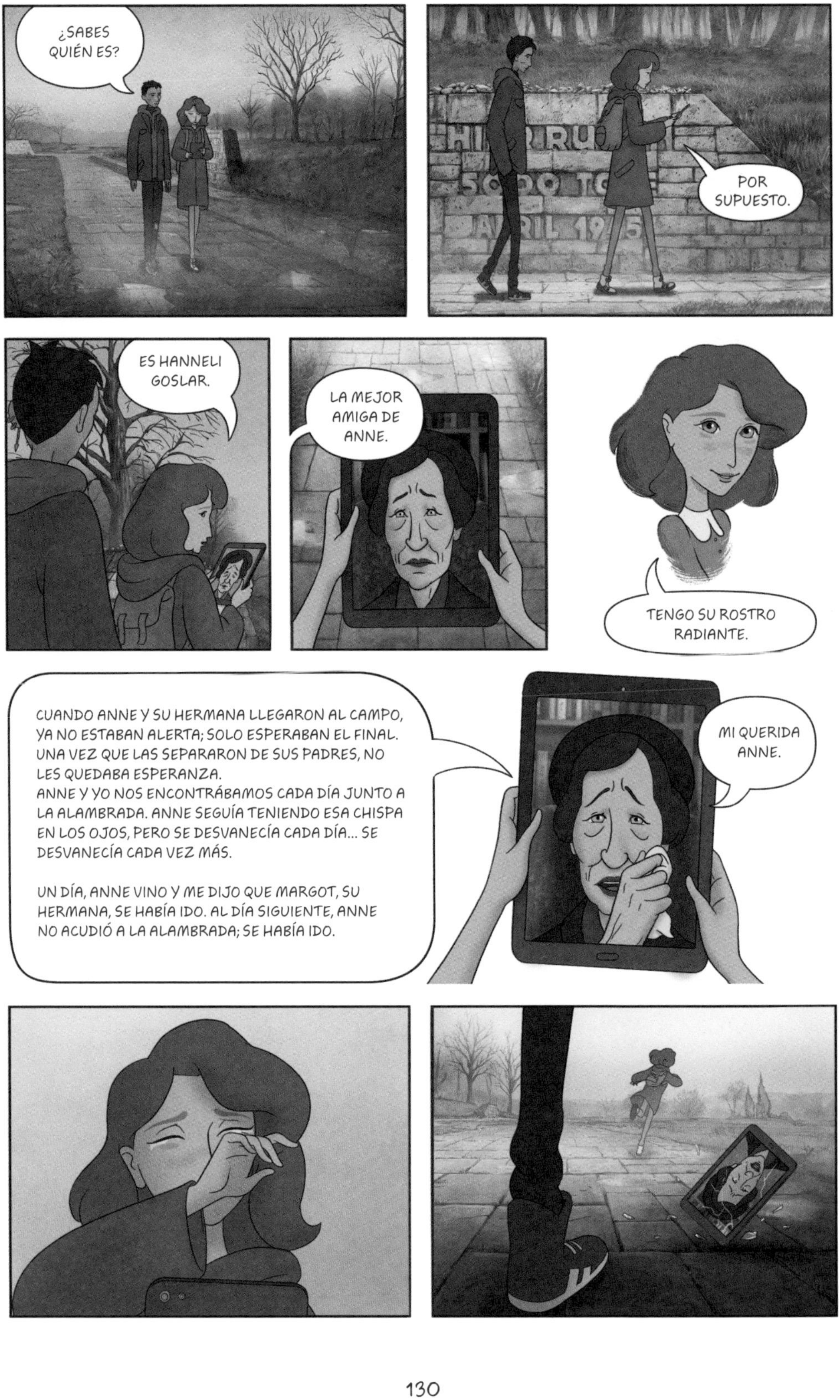
¿SABES QUIÉN ES?
POR SUPUESTO.
ES HANNELI GOSLAR.
LA MEJOR AMIGA DE ANNE.
TENGO SU ROSTRO RADIANTE.
CUANDO ANNE Y SU HERMANA LLEGARON AL CAMPO, YA NO ESTABAN ALERTA; SOLO ESPERABAN EL FINAL. UNA VEZ QUE LAS SEPARARON DE SUS PADRES, NO LES QUEDABA ESPERANZA.
ANNE Y YO NOS ENCONTRÁBAMOS CADA DÍA JUNTO A LA ALAMBRADA. ANNE SEGUÍA TENIENDO ESA CHISPA EN LOS OJOS, PERO SE DESVANECÍA CADA DÍA... SE DESVANECÍA CADA VEZ MÁS.
UN DÍA, ANNE VINO Y ME DIJO QUE MARGOT, SU HERMANA, SE HABÍA IDO. AL DÍA SIGUIENTE, ANNE NO ACUDIÓ A LA ALAMBRADA; SE HABÍA IDO.
MI QUERIDA ANNE.

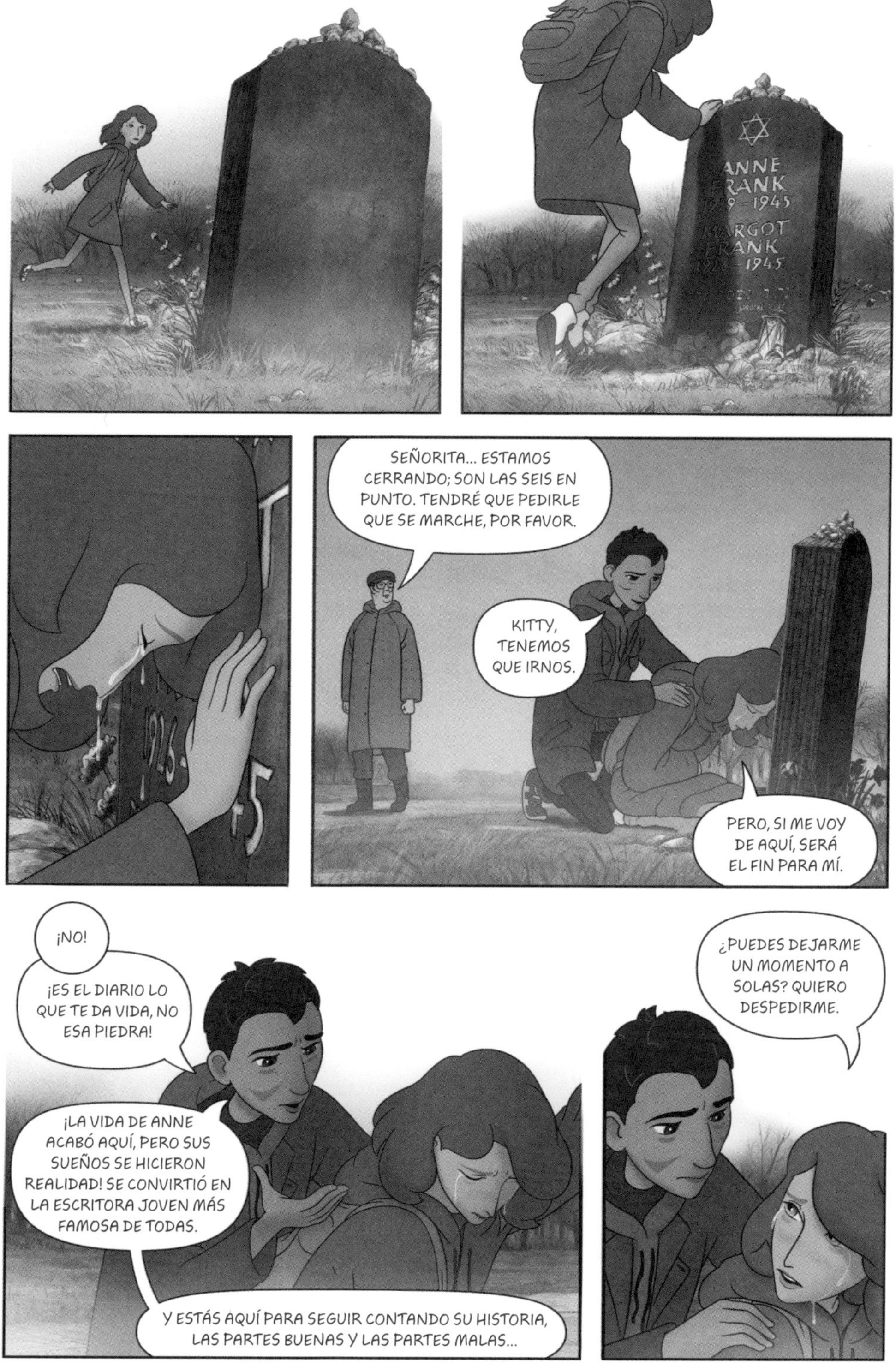
ANNE FRANK 1929 - 1945
MARGOT FRANK 1926 - 1945
SEÑORITA... ESTAMOS CERRANDO; SON LAS SEIS EN PUNTO. TENDRÉ QUE PEDIRLE QUE SE MARCHE, POR FAVOR.
KITTY, TENEMOS QUE IRNOS.
PERO, SI ME VOY DE AQUÍ, SERÁ EL FIN PARA MÍ.
¡NO!
¡ES EL DIARIO LO QUE TE DA VIDA, NO ESA PIEDRA!
¡LA VIDA DE ANNE ACABÓ AQUÍ, PERO SUS SUEÑOS SE HICIERON REALIDAD! SE CONVIRTIÓ EN LA ESCRITORA JOVEN MÁS FAMOSA DE TODAS.
Y ESTÁS AQUÍ PARA SEGUIR CONTANDO SU HISTORIA, LAS PARTES BUENAS Y LAS PARTES MALAS...
¿PUEDES DEJARME UN MOMENTO A SOLAS? QUIERO DESPEDIRME.

Querida Anne:

No tengo palabras para describir mi pena y mi sentimiento de culpa por no haber podido salvarte cuando aún era posible. Estos dolorosos sentimientos me han acompañado desde el momento en que cobré vida. Y solo ahora, solo aquí, en el lugar en el que terminó tu vida, comprendo del todo por qué me inventaste a mí, tu amiga imaginaria Kitty, y cuál fue mi papel en tu vida. Ante esta fría lápida que marca el final de tu camino y del camino de Margot, por fin veo lo que no pude ver durante la guerra, cuando pasamos juntas casi todas las horas del día durante casi dos años: que existen dos clases de compasión. La primera es cobarde y sentimental, su único objetivo es alejarse lo más rápido posible de los efectos desagradables de la angustia de otras personas; en nuestro caso, la terrible angustia que sufrías en el anexo secreto. La segunda clase, la que de verdad importa, es la compasión que planta cara a todo, absolutamente a todo. Afronta el sufrimiento, el mal y la soledad infinita con paciencia y tolerancia, utilizando los últimos restos de fortaleza para absorber el cuerpo y el alma de la persona angustiada. Quisiera creer que mi comportamiento en el anexo secreto pertenece a la segunda clase. Estuve siempre a tu lado. Sin embargo, como no era más que un producto de tu imaginación, una amiga que solo existía en tu mente, no tuve el poder necesario para cambiar la realidad y lograr que sobrevivieras para hacer realidad tus hermosos sueños; por encima de todo, el de convertirte en una escritora famosa, sueño que tu querido padre cumplió por ti cuando supo que Margot y tú no habíais sobrevivido a la guerra. No lo sabes, pero tu nombre es conocido en todo el mundo, y tu diario, que siempre tengo junto a mí y que ahora actúa como mi corazón palpitante, es leído por todas las personas que conozco. Puede que sea un triste consuelo, pero otro de tus sueños, enamorarte, se hizo realidad para mí cuando conocí a Peter. Y mi Peter hace cuanto puede para cumplir otro valioso sueño tuyo: ayudar a niños como tú, que siguen existiendo en todo el mundo, víctimas de las armas y de la destrucción creadas por los seres humanos; esos que, según decías, eran buenos en el fondo, a pesar de haber inventado la guerra y sus horrores.

Ahora que te he encontrado, sé que tengo los días contados y que la ilusión que supone mi existencia podría desvanecerse en cualquier momento. Por eso, te prometo que haré cuanto esté en mi mano en el tiempo que me quede para compensarte por no haber podido salvarte. Eso no sanará mi infinita añoranza ni evitará que te eche de menos cada momento del día. No obstante, si puedo cumplir esta aspiración, sé que tendré un último consuelo antes de marcharme.

Te quiero y te añoro sin cesar.

Kitty

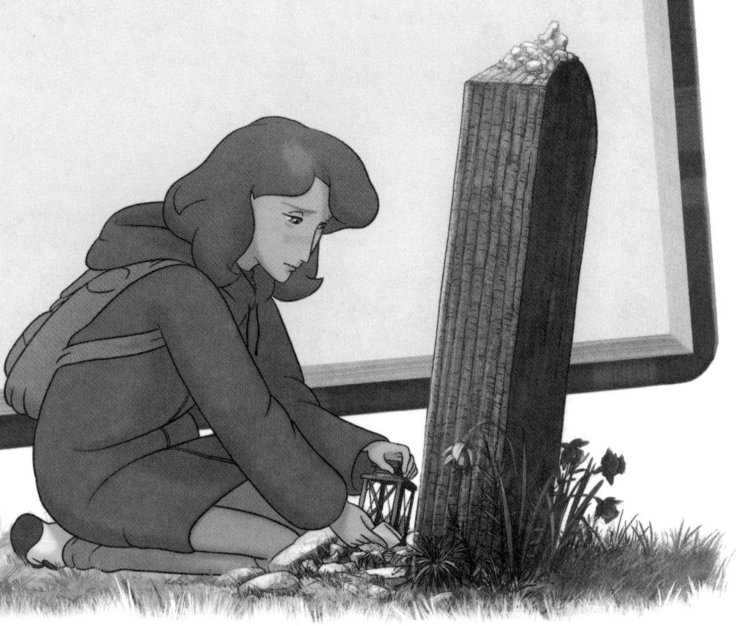

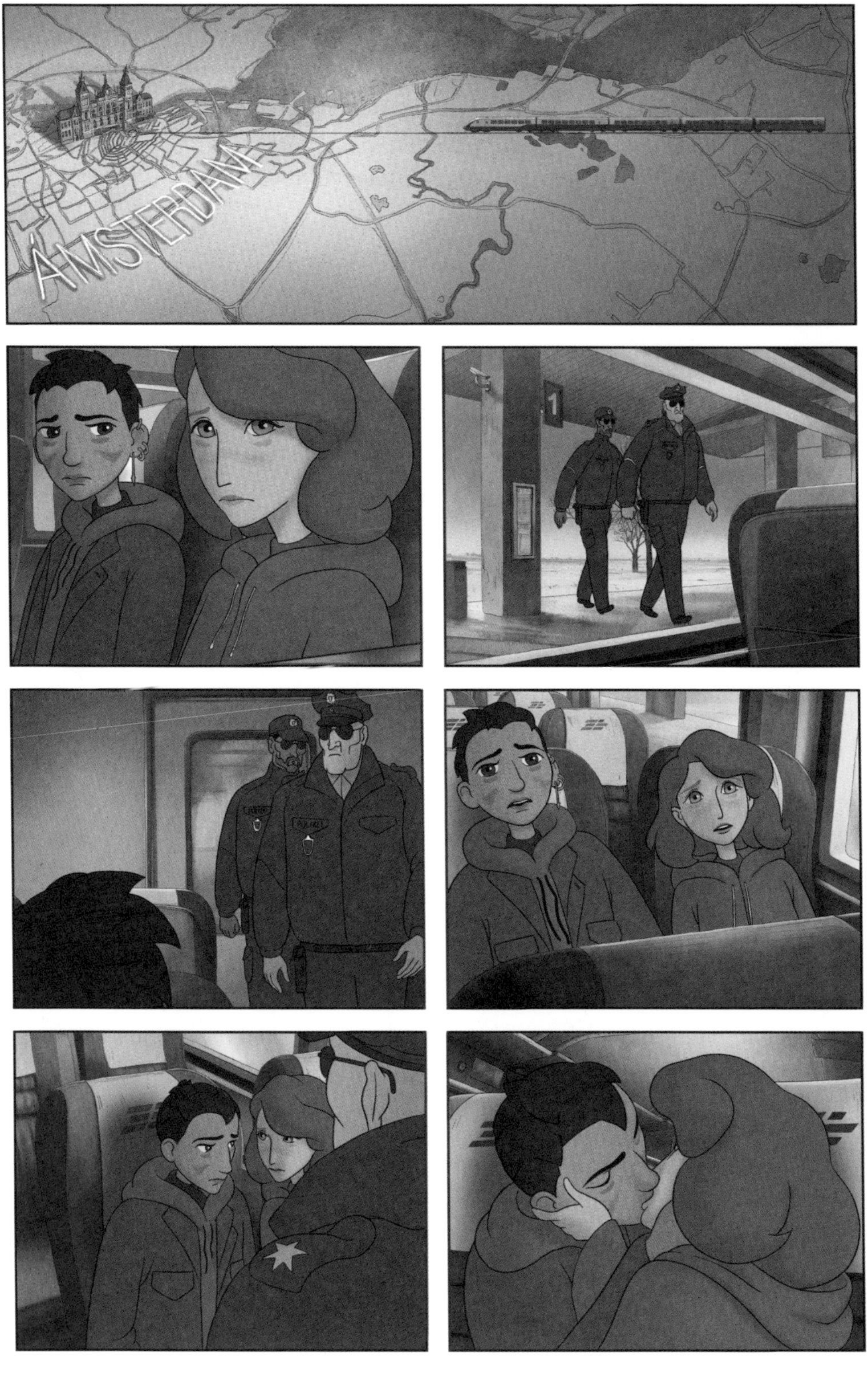
AMSTERDAM
1
POLIZEI

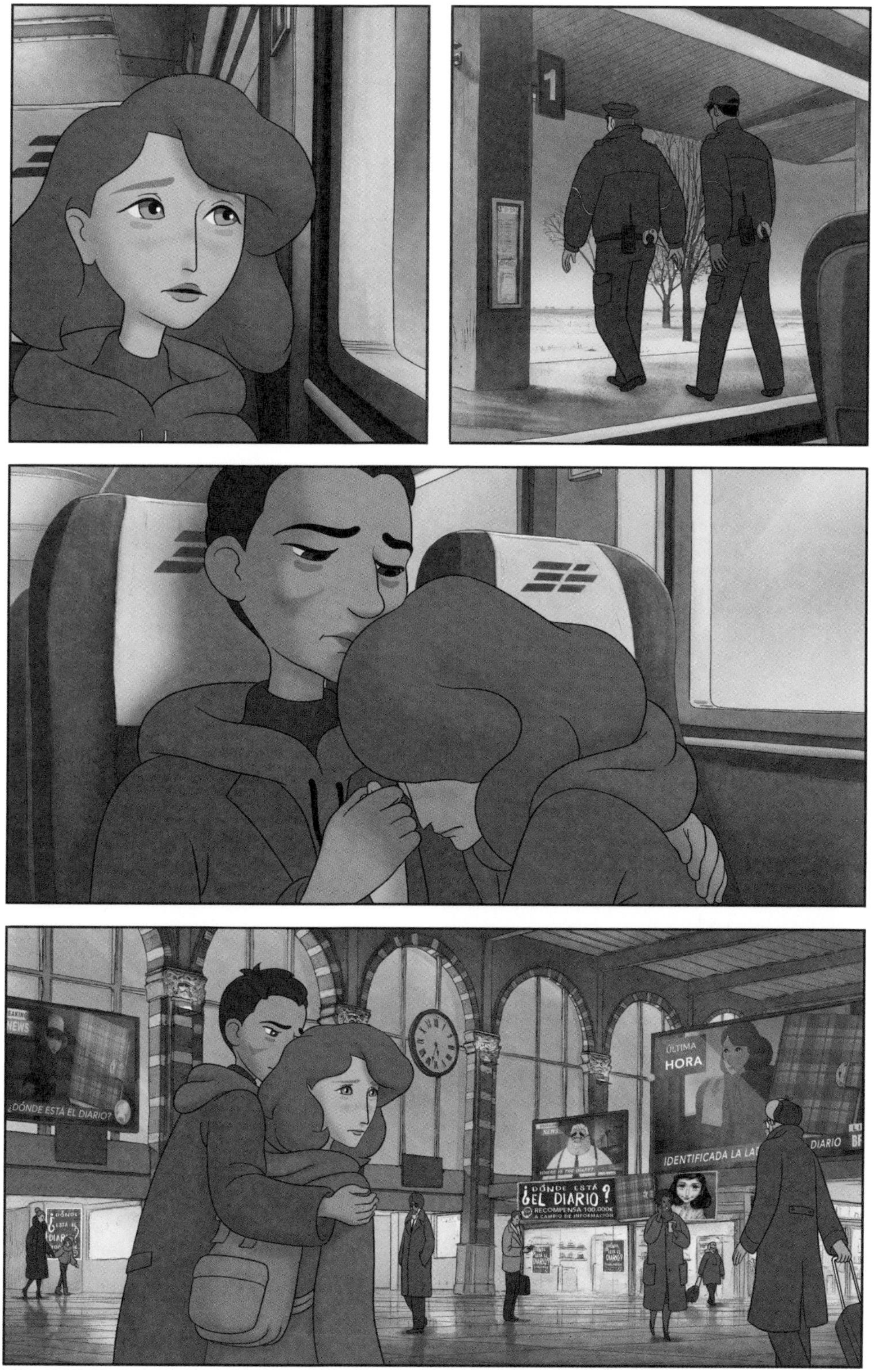
1
NEWS
¿DÓNDE ESTÁ EL DIARIO?
ÚLTIMA HORA
IDENTIFICADA LA
DIARIO
¿DÓNDE ESTÁ ¿EL DIARIO?
RECOMPENSA 100.000€
A CAMBIO DE INFORMACIÓN

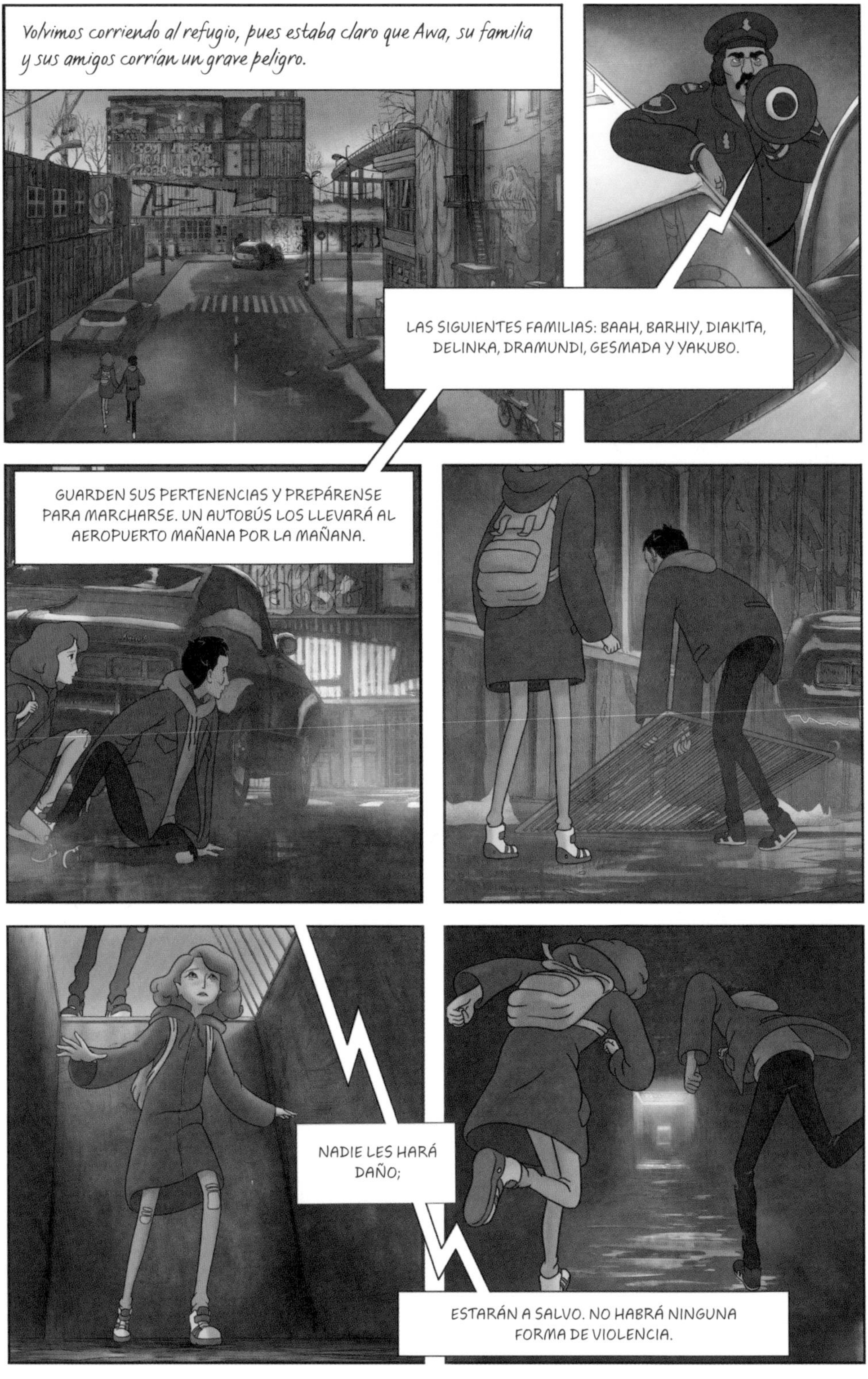
Volvimos corriendo al refugio, pues estaba claro que Awa, su familia y sus amigos corrían un grave peligro.
LAS SIGUIENTES FAMILIAS: BAAH, BARHIY, DIAKITA, DELINKA, DRAMUNDI, GESMADA Y YAKUBO.
GUARDEN SUS PERTENENCIAS Y PREPÁRENSE PARA MARCHARSE. UN AUTOBÚS LOS LLEVARÁ AL AEROPUERTO MAÑANA POR LA MAÑANA.
NADIE LES HARÁ DAÑO;
ESTARÁN A SALVO. NO HABRÁ NINGUNA FORMA DE VIOLENCIA.

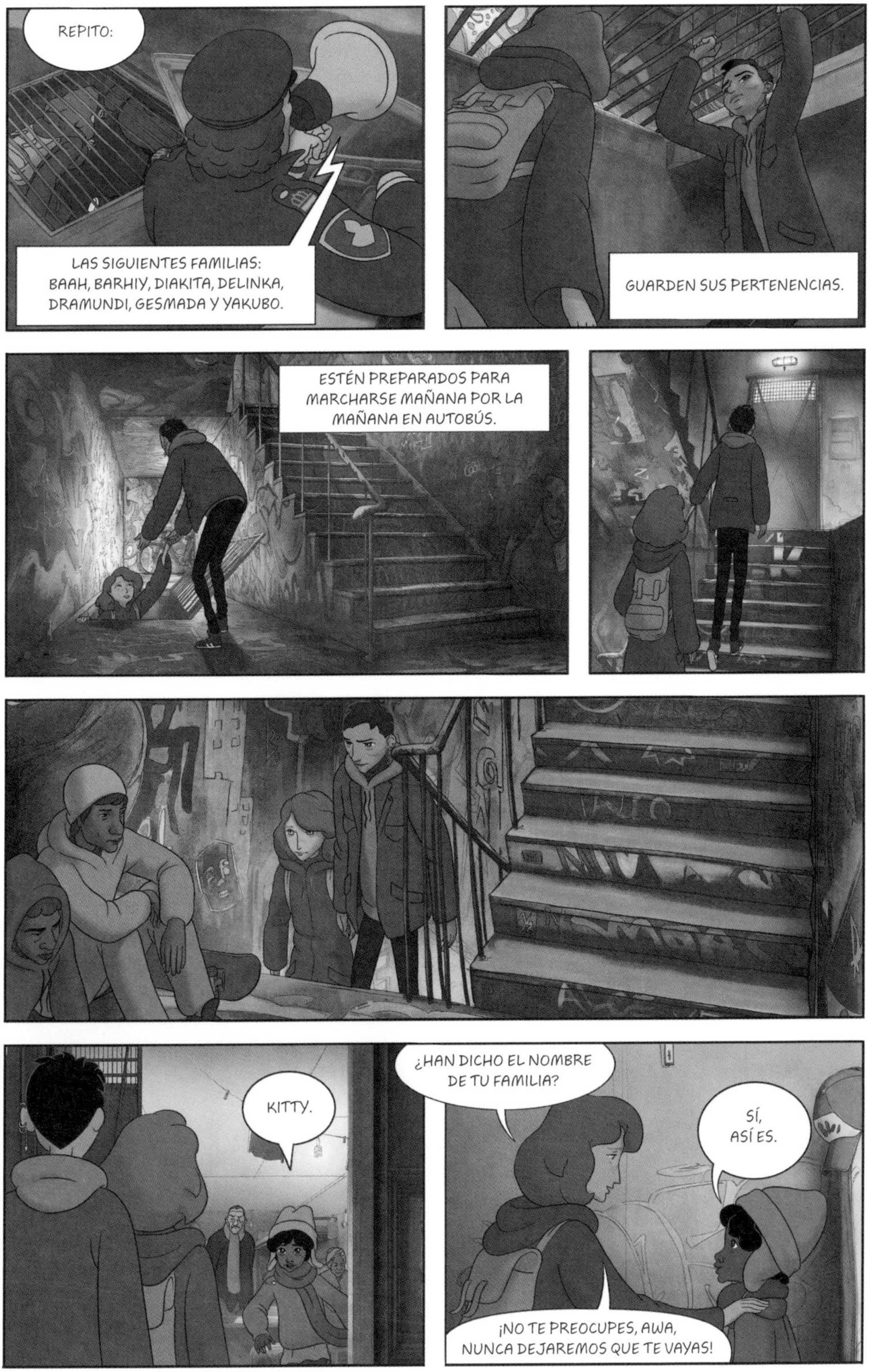
REPITO:
LAS SIGUIENTES FAMILIAS: BAAH, BARHIY, DIAKITA, DELINKA, DRAMUNDI, GESMADA Y YAKUBO.
GUARDEN SUS PERTENENCIAS.
ESTÉN PREPARADOS PARA MARCHARSE MAÑANA POR LA MAÑANA EN AUTOBÚS.
KITTY.
¿HAN DICHO EL NOMBRE DE TU FAMILIA?
SÍ, ASÍ ES.
¡NO TE PREOCUPES, AWA, NUNCA DEJAREMOS QUE TE VAYAS!

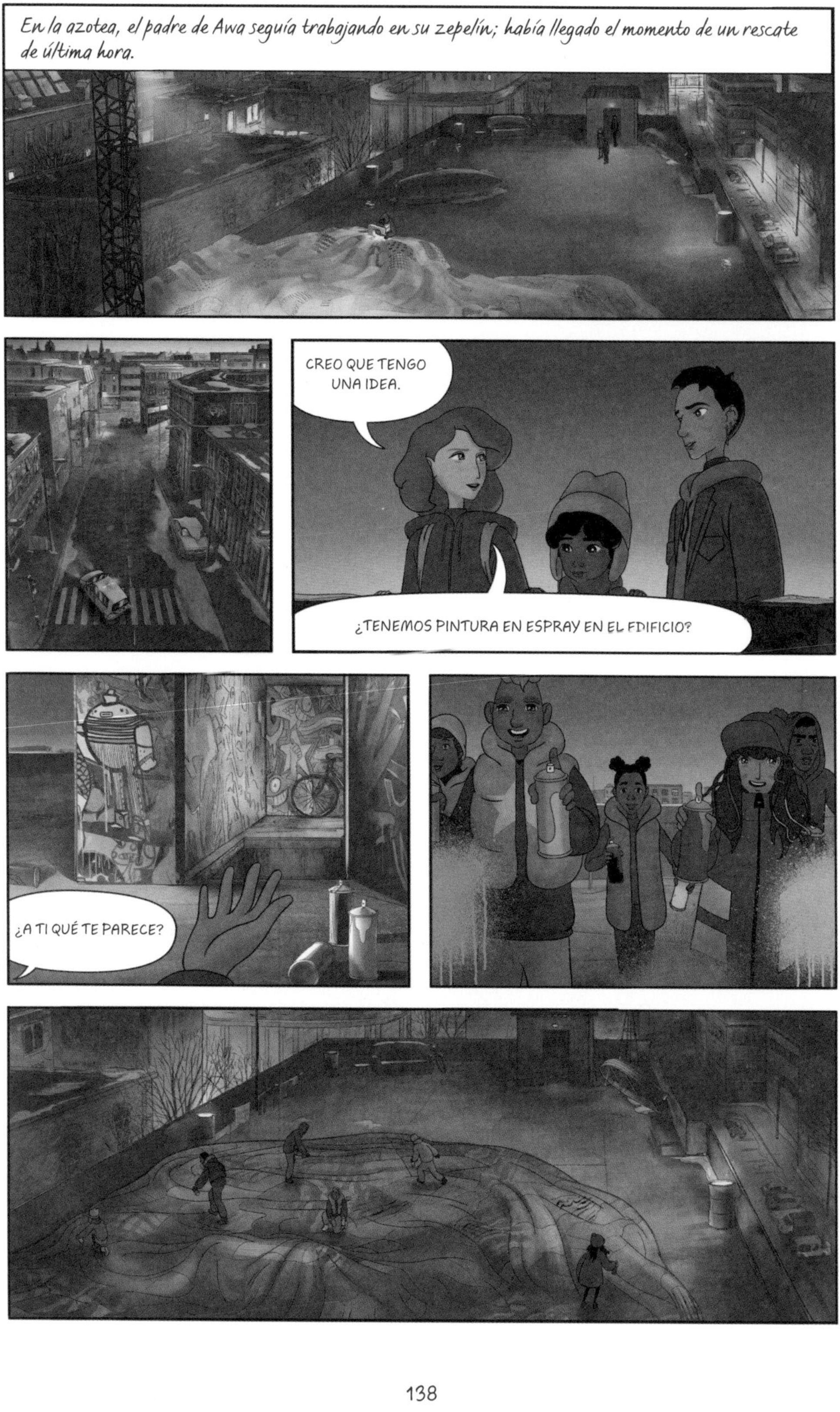
En la azotea, el padre de Awa seguía trabajando en su zepelín; había llegado el momento de un rescate de última hora.
CREO QUE TENGO UNA IDEA.
¿TENEMOS PINTURA EN ESPRAY EN EL EDIFICIO?
¿A TI QUÉ TE PARECE?

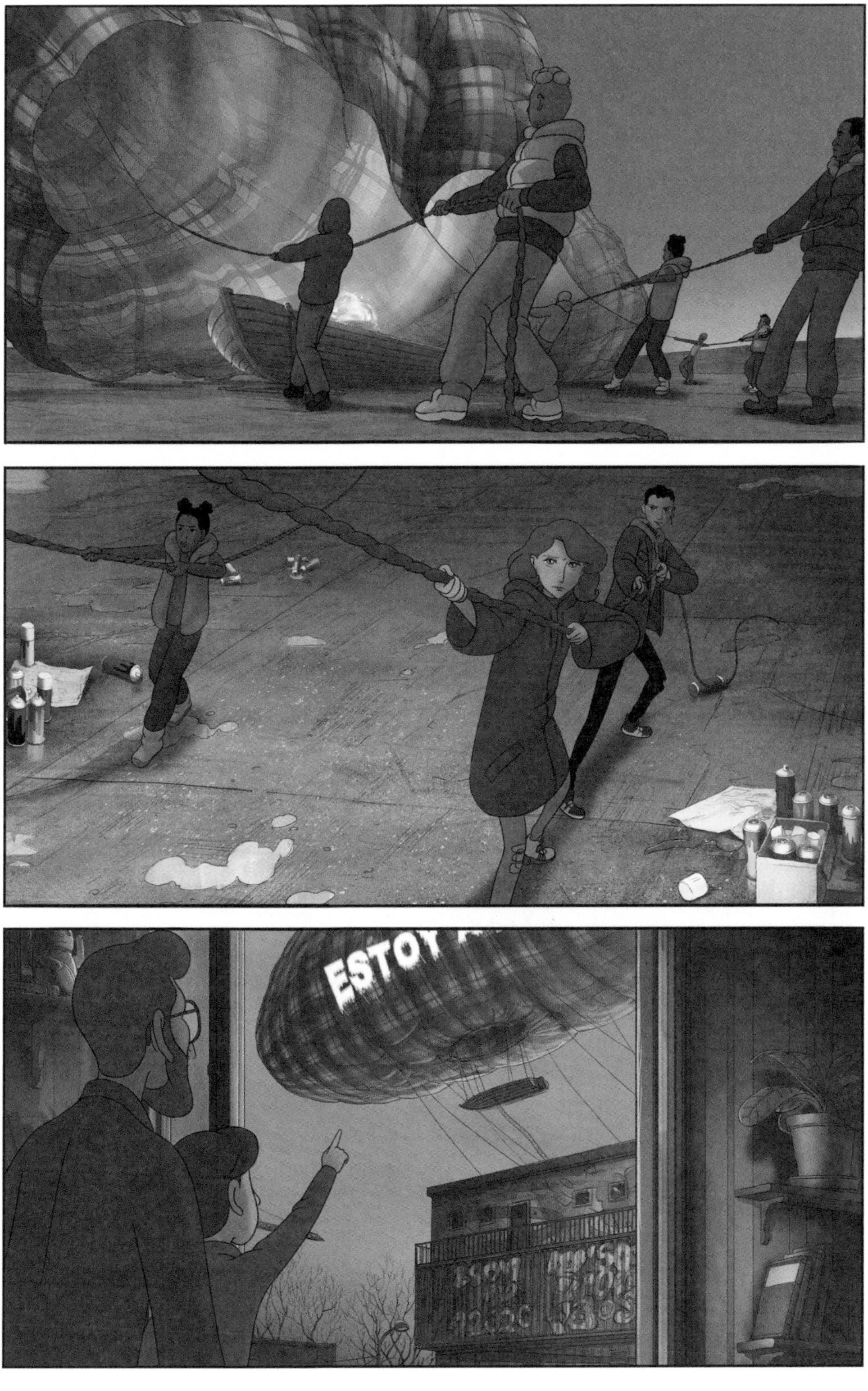
ESTOY

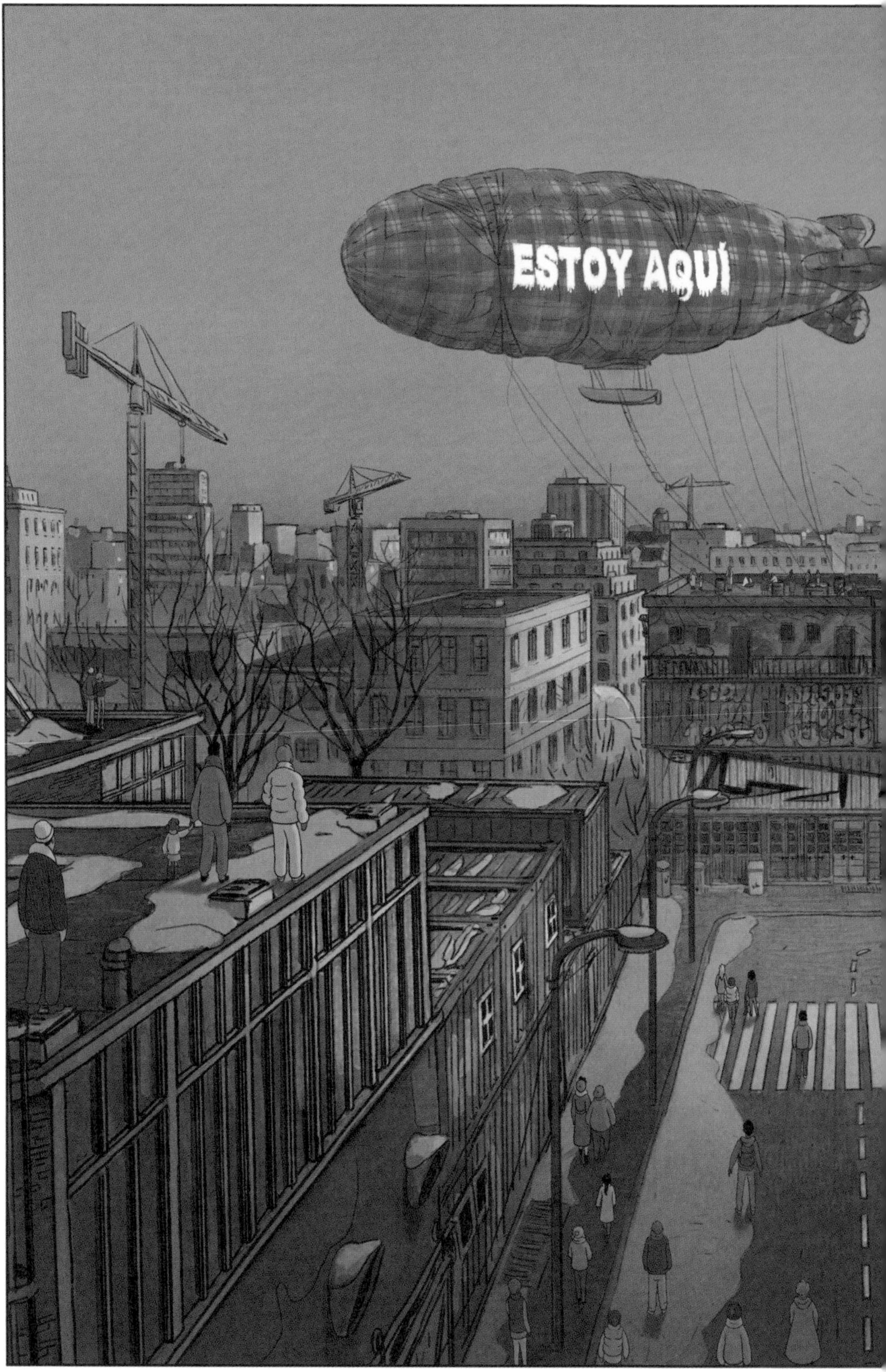
ESTOY AQUÍ

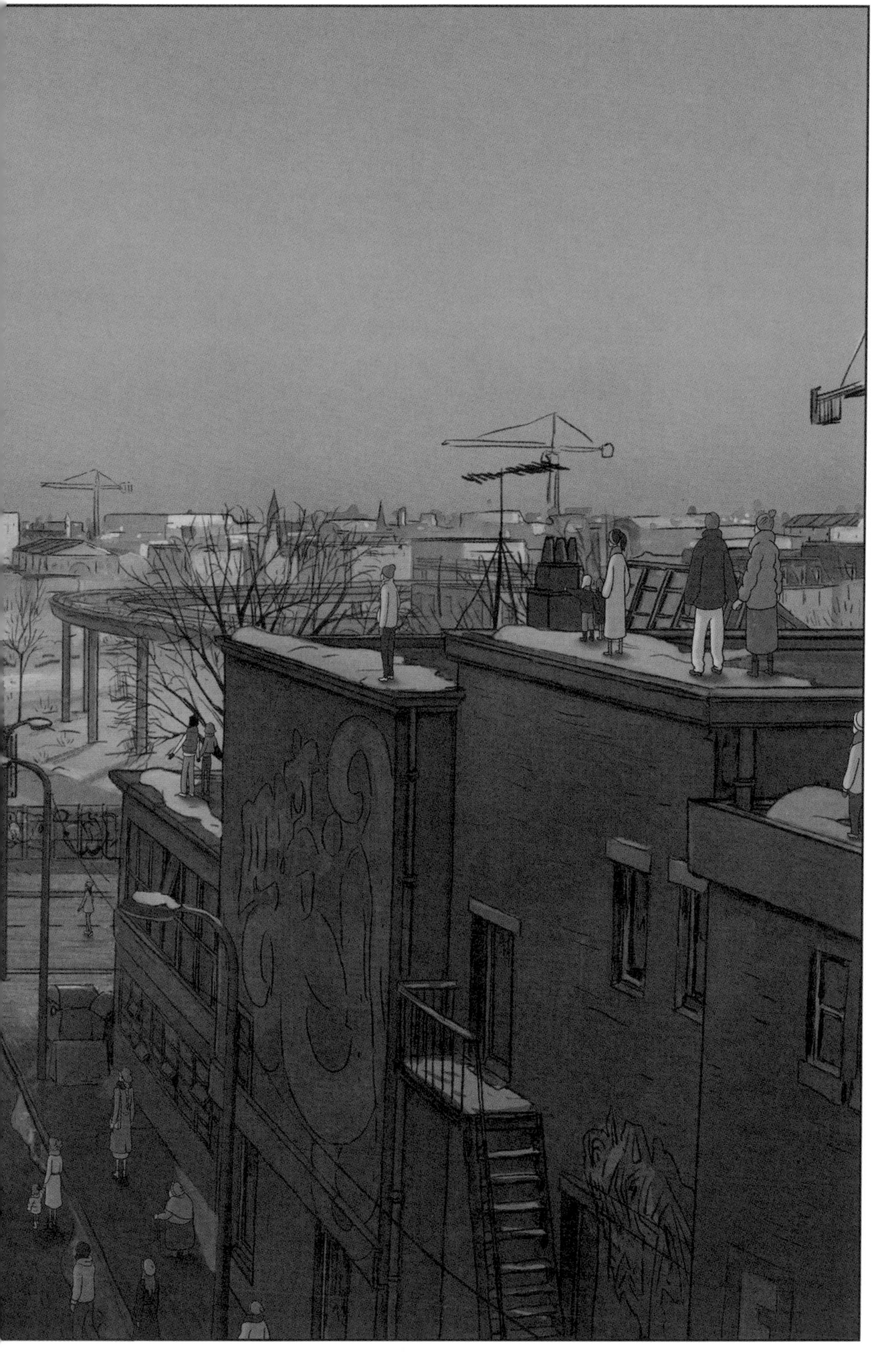

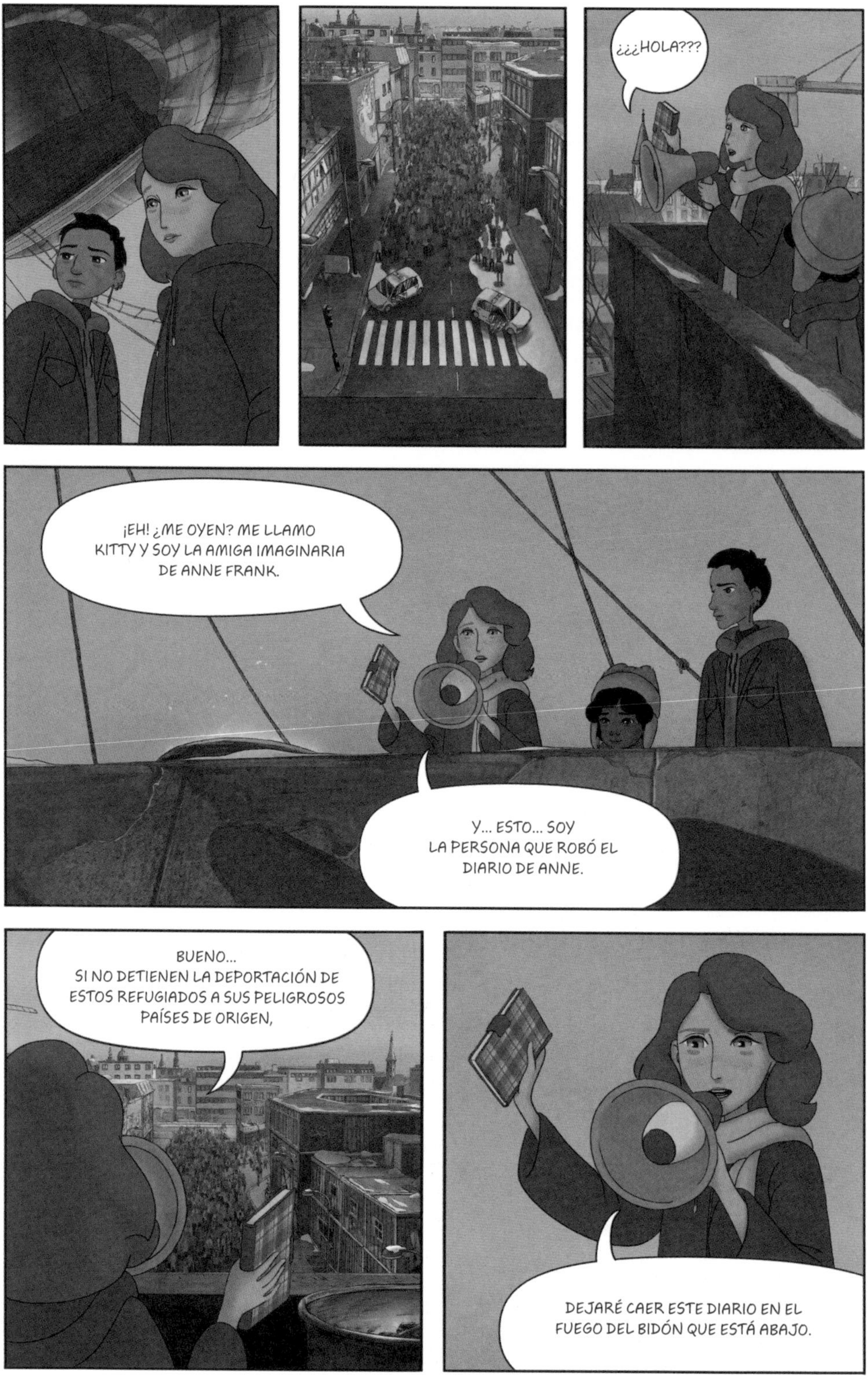
¿¿¿HOLA???
¡EH! ¿ME OYEN? ME LLAMO KITTY Y SOY LA AMIGA IMAGINARIA DE ANNE FRANK.
Y... ESTO... SOY LA PERSONA QUE ROBÓ EL DIARIO DE ANNE.
BUENO... SI NO DETIENEN LA DEPORTACIÓN DE ESTOS REFUGIADOS A SUS PELIGROSOS PAÍSES DE ORIGEN,
DEJARÉ CAER ESTE DIARIO EN EL FUEGO DEL BIDÓN QUE ESTÁ ABAJO.

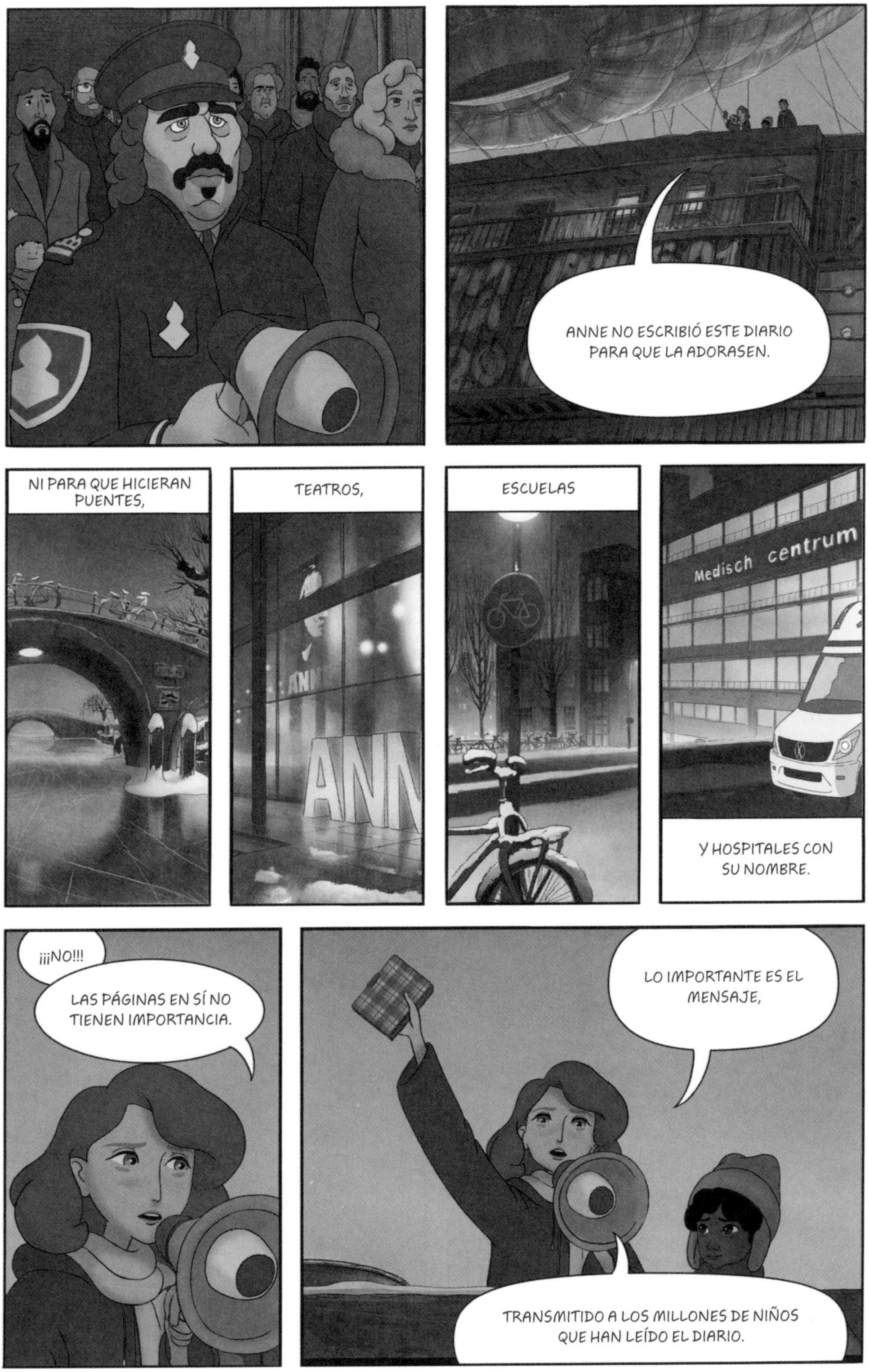

ANNE NO ESCRIBIÓ ESTE DIARIO PARA QUE LA ADORASEN.
NI PARA QUE HICIERAN PUENTES,
TEATROS,
ESCUELAS
Medisch centrum
Y HOSPITALES CON SU NOMBRE.
¡¡¡NO!!!
LAS PÁGINAS EN SÍ NO TIENEN IMPORTANCIA.
LO IMPORTANTE ES EL MENSAJE,
TRANSMITIDO A LOS MILLONES DE NIÑOS QUE HAN LEÍDO EL DIARIO.

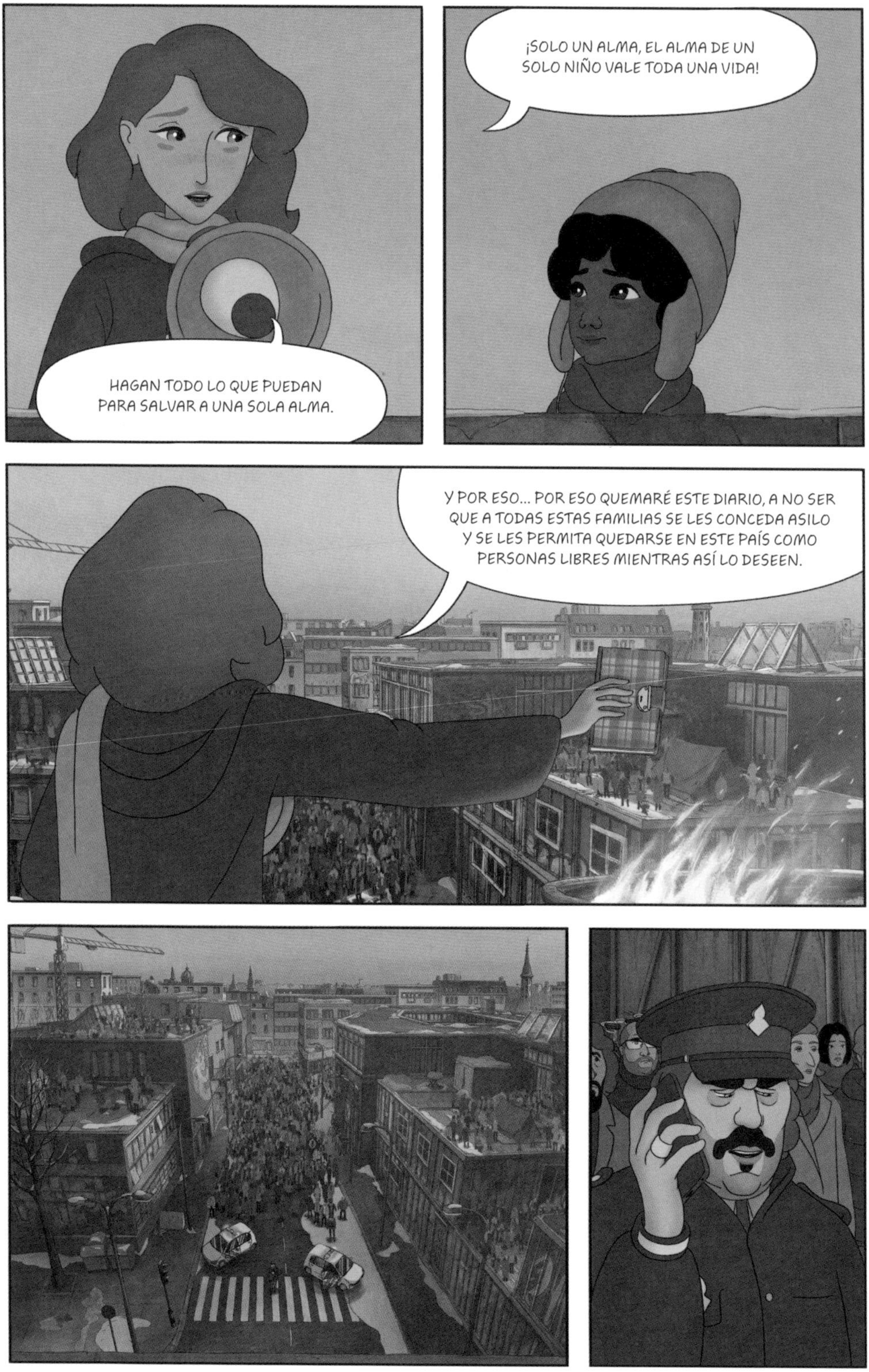
HAGAN TODO LO QUE PUEDAN PARA SALVAR A UNA SOLA ALMA.
¡SOLO UN ALMA, EL ALMA DE UN SOLO NIÑO VALE TODA UNA VIDA!
Y POR ESO... POR ESO QUEMARÉ ESTE DIARIO, A NO SER QUE A TODAS ESTAS FAMILIAS SE LES CONCEDA ASILO Y SE LES PERMITA QUEDARSE EN ESTE PAÍS COMO PERSONAS LIBRES MIENTRAS ASÍ LO DESEEN.

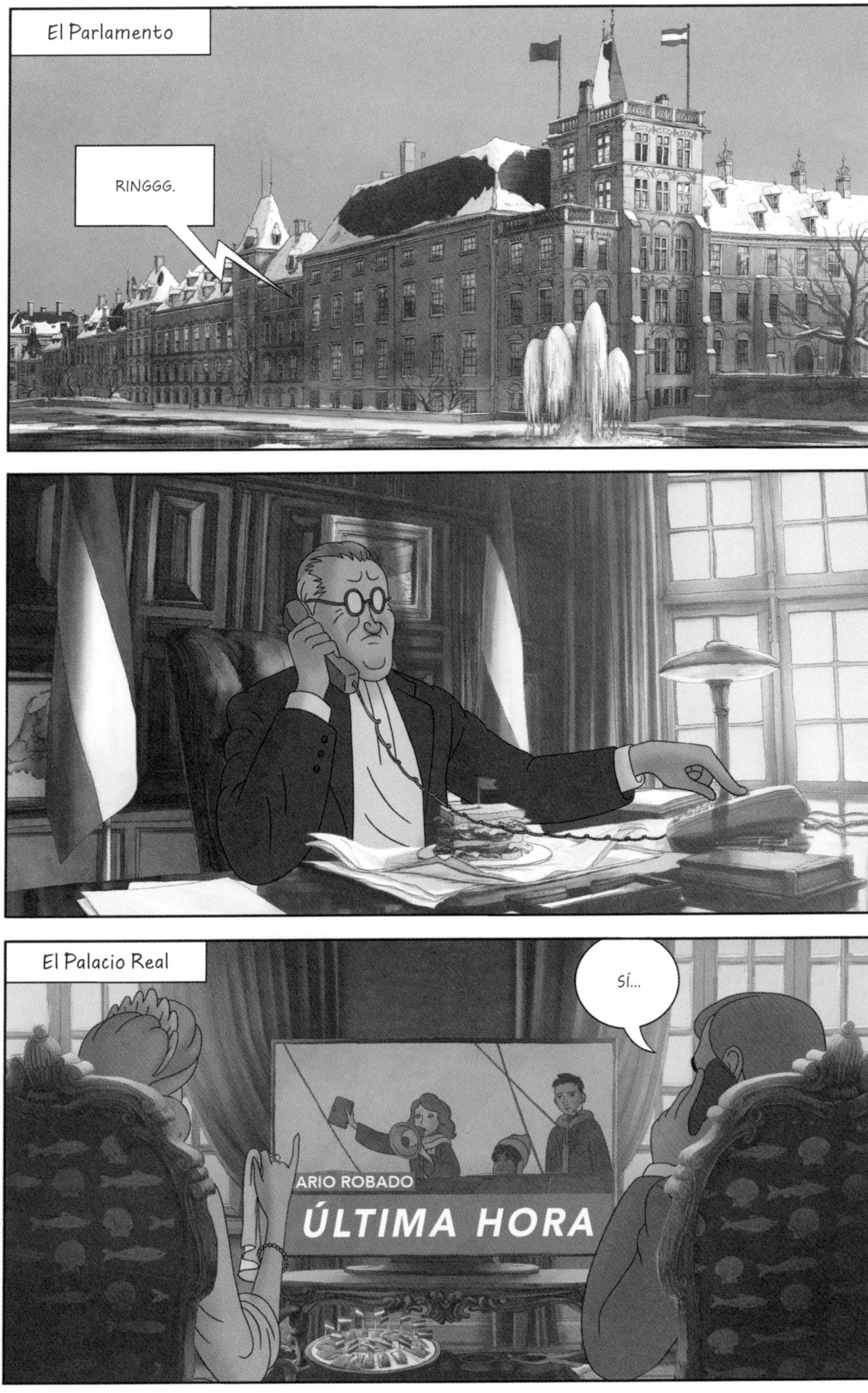
El Parlamento
RINGGG.
El Palacio Real
SÍ...
ARIO ROBADO
ÚLTIMA HORA

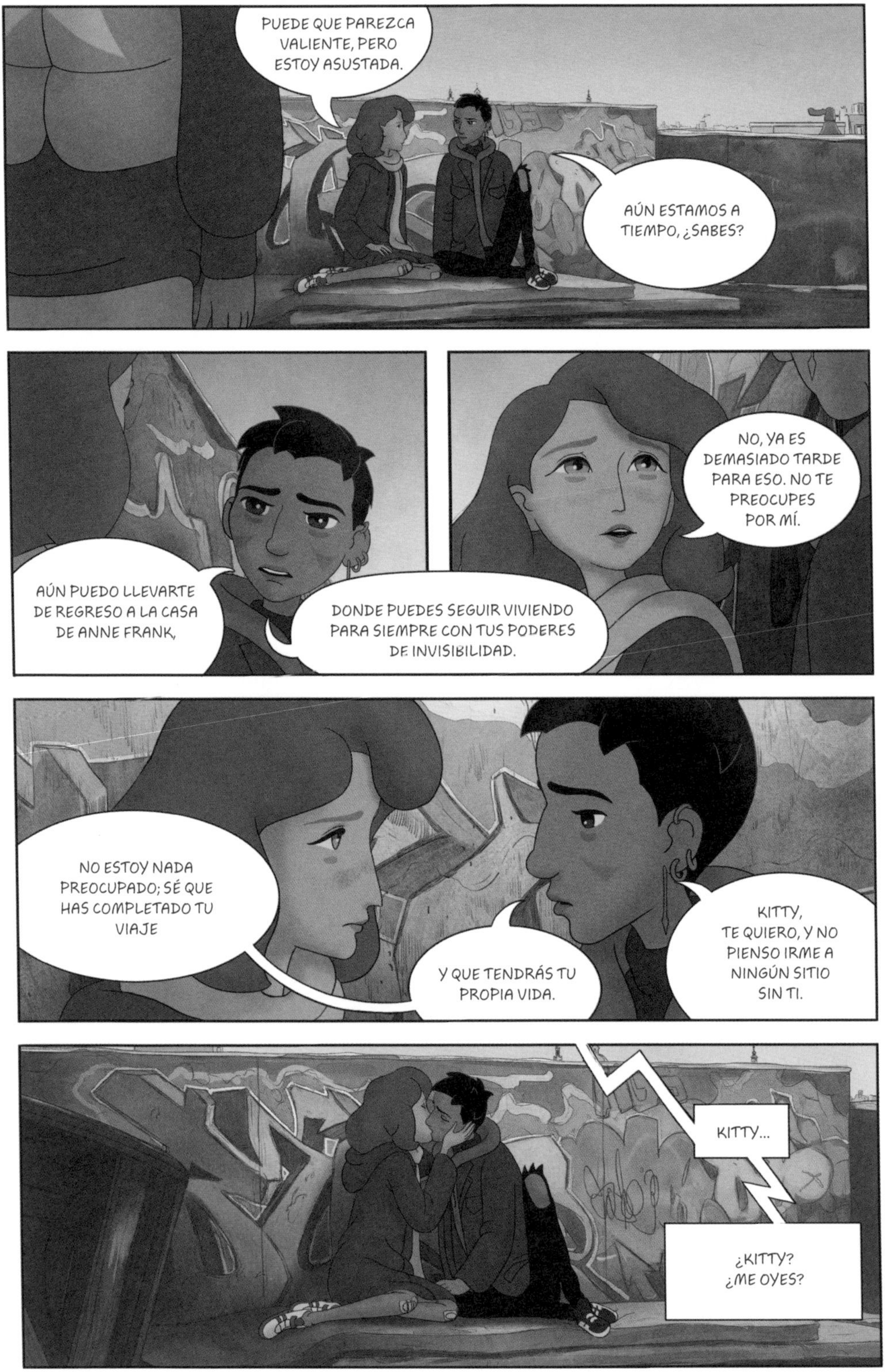
PUEDE QUE PAREZCA VALIENTE, PERO ESTOY ASUSTADA.
AÚN ESTAMOS A TIEMPO, ¿SABES?
AÚN PUEDO LLEVARTE DE REGRESO A LA CASA DE ANNE FRANK,
DONDE PUEDES SEGUIR VIVIENDO PARA SIEMPRE CON TUS PODERES DE INVISIBILIDAD.
NO, YA ES DEMASIADO TARDE PARA ESO. NO TE PREOCUPES POR MÍ.
NO ESTOY NADA PREOCUPADO; SÉ QUE HAS COMPLETADO TU VIAJE
Y QUE TENDRÁS TU PROPIA VIDA.
KITTY, TE QUIERO, Y NO PIENSO IRME A NINGÚN SITIO SIN TI.
KITTY...
¿KITTY? ¿ME OYES?

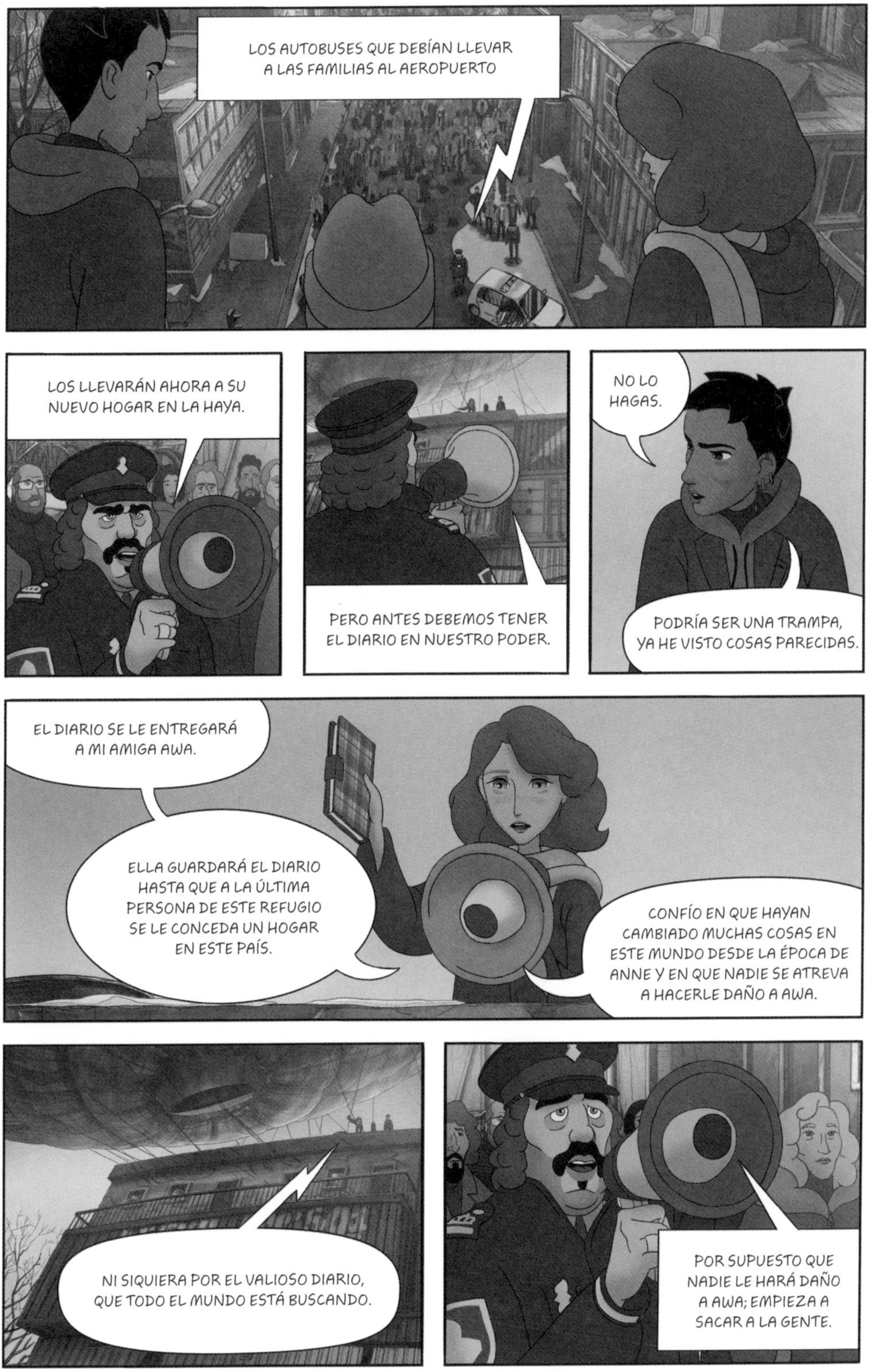
LOS AUTOBUSES QUE DEBÍAN LLEVAR A LAS FAMILIAS AL AEROPUERTO
LOS LLEVARÁN AHORA A SU NUEVO HOGAR EN LA HAYA.
PERO ANTES DEBEMOS TENER EL DIARIO EN NUESTRO PODER.
NO LO HAGAS.
PODRÍA SER UNA TRAMPA, YA HE VISTO COSAS PARECIDAS.
EL DIARIO SE LE ENTREGARÁ A MI AMIGA AWA.
ELLA GUARDARÁ EL DIARIO HASTA QUE A LA ÚLTIMA PERSONA DE ESTE REFUGIO SE LE CONCEDA UN HOGAR EN ESTE PAÍS.
CONFÍO EN QUE HAYAN CAMBIADO MUCHAS COSAS EN ESTE MUNDO DESDE LA ÉPOCA DE ANNE Y EN QUE NADIE SE ATREVA A HACERLE DAÑO A AWA.
NI SIQUIERA POR EL VALIOSO DIARIO, QUE TODO EL MUNDO ESTÁ BUSCANDO.
POR SUPUESTO QUE NADIE LE HARÁ DAÑO A AWA; EMPIEZA A SACAR A LA GENTE.

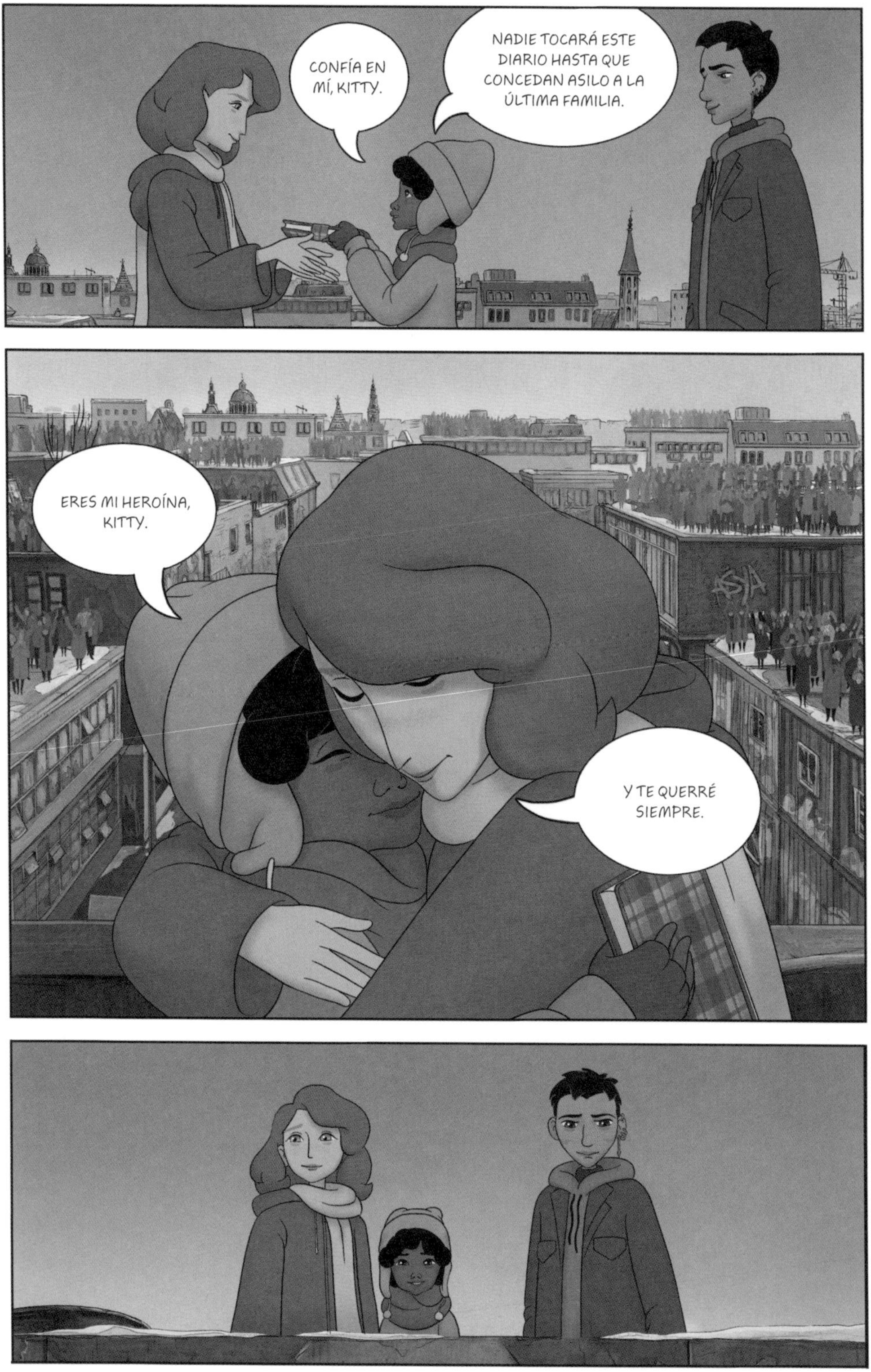
CONFÍA EN MÍ, KITTY.
NADIE TOCARÁ ESTE DIARIO HASTA QUE CONCEDAN ASILO A LA ÚLTIMA FAMILIA.
ERES MI HEROÍNA, KITTY.
Y TE QUERRÉ SIEMPRE.

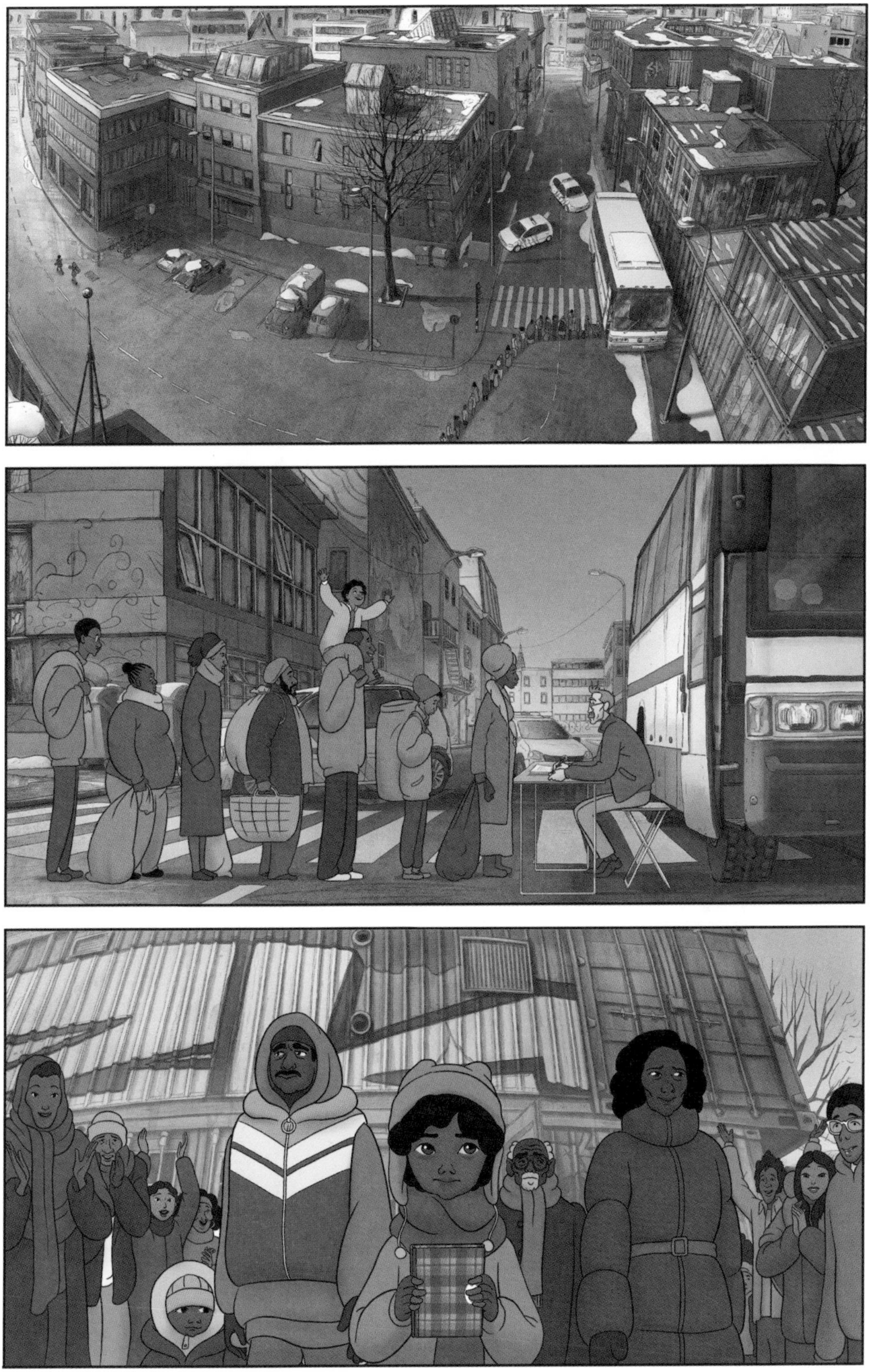

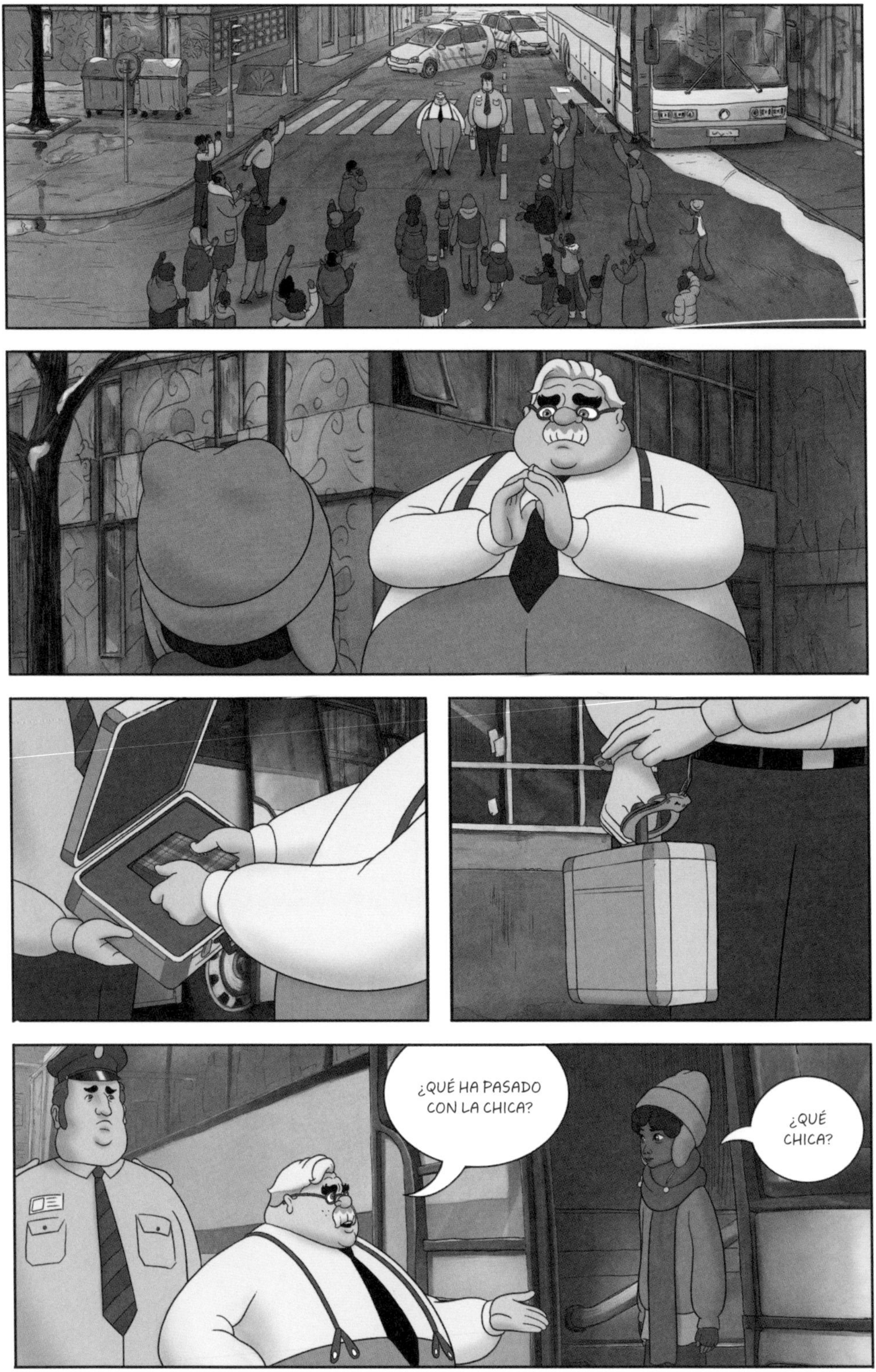
¿QUÉ HA PASADO
CON LA CHICA?
¿QUÉ
CHICA?

LA CHICA QUE ROBÓ
EL DIARIO.

AH, HA DESAPARECIDO.

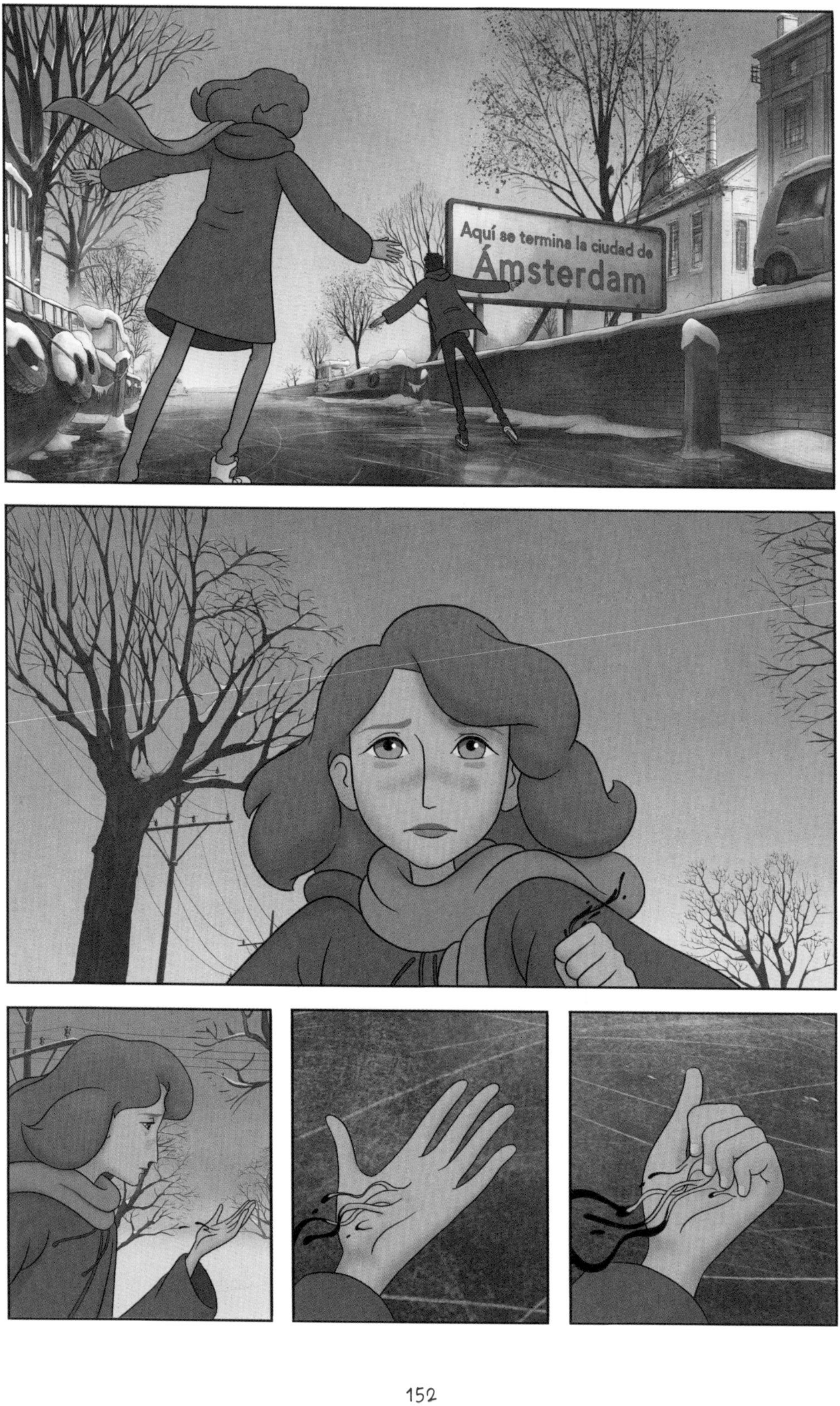
Aquí se termina la ciudad de
Ámsterdam

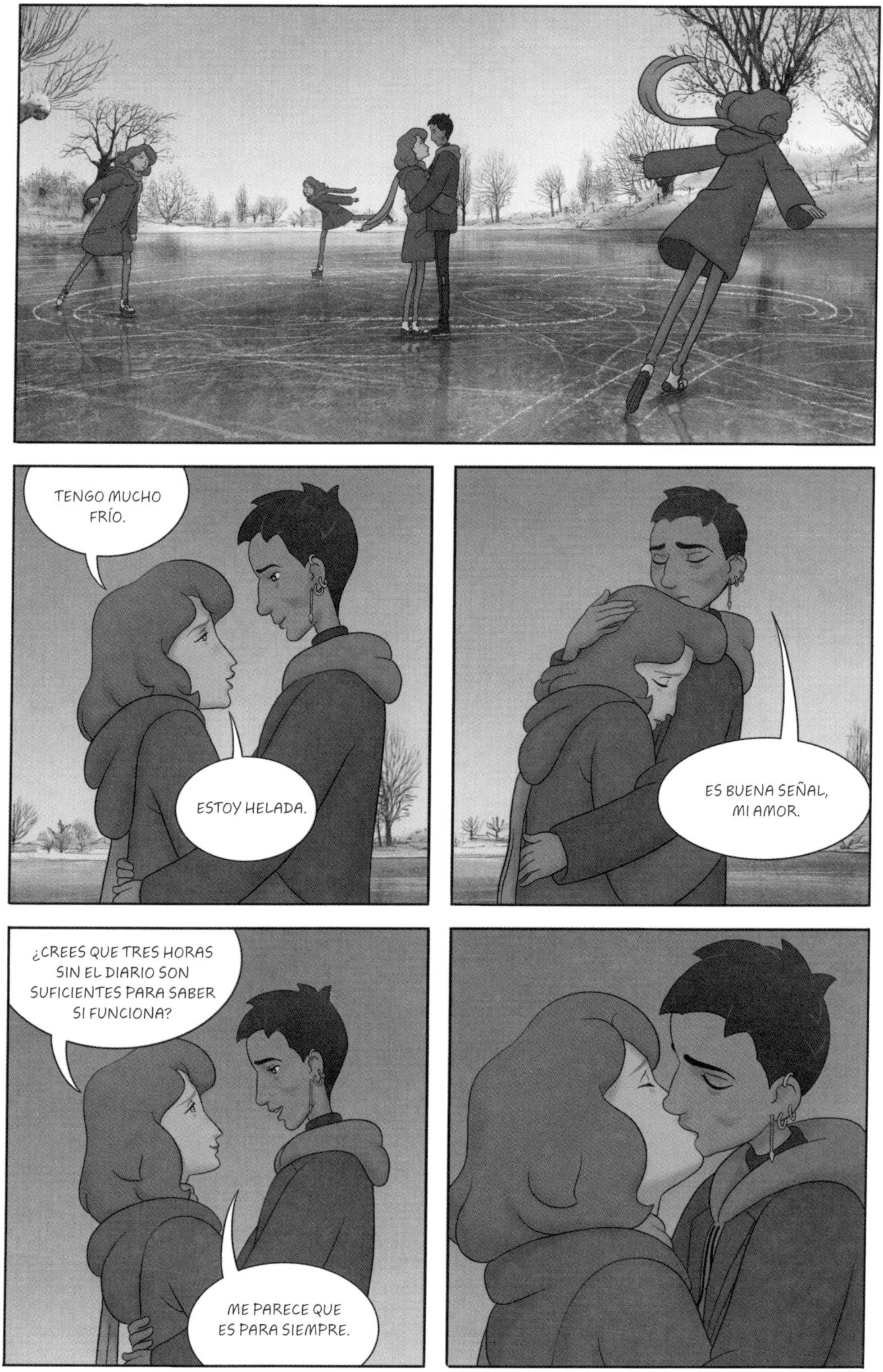
TENGO MUCHO FRÍO.
ESTOY HELADA.
ES BUENA SEÑAL, MI AMOR.
¿CREES QUE TRES HORAS SIN EL DIARIO SON SUFICIENTES PARA SABER SI FUNCIONA?
ME PARECE QUE ES PARA SIEMPRE.

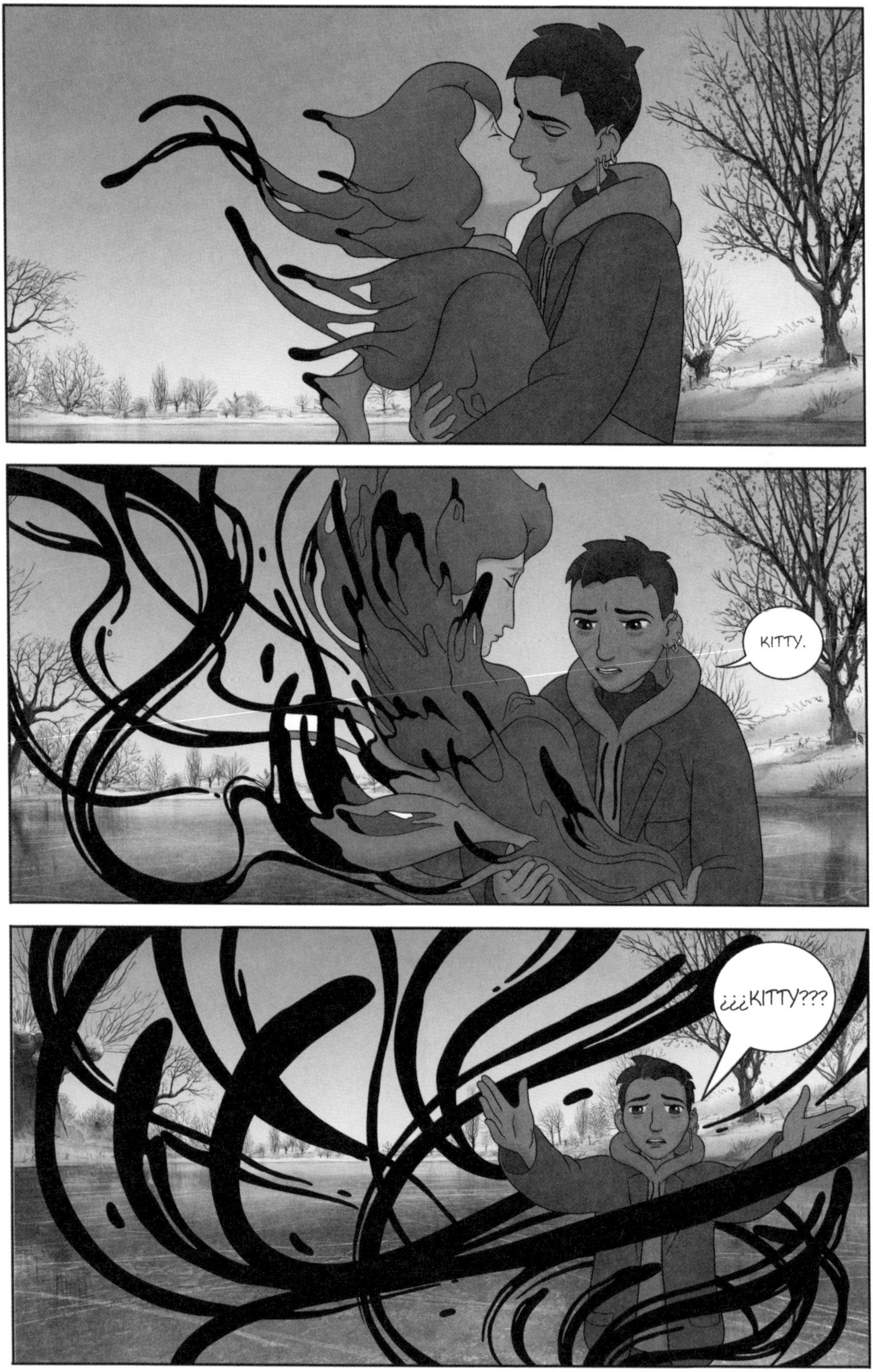
KITTY.
¿¿¿KITTY???

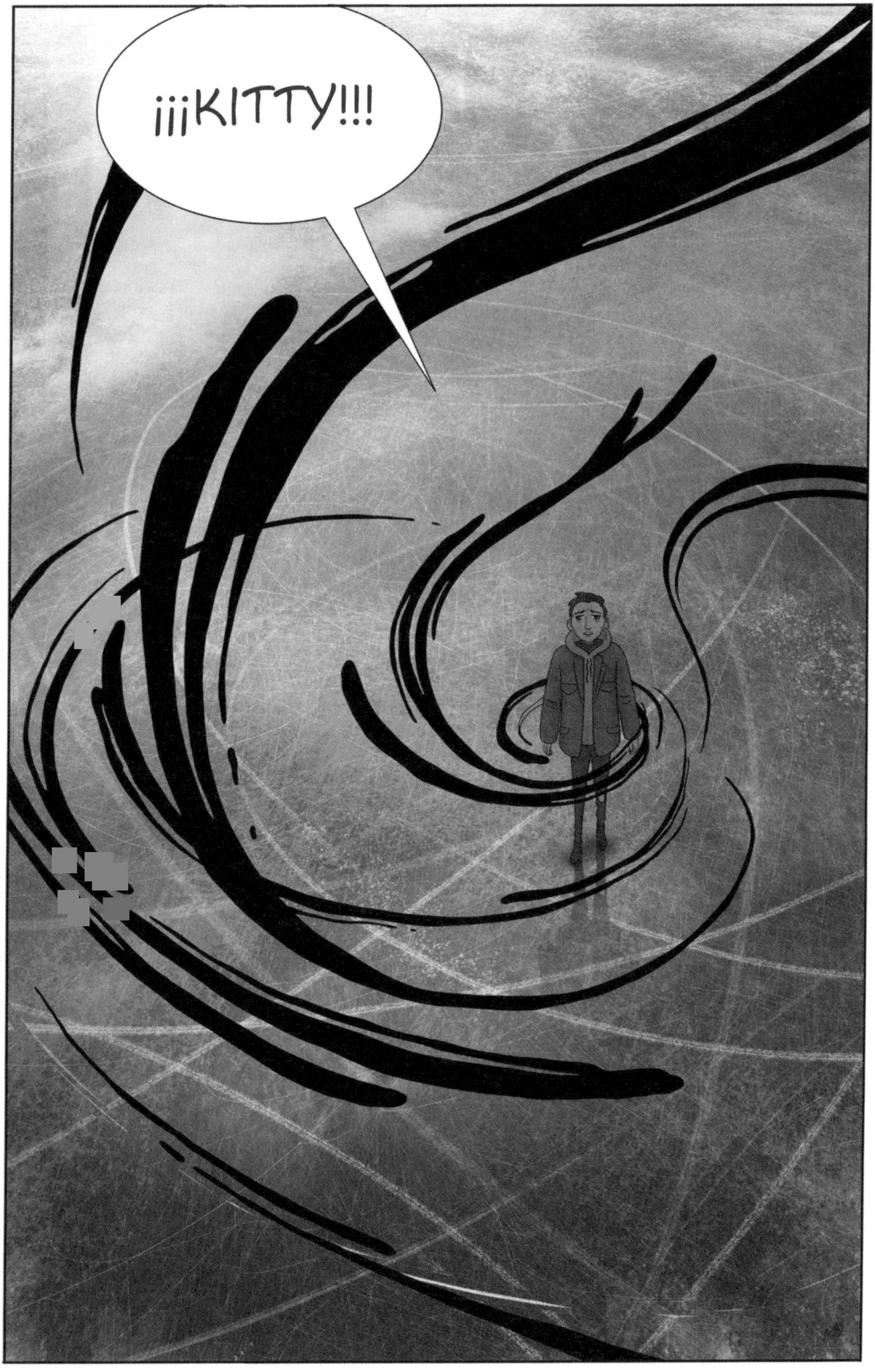
¡¡¡KITTY!!!

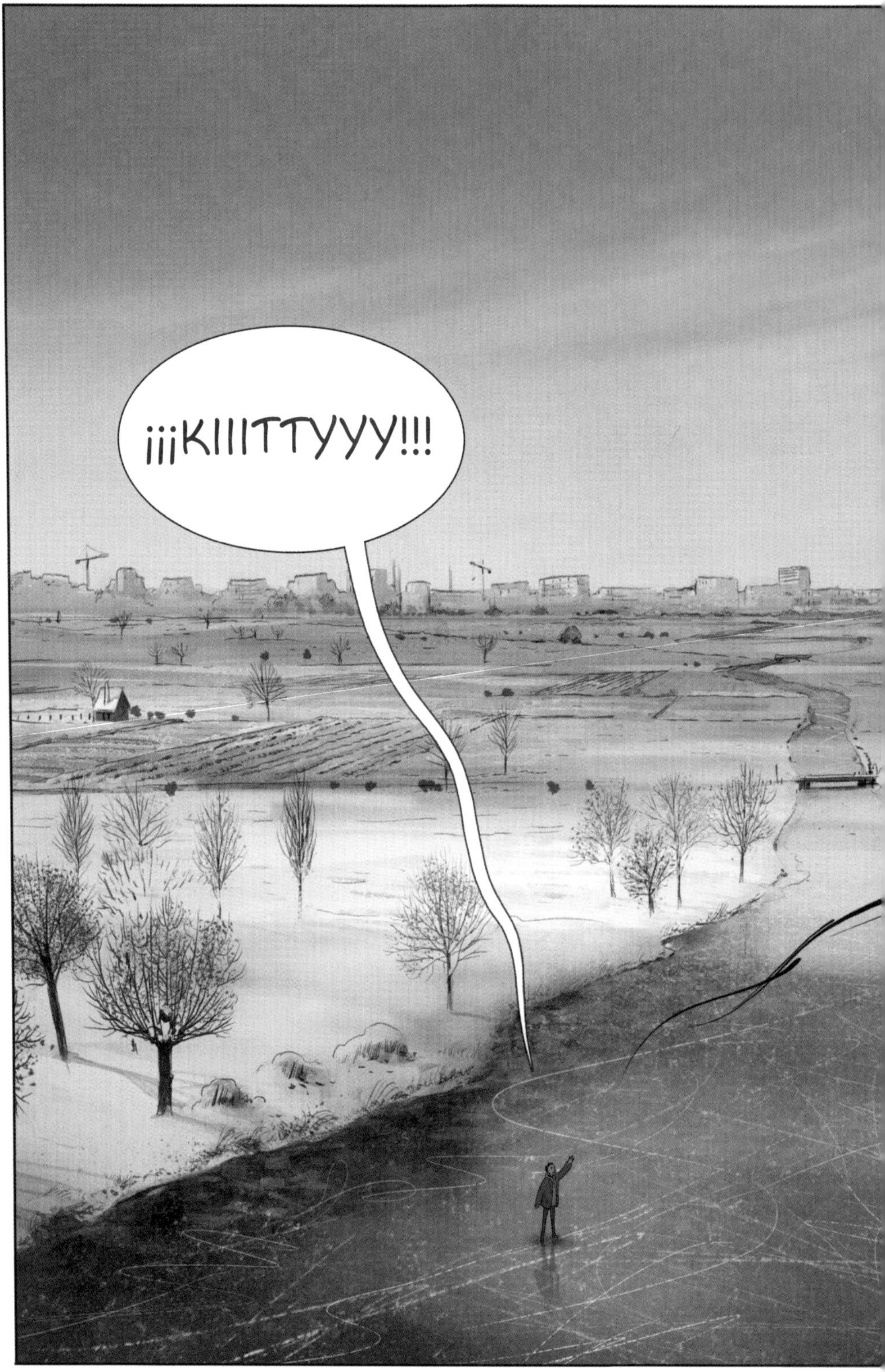
¡¡¡KIIITTYYY!!!

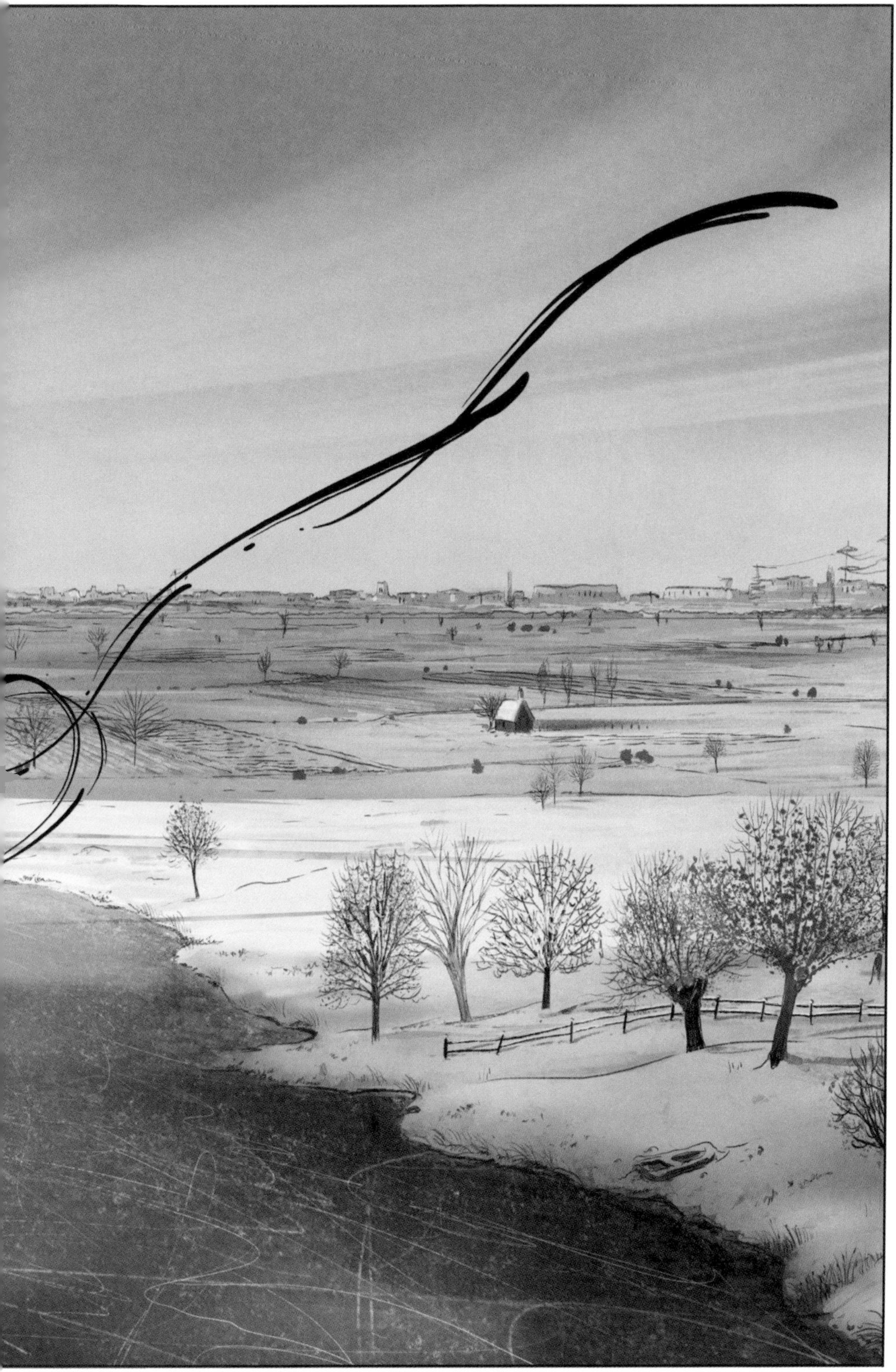

# EPÍLOGO

Anne Frank inventó a Kitty en las primeras páginas de su famoso diario. No solo le dio un nombre, sino que además proporcionó descripciones detalladas de su aspecto y personalidad. Desde el momento en que Anne imaginó a Kitty, escribió el diario en forma de cartas dirigidas a ella.

La idea de dar vida a la amiga imaginaria de Anne y permitirle contar su propia historia surgió del deseo de seguir narrando la historia de Anne Frank y, en general, de representar el Holocausto a través de un medio accesible —en este caso, la novela gráfica— que pudiese llegar al mayor número posible de jóvenes lectores de todo el mundo. Mientras que en el primer libro, *El diario de Anne Frank (novela gráfica)*, seguimos el texto original en la medida de lo posible, en el libro de Kitty hemos intentado ampliar los límites de la historia y conectarla con nuestro mundo actual.

Las aventuras de Kitty se desarrollan en Europa, pero las verdades que descubre reflejan la dura realidad en muchas partes del mundo: los niños de zonas en guerra están en peligro constante; cada vez son más los refugiados que emigran cada año en busca de asilo, mientras que está disminuyendo el número de países dispuestos a acogerlos para salvarles la vida. En 2020 más de 17 millones de niños se vieron obligados a abandonar su propio país.

Al mismo tiempo, la negación del Holocausto está aumentando. Declaraciones que antes se hacían a puerta cerrada por parte de movimientos radicales se realizan ahora abiertamente, y esas posiciones negacionistas se han extendido a los centros de la política mundial.

Alrededor del setenta por ciento de los judíos de Europa fueron asesinados en el Holocausto, pero el antisemitismo no es algo que pertenezca al pasado; desde el final de la guerra, sinagogas, instituciones educativas, centros de día para la tercera edad y guarderías han sufrido ataques criminales motivados por el antisemitismo y otras formas de intolerancia.

Sin embargo, no solo los judíos son víctimas del odio ciego y de la incitación a la violencia por motivos de raza, religión o color de piel. Los musulmanes, los cristianos y otros grupos religiosos o étnicos han sido blanco de ataques violentos incluso en sociedades democráticas. En las últimas décadas, cientos de miles de migrantes, minorías y grupos étnicos han sufrido violentos ataques racistas, asesinatos, delitos y discriminación, y estas atrocidades están bien documentadas. El neonazismo, los movimientos de extrema derecha y el discurso del odio van en aumento.

Después del Holocausto, el padre de Anne, Otto Frank, dedicó su vida a difundir su diario. Quería dejar constancia de los horrores de la guerra para transmitir un mensaje universal que no entiende de religiones, razas o etnias. Este mensaje es fundamental y eterno: hay que salvar a toda costa a los niños que viven en zonas en guerra, independientemente de su identidad religiosa, nacional o étnica.

Como dice Kitty al final de nuestra historia: «Hagan todo lo que puedan para salvar a una sola alma. ¡El alma de un solo niño vale toda una vida!».

ARI FOLMAN, JAFFA, 2021

**Annelies Marie Anne Frank**, más conocida como Anne Frank (Frankfurt, 12 de junio de 1929 - Bergen-Belsen, entre finales de febrero y principios de marzo de 1945) fue una niña judía nacida en Alemania, célebre por su diario, escrito mientras se encontraba oculta en un desván junto a su familia para evadir la persecución de los nazis durante la Segunda Guerra Mundial. Los Frank fueron capturados y llevados a distintos campos de concentración alemanes, donde murieron todos salvo su padre, Otto. Anne, la familia y todos los habitantes de la Casa de atrás fueron deportados al campo de concentración de Auschwitz el 2 de septiembre de 1944; Anne y su hermana Margot fueron trasladadas posteriormente al campo de Bergen-Belsen, donde fallecieron de fiebre tifoidea días antes de que el campo fuera liberado.

**Ari Folman** (1962) nació en Haifa, Israel, hijo de una familia de supervivientes del Holocausto nazi. La guerra del Líbano, así como el ataque de Sabra y Shatila, ocurrida mientras él servía en el ejército con tan solo diecinueve años, marcaron un punto de inflexión en su vida. Su galardonada película de animación documental *Vals con Bashir* (Globo de Oro y nominada a los Óscar en 2008) parte de esta experiencia. También guionista, Folman es actualmente uno de los directores cinematográficos más renombrados de Israel.

**Lena Guberman** (1978) se diplomó en Comunicación Visual por la Bezalel Academy de Jerusalén (2003). Desde entonces ha ilustrado varios libros. Ha colaborado con Ari Folman como extra, diseñadora de personajes y artista conceptual en la película *El congreso* (2013), y como directora artística de animación en la película *Dónde está Anne Frank* (2021).

# UNICEF

## Los niños tienen derechos

El destino de Anne Frank y de su diario constituyen un monumento que se opone a las violaciones de los derechos humanos. La muchacha judía se ha convertido en un símbolo de millones de niños que siguen siendo víctimas de maltratos. La aplicación íntegra y coherente de la Convención de los Derechos del Niño, que la ONU aprobó en 1989, resulta fundamental. Al adaptar las convenciones y normativas de derechos humanos que ya existían a las necesidades de los niños en su interés superior, es el primer y hasta la fecha único documento legalmente vinculante de su clase en el mundo.

La Convención de los Derechos del Niño consta de cincuenta y cuatro artículos centrados en todas las personas menores de dieciocho años y basados en tres principios esenciales:

- Derecho a la protección
- Derecho al desarrollo
- Derecho a la participación

El Anne Frank Fonds de Basilea y el Fondo de las Naciones Unidas para la Infancia (UNICEF) se comprometen a elevar el nivel de sensibilización acerca de los derechos de los niños y a apoyar su aplicación en todo el mundo.

unicef 🙆

# ANNE FRANK FONDS

Este libro se ha publicado bajo los auspicios del Anne Frank Fonds (AFF) de Basilea. Otto Frank, padre de Anne y único superviviente de la familia, fundó en 1963 esta organización, que, de acuerdo con su testamento, es la única heredera y propietaria de los derechos de las obras de la familia.

Después de todo lo que Otto Frank había experimentado —persecución, expulsión, exclusión de su profesión, necesidad de esconderse, arresto y envío a un campo de concentración—, estaba decidido a fomentar la mejora del entendimiento entre los pueblos y las religiones, a contribuir a la paz entre las personas y las nacionalidades y a promover el contacto internacional entre los jóvenes. Desde el principio, decidió que todos los ingresos procedentes de las ventas de la obra de Anne se utilizasen exclusivamente para alcanzar estos fines y contribuir al bien común.

Por ello, el principal objetivo del AFF es divulgar en todo el mundo el mensaje eterno de paz, justicia y humanismo de Anne Frank para cada nueva generación publicando textos auténticos y difundiéndolos en el mundo entero. Al mismo tiempo, el AFF ha tenido siempre la finalidad de presentar la historia de la familia judía Frank en sus contextos histórico y cultural.

El AFF distribuye a nivel mundial todas las ganancias de las ventas de libros y los derechos de comunicación con fines benéficos y educativos, respetando la intención de Anne Frank y tal como estipula el testamento de Otto Frank. Para ello, el AFF colabora con UNICEF en todo el mundo, sobre todo en programas educativos y en la promoción activa de los derechos de los niños. El *Diario* de Anne Frank forma parte del programa Memoria del Mundo de la UNESCO.

Hay más información disponible en <www.annefrank.ch>.

ANNE FRANK FONDS
FOUNDED BY OTTO FRANK